刘乃忠　崔学森 主编

中国近代法制史料

崔学森　吴　迪 编

第八册

中华书局

目　　录

第四编　商事法

商人通法

（康德四年六月二十四日敕令第一三一号）

朕依《组织法》第四十一条，经咨询参议府，裁可《商人通法》，著即公布。

（国务总理、司法部大臣副署）

第一章　总则

第一条　称商人者，谓以左列行为为营业之人。但专以得工资之目的，而为物之制造加工或服劳务之人不在此限。

一、动产、不动产其他之财产之有偿取得及不论施以制造加工与否其财产之有偿让度；

二、动产、不动产其他之财产有偿取得或贷借及其财产之赁贷；

三、为他人所为之制造或加工；

四、电气、瓦斯之供给或依水道之水之供给；

五、运送或拖船之承受；

六、作业或劳务之承揽；

七、关于出版、印刷或摄影之行为；

八、关于通报之行为；

九、以客之来集为目的之场屋之交易；

十、兑换其他之银行交易；

十一、金钱或有价证券之贷放；

十二、无尽；

十三、保险；

十四、寄托之承受；

十五、居间；

十六、经办；

十七、代理之承受；

十八、信托之承受。

第二条　依店铺其他类似之设备贩卖物品为业之人及会社，虽不以前条各款之行为为业，仍视为商人，营矿业之人亦同。

第三条　未成年人为前二条之营业者须为登记法定代理人，经亲属会议之同意为未成年人。准禁治产人或禁治产人，为前二条之营业者，亦与前项同。

于前项情形于法定代理人之代理权所加之限制，不得以之对抗善意第三人。

第四条　本法中关于商业登记、商号、商业账簿及经理人之规定，于小商人不适用之。

前项小商人之范围以敕令定之。

第二章　商业登记

第五条　依本法或会社法之规定，应登记事项之登记，由法院为之。

第六条　在本店所在地应登记之事项另无规定者，亦须在本店所在地登记之。

第七条　已登记之事项生变更或其事项消灭者，须速为变更或消灭之登记。

第八条　登记官吏得调查系登记声请之事实之存否。

第九条　已登记之事项法院须速公告之。

公告与登记不符者为无公告。

第十条　应登记之事项，非登记及公告后不得以之对抗善意第三人。虽登记及公告后，第三人因正当之事由而不知者亦同。

就支店之所为之交易登记及公告之有无，以其支店所在地之登记及公告决定之。

第十一条　因故意或过失登记不实事项之人，不得以其事项之不实对抗善意第三人。

第三章　商号

第十二条　商人得以姓、姓名其他之名称为商号。

第十三条　会社之商号中，须从其种类，用株式会社、合名会社或合资会社之文字。

第十四条　非会社不得于商号中用示为会社之文字。虽让受会社之营业者,亦同。

违反前项规定之人,处一千圆以下之过料。

第十五条　已为商号登记之人,得对于其登记后在同特别市、同市、同县或同旗为同一之营业,登记同一或类似之商号之人,请求其登记之抹消。

第十六条　已为商号登记之人,得对于以不正竞争之目的使用同一或类似之商号之人,请求停止其使用。

在同特别市、同市、同县或同旗为同一营业,使用他人已登记之商号之人,推定以不正竞争之目的使用之。

第十七条　不论何人不得以不正之目的使用可使误认为他人营业之商号。

有违反前项规定而使用商号之人者,因此有被害利益之虞之人,得请求停止其使用。

第十八条　以不正竞争之目的使用与已登记之他人商号同一或类似之商号之人,处一千圆以下之过料。违反前条第一项规定之人亦同。

第十九条　许诺他人使用自己之姓、姓名或商号而为营业之人,对于误认自己为营业主而为交易之人,就因其交易所生之债务,与其他人连带任清偿之责。

第二十条　商号以与营业共同或废止营业者为限,得让渡之。

商号之让渡,非为其登记,不得以之对抗第三人。

第二十一条　已为商号登记之人,无正当之事由而二年间不使用其商号者,视为废止商号。

第二十二条　有商号之废止或变更,而为其商号登记之人不为废止或变更之,登记者利害关系人得向法院请求其登记之抹消。

第四章　商业账簿

第二十三条　商人须备账簿将逐日之交易其他可及影响于财产之一切事项,整然且明了记载之。但家事费用,以按月记载其总额为足。

零卖之交易,得分现金卖与赊卖,仅记载逐日之卖出总额。

第二十四条　商人须于开业之时及每年一回一定之时期,作动产、不动产、债权、债务其他之财产之总目录及贷借对照表。在会社,须于成立之时及每决算期作前项书类。

财产目录及贷借对照表须编订之或于特设之账簿记载之。

财产目录及贷借对照表须由作成人署名。

第二十五条　财务目录须于财产附以价额而记载之。其价额不得超过作制财产目录之时之价格。

就营业用之固定财产，得不拘前项规定，附以由其取得价额或制作价额扣除相当减损额之价额。

第二十六条　商人须十年间保存其商业账簿及关于其营业之重要书类。

前项期间就商业账簿自为最后记载之日起算之。

第五章　营业让渡

第二十七条　让渡营业而当事人另未表示意思者，让渡人在同特别市、同市、同县或同旗二十年间不得为同一之营业。

让渡人为不需同一营业之特约者，其特约仅在同特别市、同市、同县或同旗且不超过三十年之范围内有其效力。

让渡人不拘前二项之规定，不得以不正竞争之目的为同一之营业。

第二十八条　营业让受人续用主让渡人之商号者，就因让渡人之营业所生之债务，让受人亦任其清偿之责。

前项规定于营业让受后，由让受人速登记就让渡人之债务不任责者，不适用之。营业让渡后由让渡人及让受人对于第三人速通知其旨者，就受其通知之第三人亦同。

第二十九条　营业让受人续用让渡人之商号者，就因其让渡人之营业所生之债权，向让受人所为之清偿，以清偿人系善意且无重大之过失者为限，有其效力。

第三十条　营业让受人虽不续用让渡人之商号，而广告承受因让渡人之营业所生债务者，债权人得对于其让受人请求清偿。

第三十一条　营业让受人依第二十八条第一项或前条之规定，就让渡人之债务任责者，让渡人之责任对于营业让渡或前条广告之后二年以内不为请求或请求之预告之债权人，经过二年时消灭。

第六章　商业代理及商业使用人

第三十二条　商人得选任经理人，使在本店或支店为其营业。

第三十三条　经理人有代营业主为关于其营业之一切裁判上或裁判外之行为之权限。

经理人不得选任或解任其他经理人。

于经理人之代理权所加之限制,不得以之对抗善意第三人。

第三十四条　商人得定数人之经理人共同行使代理权。

于前项情形对于经理人一人所为之意思表示,对于营业主生其效力。

第三十五条　经理人之选任须在置经理人之本店或支店之所在地,由营业主登记之。前条第一项所定之事项亦同。

第三十六条　附以示为本店或支店之营业主任人之名称之人,视为有与其本店或支店之经理人同一之权限。但就裁判上之行为,不在此限。

前项规定于对方系恶意者,不适用之。

第三十七条　就关于商人营业之某种类或特定之事项,经授与代理权之人关于其事项,有为一切裁判外行为之权限。

第三十三条　第三项之规定于前项情形准用之。

第三十八条　经理人及前条代理人之代理权,不因营业主之死亡消灭。

第三十九条　以物品之贩卖为目的之店铺之从业员,视为有在其店铺内关于贩卖物品之权限。

第三十六条　第二项之规定于前项情形准用之。

第四十条　商业使用人,非有营业主之许诺,不得为左列行为。

一、为自己或第三人为营业;

二、为自己或第三人为属于营业主之营业部类之交易;

三、为会社之无限责任社员或董事;

四、为他商人之使用人。

商业使用人违反前项规定而为交易,其交易系为自己而为时,营业主得以之视为为营业主而为者;系为第三人而为时,营业主得对于使用人请求交付因此所取得之报酬。

前项规定不妨营业主对于使用人损害赔偿之请求。

第二项所定之权利,自营业主知其交易之时起二星期间不行使者消灭。交易之时起经过一年者亦同。

第七章　代理商

第四十一条　称代理商者,谓非使用人,而为一定商人承受继续为属于其营业部类交易之代理或媒介之人。

第四十二条　代理商为交易之代理权或媒介者,须速对于本人发其通知。

第四十三条　受物品或有价证券之贩卖或其媒介之委托之代理商,有受买卖标的物之瑕疵或数量之不足其他关于买卖履行之通知之权限。

第四十四条　代理商之代理权不因本人之死亡消灭。

第四十五条　当事人未定契约之期间者,各当事人得附以不少于二月之期间为解约之声明。

虽当事人定契约之期间有不得已之事由者,各当事人得不论何时为解约之声明。

第四十六条　代理商因为交易之代理或媒介所生之债权,在清偿期者,于受其清偿前得留置为本人占有之物品或有价证券,但另有意思表示者不在此限。

第八章　居间人

第四十七条　称居间人者,谓以承受属于商人营业部类之契约之媒介为业之人。

第四十八条　居间人就其所媒介之契约,不得为当事人受支付其他之给付,但另有意思表示或习惯者不在此限。

第四十九条　居间人就其所媒介之契约领受货样者,须至其契约完了止保管之,但另有意思表示或习惯者,不在此限。

第五十条　当事人间已成立契约者,居间人须速以记载各当事人之姓名或商号、契约年月日及其要领而署名之,书面交付各当事人。

除当事人应即为履行者外,居间人须于使各当事人署名前项书面之后交付其对方。

于前二项之情形,当事人之一方不受领书面或不署名者,居间人须速对于对方发其通知。

第五十一条　居间人须备账簿记载前条第一项所揭之事项。

第二十六条之规定于前项账簿准用之。

第五十二条　当事人不论何时得就居间人为自己所媒介之契约请求交付前条第一项账簿之誊本。

第五十三条　当事人命居间人勿示其姓名或商号于对方者,居间人不得于第五十条第一项之书面及前条之誊本记载其姓名或商号。

第五十四条　前四条之规定于媒介零卖之交易者,不适用之。

第五十五条　居间人不将当事人一方之姓名或商号示于对方者,对之任自为履行之责。

第五十六条　居间人非终了第五十条之手续后,不得请求报酬。但媒介零卖之交易者,契约成立时得即请求报酬。

第五十七条　居间人之报酬,当事人双方负平分支付之义务,但另有意思表示或习惯者,不在此限。

第九章　牙行

第五十八条　称牙行者,谓承受以自己名义为他人贩卖或购买物品或有价证券为业之人。

第五十九条　牙行与委托人间之关系于本章之规定外,从关于委任之规定。

第六十条　牙行因为他人所为之贩卖或购买对于对方自得权利负义务。

牙行因与对方所为之交易而取得之债权,在委托人与牙行及牙行之债权人间之关系,视为归属于委托人。

第六十一条　牙行就为委托人所为之贩卖或购买,对方不履行其债务者,自任为其履行之责。但另有意思表示或习惯者,不在此限。

第六十二条　牙行较委托人所指定之金额以廉价贩卖或以高价购买而自行负担其差额者,其贩卖或购买,对于委托人生其效力。

第六十三条　牙行受贩卖或购买交易所有行市之物品或有价证券之委托者,得自为买主或卖主。于此情形,买卖之代价,依牙行发为买主或卖主之通知之时之交易所行市定之。

于前项情形,牙行亦得对于委托人请求报酬。

第六十四条　牙行受购买之委托,而委托人拒绝领受购买之物品或有价证券或不能领受者,准用第八十九条之规定。

第六十五条　为商人之委托人于其营业之范围内为购买之委托者,委托人与牙行间准用第九十条至第九十二条之规定。

第六十六条　第四十二条及第四十六条之规定,于牙行准用之。

第六十七条　本章之规定,于承受以自己名义为他人为物品或有价证券之贩卖或购买以外之行为为业之人，准用之。

第十章　匿名组合

第六十八条　匿名组合契约因约定当事人之一方为对方之商人之营业出资，对方分配其营业所生之利益而生其效力。

第六十九条　匿名组员出资之标的，以金钱其他之财产为限。

匿名组合员之出资，归于营业人之财产。

第七十条　匿名组合员就营业人之行为，对于第三人无权利义务。

前项规定不妨第十九条规定之适用。

第七十一条　出资因损失而减少者，非其填补后，匿名组合员不得请求利益之配当。

第七十二条　匿名组合员得于营业年度终，求阅览营业人之财产目录及贷借对照表，且检查其业务及财产之状况。

有重要事由者，匿名组合员不论何时，得经法院之许可，检查营业人之业务及财产之状况。

第七十三条　当事人未定组合之存续期间或定某当事人之终身间组合应存续者，各当事人得于营业年度终，为组合契约解约之声明，但须于六月以前为其预告。

第四十五条第二项之规定，于匿名组合准用之。

第七十四条　匿名组合员之权利之扣押，对于匿名组合员将来请求利益之配当或出资额之返还之权利，亦有其效力。

第七十五条　扣押匿名组合员之权利之债权人，得于营业年度终为匿名组合契约解约之声明。但对于营业人及其匿名组合员，须于六月以前为其预告。

前项但书之预告，匿名组合员已为清偿或供相当之担保者，失其效力。

第七十六条　于第七十三条及前条所定者外，组合契约因左列事由而终了。

一、营业人之死亡或禁治产；

二、营业人或匿名组合员之破产；

三、营业之废止或让渡。

第七十七条　组合契约已终了者，营业人须对于匿名组合员返还其出资价额。但出资因损失而减少者，返还其残额已足。

组合契约终了之当时未结了之事项,得于其结了后为计算。

第十一章　关于商人行为之特则

第七十八条　商人由平常为交易之人,受属于其营业部类之契约之要约者,须速发诺否之通知。如怠发之者,视为承诺要约。

第七十九条　商人受属于其营业部类之契约之要约,而于要约同时有领受之物品或有价证券者,虽拒绝其要约,亦须以要约人之费用保管其物品或有价证券。但其物品或有价证券之价额不足偿其费用或商人因其保管而受损害者,不在此限。

第八十条　商人于其营业范围内为他人为某行为者,得请求相当之报酬。

第八十一条　商人于其营业范围内向他人贷放金钱或为他人代垫金钱者,得请求其贷放或代垫之日以后之法定利息。

第八十二条　商人对于他商人因于其双方营业范围内所为之交易而取得之债权,在清偿期者,债权人于受清偿前,得留置债务人所有之物品或有价证券。但以因属于当事人任何一方营业范围内之行为而取得其占有者为限。

第八十三条　《民法》第三百三十一条之规定,于为担保因属于商人营业范围内之行为所生债权而设定之质权,不适用之。

第八十四条　商人间或商人与非商人之人间,平常为交易而订定就一定期间内之交易所生债权债务之总额,为抵销支付其残额之交互计算契约者,就因计算所生之残额,债权人得请求计算闭锁日以后之法定利息。

前项规定不妨自各项目归入于交互计算之日起附利息。

第八十五条　当事人未定于交互计算应为抵销之期间者,其期间为六月。

第八十六条　因票据、支票其他之有价证券之授受所生对价支付之债务,归入于交互计算而支付其他之证券上之债务之清偿,经拒绝者,当事人得将关于其债务之项目,由交互计算除去。

第八十七条　交互计算之当事人承认记载债权债务之各项目之计算书者,就其各项目不得述异议。但有错误或脱漏者不在此限。

第八十八条　各当事人不论何时,得为交互计算契约解约之声明。于此情形,得即闭锁计算而请求残额之支付。

第八十九条　商人于其营业范围内变卖物品或有价证券而买主拒绝领受其标的物或不能领受者,卖主定相当期间为催告后得拍卖之。于此情形,对于买主须速发其通知。

买卖之标的物系易于损败者,得不为前项催告而拍卖之。对于买主不能为催告者,亦同。

依前二项之规定卖主拍卖买卖之标的物者,须提存其代价。但不妨以其全部或一部充当价金。

依本条规定之拍卖费用,由买主负担。

第九十条　商人间之买卖于其双方营业范围内所为者,买主领受其标的物时,须速检查之。如发现有瑕疵或其数量不足者,非即对于卖主发其通知,不得因其瑕疵或不足而为契约之解除或请求价金之减额或损害赔偿买卖标的物。有即不能发现之瑕疵而买主于六月以内发现者,亦同。

前项规定于卖主系恶意者不适用之。

第九十一条　于前条情形,买主虽为契约之解除,亦须保管或提存由他地所受送付之买卖之标的物。但其标的物有灭失或毁损之处者,须得法院之许可拍卖之,并将其代价保管或提存。

依前项规定买主为拍卖者,须速对于卖主发其通知。

因前二项之手续所生之费用,由卖主负担。

第九十二条　前条规定于卖主移交于买主之物品或有价证券与原定者不同时,准用之。其物品或有价证券超过原定之数量时,就其超过额亦同。

第九十三条　商人于其营业范围内受寄托者,虽不受报酬,亦须为善良管理人之注意。

附则

本法施行之期日以敕令之。

(依康德四年十一月敕令第三二四号自同年十二月一日施行)

《商人通法》施行法

(康德四年十一月二十五日敕令第三一七号)

朕依《组织法》第三十六条,经咨询参议府,裁可《〈商人通法〉施行法》,著即公布。

（国务总理、司法部大臣副署）

第一条 《商人通法》除本法另有规定者外，于其施行前所生之事项，亦适用之。但不妨依从前之规定所生之效力。

第二条 依从前规定所为之登记，有与从《商人通法》之规定所为者同一之效力。

第三条 《商人通法》施行前所设立之会社，须自本法施行之日起，于一年内从《商人通法》第十三条之规定而变更其商号。

违反前项规定者，其会社之董事或执行业务之社员处一千圆以下之过料。

第四条 《商人通法》第十五条之规定，于后登记之商号系自《商人通例〔法〕》施行前所使用者不适用之。

第五条 虽已为商号登记之人，对于自《商人通例〔法〕》施行前使用同一或类似之商号之人，不得行使《商人通法》第十六条所定之权利。

第六条 《商人通法》第十八条之规定，于《商人通法》施行前之行为不适用之。

第七条 《商人通法》第二十一条之规定，于已为商号登记之人自《商人通法》施行前不使用商号者，通算其施行前后之期间而适用之。

第八条 《商人通法》第二十七条至第二十九条规定，于《商人通法》施行前让渡营业者不适用之。

就《商人通法》施行前让渡营业之人不得为同一营业之期间及区域，仍依从前之规定。

第九条 就经理人于《商人通法》施行前未得营业主之许诺，而为自己或他人为营业，或为会社之无限责任社员，因而营业主所有之权利仍依从前之规定。

第十条 就《商人通法》施行前所为匿名组合员之解约之声明，仍依从前之规定。

第十一条 《商人通法》第七十八条之规定，于《商人通法》施行前受契约之要约者不适用之。

第十二条 《商人通法》第八十条之规定，就《商人通法》施行前所为之行为不适用之。

第十三条 《商人通法》第八十一条规定，于《商人通法》施行前贷放或代垫金钱者不适用之。

第十四条　《商人通法》所谓署名者，包含记名盖章。

附则

本法自《商人通法》施行之日起施行。

关于小商人之范围之件

（康德四年十二月一日敕令第三七四号）

朕经咨询参议府，裁可《关于小商人之范围之件》，著即公布。

（国务总理、司法部大臣副署）

商人中其营业资金未满五百圆者，为小商人。

附则

本令自《商人通法》施行之日起施行。

会社法

（康德四年六月二十四日敕令第一三二号）

朕依《组织法》第四十一条，经咨询参议府，裁可《会社法》，著即公布。

（国务总理、司法部大臣副署）

第一章　总则

第一条　本法称会社者，谓以营利为目的而设立之社团。

第二条　会社为株式会社、合名会社及合资会社三种。

第三条　会社为法人。

会社之住所为在其本店所在地。

第四条　会社因在本店所在地为设立之登记而成立。

第五条　会社不得为他会社之无限责任社员。

第六条　会社得为合并。

为合并之会社之一方或双方如系株式会社者，合并后存续之会社或因合并而设立之会社，须为株式会社。

解散后之会社以使存立中之会社存续者为限，得为合并。

第七条　因合并而设立会社者，定款之作成其他关于设立之行为，须由各会社所选任之设立委员共同为之。

第二百十条第一项至第三项及第三百九十条之规定,于前项选任准用之。

第八条 会社无正当事由于其成立后一年以内未为开业或一年以上休止营业者,法院得因利害关系人或检察官之请求,或以职权命其解散。

董事、监查人或执行会社业务之社员,为反于法令或公共秩序或善良风俗之行为,而有不可准许会社存立之事由者,亦与前项同。

于前二项之情形,法院虽于解散命令前得因利害关系人或检察官之请求或以职权为管理人之选任其他会社财产之保全所必要之处分。

第九条 利害关系人为前条第一项或第二项之请求者,须因会社之请求,供相当之担保。

第十条 利害关系人为第八条第一项或第二项之请求,已被却下而其人有恶意或重大之过失者,对于会社连带任损害赔偿之责。

第十一条 依本法之规定,应登记之事项,而须经官厅许可者,自其许可书到达之时起算登记期间。

第二章 株式会社

第一节 设立

第十二条 株式会社之设立须有七人以上之发起人。

第十三条 发起人须作定款记载左列事项,并为署名。

一、目的;

二、商号;

三、资本总额;

四、一株金额;

五、本店及支店之所在地;

六、会社为公告之方法;

七、发起人之姓名及住所。

会社之公告须揭于政府公报或揭载关于时事事项之日刊新闻纸为之。

第十四条 定款非经公证人之认证,无其效力。

第十五条 左列事项非记载于定款,无其效力。

一、存立时期或解散之事由;

二、数种株式之发行并其各种株式之内容及数；

三、株式之额面以上之发行；

四、发起人应受之特别利益及应受人之姓名；

五、为现物出资人之姓名，出资之标的财产、其价格并对之所与株式之种类及数；

六、约于会社成立后让受之财产、其价格及让渡人之姓名；

七、归会社负担之设立费用；

八、发起人应受之报酬额。

现物出资限于发起人得为之。

第十六条　各发起人须依书面为株式承受。

第十七条　发起人已承受株式总数者，须速就各株为第一回缴纳且选任董事及监查人。

前项选任以发起人议决权之过半数决之。于此情形，准用第九十六条第一项之规定。

第十八条　株式发行之价额不得少于券面额。

第一回缴纳之金额不得少于株金四分之一。

以额面以上之价额发行株式者，其超过额面之金额，须与第一回缴纳同时缴纳之。

第十九条　现物出资人须于第一回缴纳期日给付出资之标的财产全部。但登录、登记其他关于权利之设定或移转必要之行为，不妨于会社成立后为之。

第二十条　董事于其选任后，为使调查第十五条第一项第四款至第八款所揭之事项，并有无依前三条规定之缴纳及现物出资之给付，须速请求法院选任检查人。

法院经检查人之报告，认第十五条第一项第四款至第八款所揭之事项为不当者，得加变更通告于各发起人。

不服前项变更之发起人，得取消其株式承受。于此情形，不妨变更定款，续行关于设立之手续。

于通告后二星期以内无取消株式承受之人者，定款视为从通告而经变更。

第二十一条　发起人不承受株式之总数者，须募集株主。

第二十二条　拟为株式要约之人，须于株式要约证二通，记载其承受株式之数及住所,并为署名。

株式要约证须由发起人作之,并记载左列事项。

一、定款认证之年月日及为其认证之公证人姓名;

二、第十三条第一项及第十五条第一项所揭之事项;

三、各发起人已承受株式之种类及数;

四、第一回缴纳金额;

五、定有株式让渡之禁止或限制、株券背书之禁止或株主议决权之限制者其规定;

六、办理株金缴纳之银行及其办理之场所;

七、至一定之时期止创立总会未终结者,得取消株式之要约。

发行数种株式,要约人须于株式要约证记载其承受株式之种类。以额面以上之价额发行株式者,记载其承受价额。

第二十三条　株式要约人知非其真意而为之要约,虽发起人知之或可得知之者,亦不妨其效力。与发起人通谋而为之虚伪之要约,亦同。

第二十四条　为株式要约之人,按发起人分派之株式之数,负缴纳之义务。

第二十五条　已有株式总数之承受者,发起人须速就各株使为第一回之缴纳。

前项缴纳须于株式要约证所记载株金缴纳之办理场所为之。

第二十六条　第十八条及第十九条之规定,于发起人不承受株式之总数者,准用之。

第二十七条　变更办理株金缴纳之银行或移动缴纳金之保管者,须得法院许可。

第二十八条　株式承受人不为第二十五条规定之缴纳者,发起人得定期日对于其株式承受人通知于其期日前不为缴纳失其权利。但其通知须于期日之二星期以前为之。

株式承受人于前项通知所定期日前不为缴纳者,失其权利。于此情形,发起人得就其人所承受之株式更行募集株主。

前二项之规定,不妨对于株式承受人请求损害赔偿。

第二十九条　已有第二十五条及第二十六条规定之缴纳及现物出资之给付者,发起人须速招集创立总会。

于创立总会,株式承受人之半数以上且承受资本半额以上之人出席。以其议决权之过半数为一切之决议。

第八十七条第一项第二项、第八十八条第一项、第九十四条第三项、第九十五条、第九十六条第一项、第九十八条、第九十九条、第一百零二条至第一百一十条及第二百一十二条之规定,于创立总会准用之。

第三十条　以定款定第十五条第一项第四款至第八款所揭之事项者,发起人为使为关于此项之调查,须请求法院选任检查人。

前项检查人之报告书须提出于创立总会。

第三十一条　发起人须将关于会社创立之事项报告于创立总会,第四十一条第一项之证明书须向创立总会提出之。

第三十二条　创立总会须选任董事及监查人。

第三十三条　董事及监查人须调查左列事项报告于创立总会。

一、是否已有株式总数之承受;

二、是否已有第二十五条及第二十六条之规定之缴纳及现物出资之给付。

董事及监查人须调查第三十条第二项之报告书,向创立总会报告其意见。

董事及监查人中有由发起人被选任之人者,创立总会得特选任检查人,使为前二项之调查及报告。

第三十四条　创立总会认第十五条第一项第四款到第八款所揭之事项为不当者,得变更之。

第二十条第三项及第四项之规定,于前项情形准用之。

前二项之规定,不妨对于发起人,请求损害赔偿。

第三十五条　创立总会亦得为定款变更或设立废止之决议。

前项决议虽于召集之通知未记载其旨者,不妨为之。

第三十六条　株式会社设立之登记发起人承受株式之总数者,自第二十条之手续终了之日,发起人不承受株式之总数者,自创立总会终结之日或第三十四条第一项及第二项之手续终了之日起,须于二星期以内为之。

前项登记须登记左列事项。

一、第十三条第一项第一款至第四款及第六款所揭之事项;

二、本店及支店;

三、定有存立时期或解散之事由者，其时期或事由；

四、发行数种之株式者，其各种株之内容及数；

五、就各株已缴纳之株金额；

六、定有株式让渡之禁止或限制或株券背书之禁止者，其规定；

七、定有开业前配当于株主之利息者，其规定；

八、定有以应配当于株主之利息而消却株式者，其规定；

九、董事及监查人之姓名及住所；

十、董事有不代表会社之人者，代表会社之人之姓名；

十一、定有以数人之董事共有或董事与经理人共有代表会社者，其规定。

第三十七条　会社为设立登记后，须于二星期以内在支店所在地登记前条第二项所揭之事项。

第三十八条　会社成立后设支店者，须在本店所在地于二星期以内登记已设支店。在其支店所在地，于三星期以内登记第三十六条第二项所揭之事项。在他支店所在地，于同期间内登记已设其支店。

在管辖本店或支店所在地之登记处，管辖区域内新设支店者，以登记已设其支店为足。

第三十九条　会社移转其本店者，须在旧所在地于二星期以内为移转之登记。在新所在地于三星期以内登记第三十六条第二项所揭之事项。移转其支店者，在旧所在地于三星期以内为移转之登记，在所在地于四星期以内登记第三十六条第二项所揭之事项。

在同一登记处管辖区域内移转本店或支店者，为其移转之登记已足。

第四十条　第三十六条第二项所揭之事项中生变更者，须在本店所在地于二星期、在支店所在地于三星期以内，为变更之登记。

第四十一条　办理株金缴纳金之银行，因发起人或董事之请求，关于缴纳金之保管，须为证明。

前项银行不得以就所证明之缴纳金额无缴纳或关于其返还之限制对抗会社。

第四十二条　因株式承受之权利让渡，对于会社，不生其效力。

发起人不得让渡前项权利。

第四十三条　已承受株式之人于会社成立后，不得以株式要约证之要件之欠缺为理由，主张其承受之无效；或以错误、诈欺或强迫为理由取消其承受出席创立总会。行使其权利者，亦同。

第四十四条　有未承受之株式或第一回缴纳未完之株式者，发起人连带负其株式之承受或缴纳之义务。株式之要约被取消者，亦同。

前项规定不妨对于发起人请求损害赔偿。

第四十五条　发起人关于会社之设立怠其任务者，其发起人对于会社连带任损害赔偿之责。

发起人有恶意或重大之过失者，其发起人对于第三人亦连带任损害赔偿之责。

第四十六条　会社不成立者，发起人就关于会社之设立所为之行为，连带任其责。

于前项情形，关于会社之设立所支出之费用，归发起人负担。

第四十七条　董事或监查人应任损害赔偿之责，而发起人亦应任其责者，其董事、监查人及发起人为连带债务人。

第四十八条　发起人、董事或监查人关于会社之设立对于会社应任损害赔偿之责者，其责任自会社成立之日起，经过三年后，非依第二百十条所定之决议，不得免除之。

第四十九条　株主总会决议对于发起人起诉者，会社须自决议之日起于一月内提起之。

第一百二十七条第二项及第一百三十七条第一项但书之规定，于前项情形准用之。

第五十条　株主总会否决对于发起人起诉而自会日之三月以前，继续有相当于资本十分之一以上株式之株主向董事请求诉之提起者，会社自请求之日起，须于一月以内提起之。

第一百二十八条第二项到第五项及第一百三十七条第二项之规定，于前项情形准用之。

第五十一条　非发起人而于株式要约证、计画书、株式募集之广告，其他关于株式募集之文书承诺记载自己之姓名及赞助会社设立之人，对于以自己误认为发起人而株式要约之人，负与发起人同一之责任。

第二节　株式

第五十二条　株式会社之资本须分为株式。

第五十三条 株主之责任,以其承受或让受之株式金额。以额面以上价额发行株式者,以承受价额为限度。

第五十四条 以假设人名义承受或让受株式之人,负株式承受人或株主之责任,未得他人之承诺而以其名义承受或让受株式之人亦同。

与他人通谋以其名义承受或让受株式之人,与其他人连带而负株金缴纳之义务。

第五十五条 株式之金额须为均一。

株式金额不得少于五十圆,但以一次缴纳株金全额者为限,得减至二十圆。

第五十六条 株式属于数人共有者,共有人须定行使株主权利之人一人。

无行使株主权利之人者,会社对于共有人之通知或催告,向其一人为之已足。

共有人对于会社连带负株金缴纳之义务。

第五十七条 株式得让渡于他人,但不妨以定款定其让渡之禁止或限制。

株券发行前所为株式之让渡,对于会社不生其效力。

第五十八条 记名株式之让渡,得依株券之背书为之。但定款另有规定者,不在此限。

《民法》第四百九十八条至第五百条之规定,于株券之背书准用之。

第五十九条 依株券之背书为记名株式之移转者,非将取得人之姓名及住所记载于株主名簿,不得以之对抗会社。

除前项情形外,记名株式之移转,非将取得人之姓名及住所记载于株主名簿,且将其姓名记载于株券,不得以之对抗会社其他之第三人。

就滞纳株金之株式会社,得拒绝前二项之名义更换。

第六十条 以记名株式为质权之标的者,须交付株券。

第六十一条 有株式之消却、并合或转换者,以从前之株式为标的之质权存在于因消却、并合或转换而株主应受之金钱或株式之上。

依第六十八条第一项或第六十九条第二项之规定,有株式之处分者,以其株式为标的之质权存在。于从前之株主,依第六十八条第二项之规定,应受发还之金钱之上。

第六十二条 以记名株式为质权之标的,而会社因质权设定人之请求,将质权人之姓名及住所记载于株主名簿,且将姓名记载于株券者,质权人由会社受利益或利息之配当、残余财产之分配或前条金钱之支付,先于他债权人得充当自己债权之清偿。

利益或利息之配当、残余财产之分配或前条金钱之支付,先于质权人之债权清偿期者,质权人得使会社提存其金额。于此情形,质权存在于其提存金之上。

第一项质权人对于会社得请求移交前条第一项株主应受之株券。

第六十三条　无记名株式之让渡及出质,从关于无记名式证券债权之规定。

第六十四条　会社除左列情形外,不得取得自己之株式或为质权之标的而受之。

一、为株式之消却者;

二、因合并或让受他会社之营业全部者;

三、当实行会社之权利为达其目的所必要者;

四、为牙行之会社为购买委托之履行者;

五、以信托业为目的之会社因信托之承受者。

第六十五条　于前条第一款情形,会社须速为株式失效之手续。于第二款及第三款之情形,须于相当时期为株式或质权之处分。

第六十六条　株式非从资本减少之规定,不得消却之。但基于定款之规定以应配当于株主之利益消却者,不在此限。

第二百四十七条之规定,于消却株式者准用之。

第六十七条　株金之缴纳须于其期日之一月以前向各株主催告之。

株主未为缴纳者,会社得更定期日向其株主及记载于株主名簿之质权人通知。至其期日尚未缴纳时,会社处分株式。但其通知须于期日二星期以前为之。

于前项情形,会社须公告其株主之姓名及住所、株券之号数并通知事项。

第六十八条　会社虽践行前条第一项及第二项所定之手续,而株主未为缴纳者,会社须拍卖株式。但不妨得法院之许可,依他方法变卖之。

会社由依株式之处分所得之金额,扣除滞纳金额及以定款所定之违约金额,其余金额须发还从前之株主。

依株式之处分所得之金额,未满滞纳金额者,会社得对于从前之株主请求不足额之清偿。如从前之株主于二星期以内不清偿者,对于让渡人请求其清偿。

第六十九条 会社须于着手前条第一项处分之日之三星期以前,对于株式之让渡人中依第七十三条之规定负责任之人,发为其处分之通知。让渡人先于株式之处分提供滞纳金额及以定款所定之违约金额以上之金额,而声报株式之买受者,会社须对于最初为声报之让渡人以声报价额让渡株式。

前条第二项之规定于前项情形准用之。

第七十条 依第六十八条第一项之规定,为株式之拍卖而未得其结果者,会社得从资本减少之规定,消却其株式。于此情形,准用第六十八条第三项之规定。

第七十一条 前三条之规定,不妨会社请求损害赔偿及以定款所定之违约金。

第七十二条 株主至第六十七条第二项之期日未为株金之缴纳者,会社须通知其株主及记载于株主名簿之质权人,于二星期以内将株券提出于会社。于此情形,无提出之株券失其效力。

于前项情形,会社须速公告失效株券之号数,并其株主之姓名及住所。

第七十三条 第六十八条第三项所定让渡人之责任,以关于将株式之让渡记载于株主名簿后二年以内之日为缴纳期日,而催告之株金者为限。

关于就发起人当会社设立时,所承受之株式,会社成立后五年以内之日为缴纳期日,而催告之株金。发起人不拘前项规定,负第六十八条第三项所定让渡人之责任。

第七十四条 株式让渡人清偿第六十八条第三项之不足额者,得对记载于株券或株主名簿之后手全员为偿还之请求。

发起人依前条第二项之规定,清偿不足额者,仅得对于其后手中依前条第一项规定负责任之人为前项请求。

已为偿还之让渡人,得更对于自己之后手全员为偿还之请求。

第七十五条 株金缴纳期日后让渡株式之人,对于会社与株主连带负缴纳其株金之义务。

第七十六条　株主就株金之缴纳,不得以抵销对抗会社,就依第六十八条第三项之规定。从前株主及让渡人所负清偿不足额之义务亦同。

第七十七条　会社发行数种之株式者,就利益或利息之配当或残余财产之分配,得从株式之种类为相异之规定。

于前项情形,虽定款无规定者,于资本之增加或减少或合并之决议,关于因新株之承受、株式之并合、消却或合并之株式分派,得从株式之种类为相异之规定。

第七十八条　株主名簿须记载左列事项。

一、株主之姓名及住所;

二、各株主所有株式之种类及数并株券之号数;

三、各株已缴纳之株金额及缴纳之年月日;

四、各株式之取得之年月日;

五、发行无记名式之株券者,其数、号数及发行之年月日。

第七十九条　会社对于株主之通知或催告,向记载于株主名簿之株主之住所或其人所通知于会社之住所为之已足。

前项之通知或催告,于通常可到达之时视为到达。

前二项之规定,于对于株式要约人、株式承受人、从前之株主、株式之让渡人或质权人之通知或催告,准用之。

第八十条　株券非会社成立后不得发行之。

违反前项规定而发行之株券,为无效。但不妨对于发行株券之人请求损害赔偿。

第八十一条　株券须记载左列事项及号数,由董事署名。

一、会社之商号;

二、会社成立之年月日;

三、资本总额;

四、一株之金额;

五、有数种之株式者,其株式之内容;

六、定有株式让渡之禁止或限制或株券背书之禁止者,其规定不使以一次缴纳株金全额者,每于缴纳须将其金额记载于株券。

第八十二条　无记名株券以定款有规定者为限,得就已缴纳株金全额之株式发行之。

株主不论何时,得请求将其无记名式之株券为记名式。

第八十三条　有无记名式株券之人,非将株券提存于会社,不得行使株主权利。

第八十四条　《民法》第五百零一条、第五百零二条及第五百十二条之规定,于株券准用之。

于株主名簿有记载之株主所为之背书非真正,而就会社为调查可得辨别其真伪者,不适用前项规定。

第八十五条　不依株主之意思而离去、占有或灭失之株券,得依公示催告之手续为无效。

株主非得除权判决,不得请求株券之再发行。

第二节　会社之机关

第一目　株主总会

第八十六条　总会除本法另有规定者外,由董事招集之。

第八十七条　招集总会须于会日三星期以前对于各株主发其通知。

前项通知须记载会议之目的事项。

会社发行无记名株券者,须于会日四星期以前公告开总会及会议之目的事项。

前三项之规定,就无议决权之株主不适用之。

第八十八条　总会除定款另有规定者外,须于本店所在地或邻接地招集之。

总会除于定款或招集之通知或公告另有所定者外,须在会社之本店开之。

第八十九条　定时总会须每年一回,于一定时期招集之。

一年二回以上配当利益之会社,须于每决算期招集总会。

第九十条　临时总会有必要者,随时招集之。

临时总会监查人亦得招集之。于此,总会为使调查会社业务及财产状况,得特选任检查人。

第九十一条　董事或监查人招集总会,须各有其过半数之同意。

第九十二条　相当于资本十分之一以上之株主,得将记载会议之目的事项及招集理由之书面提出于董事,请求总会之招集。

有前项请求后，于二星期以内董事不为总会招集之手续者，为请求之株主经法院之许可，得为其招集。

依前二项之规定招集之总会，其招集之费用得定归为请求之株主之负担。于此情形，为请求之株主按其所有株式之数负担费用。

第九十三条　总会为使调查董事所提出之书类及监查人之报告书，得特选任检查人。

第九十四条　总会之决议，除本法或定款另有规定者外，以出席之株主议决权之过半数为之。

有无记名株券之人，须于会日之一星期以前将株券提存于会社。

株主得以代理人行使其议决权。但代理人须将证明代理权之书面提出于会社。

前项规定不妨以定款将代理人限于株主。

第九十五条　就总会之决议有特别利害关系之人，不得为自己或他人行使议决权。

依前项规定不得行使议决权之数，不算入于前条第一项议决权之数。

第九十六条　各株主就一株有一个议决权。但得以定款限制有十一株以上之株主之议决权，或定为将株式之让受记载于株主名簿后未经过六月之株主无议决权。

会社就其所有之自己株式，无议决权。

第九十七条　会社发行数种株式者，得以定款就其某种类之株式定为株主无议决权。于此情形，不妨以定款定为有其种类之株式之株主，无第五十条第一项、第九十二条第一项第二项、第一百条第二项、第一百二十八条第一项、第一百三十九条、第一百五十六条第一项、第三百二十条第二项及第三百二十四条之权利。

前项株式，株金总额不得超过资本四分之一。

第九十八条　总会得为延期或续行之决议。于此情形，不适用第八十七条之规定。

第九十九条　总会之议事须作议事录。

议事录须记载议事经过之要领及其结果，并由议长、出席之董事及监查人署名。

第一百条　会社为左列行为，须依第二百十条所定之决议。

一、营业之全部或一部之让渡；

二、营业全部之赁贷、其经营之委任、与他人共通营业上损益全部之契约其他准此契约之缔结、变更或解约；

三、他会社之营业全部之让受；

四、依第一百二十六条或第一百十九条规定之董事或监查人之责任之免除。

第一百二十八条或第一百三十九条之规定，于有前项第四款决议者准用之。

第一百零一条　前条第一项之规定于会社订定于其成立后二年以内，将自其成立前存在而为营业应继续使用之财产，以相当于资本二十分之一以上之对价取得之契约者，准用之。

第一百零二条　总会招集之手续或其决议之方法，违反法令或定款或甚不公正者，株主、董事或监查人得以诉请求决议之取消。决议违反第二百十条之规定所为者亦同。

第一百零三条　前条之诉，专属于本店所在地之地方法院管辖。

第一百零四条　决议取消之诉，须自决议之日起于一月以内提起之。

言词辨论非经过前项期间后不得开始之。

数个之诉同时系属者，辩论及裁判须并合为之。

有诉之提起者，会社须速公告其旨。

第一百零五条　株主提起决议取消之诉者，因会社之请求须供相当之担保。但其株主系董事或监查人者不在此限。

第一百零六条　取消决议之判决，对于第三人亦有其效力。

原告败诉而有恶意或重大之过失者，对于会社连带任损害赔偿之责。

第一百零七条　已有决议事项之登记而其决议取消之判决已确定者，须在本店及支店之所在地为其登记。

第一百零八条　有决议取消之诉之提起者，斟酌决议内容、会社现况其他一切情事，而认其取消为不适当时，法院得弃却请求。

第一百零九条第一百零三条、一百零四条第三项第四项及第一百零五条至第一百零七条之规定，于以总会决议之内容违反法令或定款为理由请求决议无效之确认之诉，准用之。

第一百十条　株主依第九十五条第一项之规定,不得行使议决权。而决议甚为不当,如其株主行使议决权可得阻止者,其株主得以诉请求决议之取消或变更。

第一百零三条至第一百零七条之规定,于前项之诉准用之。

第二目　董事

第一百十一条　董事由株主总会选任之。

会社与董事间之关系,从关于委托之规定。

第一百十二条　董事须为三人以上。

第一百十三条　董事之任期不得超过三年,但不妨以定款至关于任期中最后决算期之定时总会终结止,伸长其任期。

第一百十四条　董事不论何时,得以株主总会之决议解任之。但定有任期者,无正当事由而于其任期满了前解任时,其董事对于会社得请求因解任所生之损害赔偿。

第一百十五条　法律或定款所定董事之员数至不足者,因任期满了或辞任而退任之董事,至新被选任之董事就职止,仍有董事之权利义务。

于前项情形认为有必要者,法院因监查人其他利害关系人之请求,得选任暂行董事职务之人。于此情形,须在本店及支店之所在地为其登记。

第一百十六条　以定款定董事应有之株式之数而另无规定者,董事将其员数之株券须提存于监查人。

第一百十七条　董事须以善良管理人之注意行其职务。

第一百十八条　会社之业务执行于定款另无规定者,以董事之过半数决之。经理人之选任及解任亦同。

第一百十九条　董事各自代表会社。

前项规定不妨以定款或株主总会之决议定代表会社之董事、定数人之董事共同或董事与经理人共同代表会社,或基于定款之规定以董事之互选定代表会社之董事。

定数人之董事共同或董事与经理人共同代表会社者,对于其董事或经理人之一人所为之意思表示,对于会社生其效力。

第一百二十条　代表会社之董事,有为关于会社营业一切之裁判上或裁判外之行为之权限。

于前项权限所加之限制，不得以之对抗善意第三人。

第一百二十一条　会社就董事执行其职务加于他人之损害任赔偿之责，但其董事不因此免自己损害赔偿之责任。

第一百二十二条　就社长、副社长、专务董事、常务董事其他附有可认为代表会社之权限之名称之董事所为之行为，会社虽以其人无代表权，对于善良第三人，亦任其责。

第一百二十三条　董事须将定款及总会议事录备置于本店及支店，将株主名簿及社债原簿备置于本店。

株主及会社债权人于营业时间内，不论何时得求阅览前项所揭之书类。

第一百二十四条　董事非有株主总会之认许，不得为自己或第三人为属于会社营业部类之交易，或为以同种之营业为目的之他会社之无限责任社员或董事。

董事违反前项规定而为交易，其交易系为自己而为时，会社得以之视为为会社而为者。系为第三人而为时，会社得对于董事请求交付其所取得之报酬。

会社行使前项权利须有株主总会之决议。

第二项所定之权利，自监查人之一人知其交易之时起三月间不行使者消灭。自交易之时起经过一年者，亦同。

前三项之规定，不妨会社对于董事请求损害赔偿。

第一百二十五条　董事以得监查人之承认者为限，得为自己或第三人与会社为交易。于此情形，不妨由其董事就其交易代表会社。

第一百二十六条　董事怠其任务者，其董事对于会社连带任损害赔偿之责。

董事为违反法令或定款之行为者，虽系依株主总会之决议，其董事对于第三人连带任损害赔偿之责。

第一百二十七条　株主总会决议对于董事起诉者，会社须自决议之日起于一月内提起之。

就前项之诉，非依株主总会之决议，不得为撤回、和解或请求之抛弃。

第一百二十八条　株主总会否决对于董事起诉而自会日之三月以前，继续有相当于资本十分之一以上株式之株主对于监查人请求诉之提起者，会社须自请求之日起，于一月以内提起之。

前项请求须自总会终结之日起，于三月以内为之。

就第一项之诉，非有请求起诉之株主议决超过半数之同意，不得为撤回、和解或请求之抛弃。

已为第一项请求之株主，因监查人之请求，须供相当之担保。

会社败诉者，为请求之株主任赔偿于会社所生损害之责。

第一百二十九条　董事应受之报酬，于定款未定其额者，以株主总会之决议定之。

第一百三十条　有董事选任决议之取消或无效确认之诉之提起者，本案管辖法院因当事人之声明得以假处分停止其董事执行职务或选任代行之人。虽本案系属前而有急迫之情事者亦同。

法院因当事人之声明得变更前项假处分或取消之。

有前二项之处分者，须在本店及支店之所在地为其登记。

第一百三十一条　前条之职务代行人，除假处分命令另有规定者外，不得为不属于会社常务之行为。但特经本案管辖法院之许可者，不在此限。

虽职务代行人违反前项规定者，会社对于善意第三人，任其责。

第一百三十二条　有急迫之情事者，依第九十二条之规定请求招集以解任董事为目的之总会之人，得请求法院停止其董事执行职务，或选任职务代行人招集以解任董事为目的之总会之董事或监查人亦同。

第一百三十条第二项、第三项及前条之规定，于前项情形准用之。

第三目　监查人

第一百三十三条　监查人之任期不得超过二年。

第一百三十四条　监查人不论何时，得对于董事求营业之报告或调查会社业务及财产状况。

第一百三十五条　监查人须调查董事拟提出株主总会之书类，向株主总会报告其意见。

第一百三十六条　监查人不得兼董事或经理人。但董事中有缺员者，得以董事及监查人之协议，就监查人中定暂行董事职务之人。于前项但书之情形，须自其议定之日起，在本店所在地于二星期、在支店所在地于三星期以内为其登记。

依第一项规定执行董事职务之监查人，于从第一百四十二条第一项之规定,得株主总会之承认前,不得执行监查人之职务。

第一百三十七条　会社对于董事或董事对于会社起诉者,就其诉由监查人代表会社。但株主总会得使他人代表之。

依第一百二十八条第一项之规定,株主请求对于董事起诉者,得特指定代表人。

第一百三十八条　监查人对于会社或第三人应任损害赔偿之责,而董事亦应任其责者,其监查人及董事为连带债务人。

第一百三十九条　第四十九条、第五十条、第一百十一条、第一百十三条但书、第一百十四条、第一百十五条、第一百十七条、第一百二十六条、第一百二十九条、第一百三十条及第一百三十二条之规定,于监查人准用之。

第四节　会社之计算

第一百四十条　董事须自定时总会之会日起,于二星期以前将左列书类提出于监查人。

一、财产目录;

二、贷借对照表;

三、营业报告书;

四、损益计算书;

五、关于准备金及利益或利息之配当之议案。

第一百四十一条　董事须自定时总会会日之一星期以前,将所揭之书类及监查人之报告书备置于本店。

株主及会社债权人于营业时间内,不论何时得求阅览前项所揭之书类,或支付会社所定之费用,而求交付其誊本或节本。

第一百四十二条　董事须将第一百四十条所揭之书类提出于定时总会,而求其承认。

董事得前项承认后,须速公告贷借对照表。

第一百四十三条　定时总会为前条第一项之承认后,于二年以内另无决议者,视为会社对于董事或监查人解除其责任。但董事或监查人有不正之行为者不在此限。

第一百四十四条　就记载于财产目录之营业用固定财产,不得附以超过其取得价额或制作价额之价额。就交易所有行市之有价证券,不得附以超过其决算期前一月之平均价格之价额。

第一百四十五条　依第十五条第一项第七款及第八款之规定,所支出之金额并为设立登记所支出之税额,得计之于贷借对照表资产之部。于此情形,会社成立后,如定为开业前应配当利息者,则其配当终止后之五年以内,须于每决算期为均等额以上之偿却。

第一百四十六条　应偿还于社债权人之金额总额超过依募集社债所得之实额者,其差额得计入于贷借对照表资产之部。于此情形,社债偿还期限内须于每决算期为均等以上之偿却。

第一百四十七条　资本总额须计入于贷借对照表负债之部。

会社发行数种之株式者,亦须表示各种类株式之总金额。

第一百四十八条　会社取得自己之株式或为质权之标的而受之者,须将其株式之种类及金额记载于营业报告书中。处分其株式者亦同。

第一百四十九条　会社于达于其资本四分之一前,须以每决算期之利益二十分之一以上为准备金而公积之。

以额面以上之价额发行株式者,由超过其额面之金额扣除为发行所须要之费用之金额,须于达于前项之额前归入于准备金。

第一百五十条　前条准备金除充填补资本之缺损者外,不得使用之。

第一百五十一条　会社非填补损失,且扣除第一百四十九条第一项之准备金后,不得为利益之配当。

违反前项规定而为配当者,会社债权人得使返还之。

第一百五十二条　依会社之目的事业之性质,认为会社成立后二年以上不能为其营业全部之开业者,会社得以定款定于其开业前一定期间内以一定利息配当于株主。但其利率不得超过年利百分之五。

前项定款之规定须得法院之认可。

依第一项规定而配当之金额,得计入于贷借对照表资产之部。于此情形,每于配当超过年百分之六之利益,须偿却其超过额同额以上之金额。

第一百五十三条　依前条第一项规定,配当利息之会社增加其资本者,对于新株亦须配当利息。但定款另有规定者,不在此限。

为前项配当者,得伸长配当期间。

前条规定,于前二项之情形准用之。

第一百五十四条 利益或利息之配当,按已缴纳株金额之比例为之。但不妨第七十七条第一项规定之适用。

对于营业年度中缴纳之株式之利益或利息之配当,按其缴纳期日以后之日数为之。

第一百五十五条 以定款就利益或利息之配当请求权定消灭期间者,其期间不得少于三年。如定较短之期间者,其期间伸长至三年。

第一百五十六条 关于会社业务之执行,疑有不正之行为或违反法令或定款之重大事实之事由者,自三月以前继续有相当于资本十分之一以上之株式之株主,为使调查会社业务及财产状况,得请求法院选任检查人。

检查人须将其调查结果报告法院。

于前项情形认为有必要者,法院得使监查人招集株主总会。于此情形,准用第三十条第二项及第三十三条第二项之规定。

第五节 社债

第一目 总则

第一百五十七条 社债非依第二百十条所定之决议,不得募集之。

第一百五十八条 社债总额不得超过已缴纳之株金额。

依最后之贷借对照表,会社现存之纯财产额未满已缴纳之株金额者,社债总额不得超过其财产额。

就为偿还旧社债所为社债之募集,其旧社债额不算入于前二项之社债总额中。于此情形,须自缴纳之期日、如分数回使缴纳者,自第一回缴纳之期日起,于六月以内偿还旧社债。

第一百五十九条 会社非使缴纳以前募集之社债总额后,不得更募集社债。

第一百六十条 各社债之金额,不得少于二十圆。

在同一种类之社债,各社债之金额须为均一或以最低额得整除者。

第一百六十一条 定为偿还于社债权人之金额超过券面额者,其超过额就各社债须为同率。

第一百六十二条 应社债募集之人,须于社债要约证二通,记载其承受社债之数及住所而为署名。

社债要约证须由董事作之,记载左列事项。

一、会社之商号;

　　二、社债之总额；

　　三、各社债之金额；

　　四、社债之利率；

　　五、社债偿还之方法及期限；

　　六、利息支付之方法及期限；

　　七、分数回使缴纳社债者，每回缴纳之金额及时期；

　　八、社债发行之价额或其最低价额；

　　九、债券限于记名式或无记名式者，其旨；

　　十、会社之资本及已缴纳株金之总额；

　　十一、依最后之贷借对照表于会社现在之纯财产额；

　　十二、为偿还旧社债超过第一百五十八条第一项及第二项之限制而募集社债者，其旨；

　　十三、前已经募集社债者，其偿还未了之总额；

　　十四、有受社债募集之委托之会社者，其商号；

　　十五、约于社债应募额不达于总额时，由前款之会社承受其残额者其旨。

　　定社债发行之最低价额者，社债应募人须于社债要约证记载应募价额。

　　第一百六十三条　前条规定于依契约承受社债之总额者，不适用之。受社债募集之委托之会社自行承受社债之一部者，就其一部亦同。

　　第一百六十四条　社债之募集已完了者，董事须速就各社债使为其全额或第一回之缴纳。

　　第一百六十五条　受社债募集之委托之会社，得以自己名义为会社为第一百六十二条第二项及前条所定之行为。

　　第一百六十六条　会社须自有第一百六十四条之缴纳之日起，在本店所在地于二星期、在支店所在地于三星期以内，为社债之登记。

　　前项登记须登记左列事项。

　　一、第一百六十二条第二项第二款至第六款及第十四款所揭之事项；

　　二、就各社债已缴纳之金额。

　　第四十条之规定，于第一项之登记准用之。

　　在外国募集社债而应登记之事项生于外国者，登记期间自其通知到达之时起算之。

第一百六十七条　第五十六条之规定属于社债关于数人共有者，准用之。

第一百六十八条　债券非于社债全额之缴纳后，不得发行之。

债券须记载第一百六十二条第二项第一款至第六款、第九款及第十四款所揭之事项，并号数由董事署名。

第一百六十九条　社债权人不论何时，请求将其记名式债券为无记名式或将其无记名式债券为记名式。但定为债券限于记名或无记名式者，不在此限。

第一百七十条　记名社债之移转，非将取得人之姓名及住所记载于社债原簿，且将其姓名记载于债券，不得以之对抗会社其他之第二人。

第一百七十一条　以记名社债为质权之标的者，须交付债券。

前项质权之设定，非将质权人之姓名及住所记载于社债原簿且将其姓名记载于债券，不得以之对抗会社其他之第三人。

第一百七十二条　受社债募集之委托之会社，有以自己名义为社债权人为受社债之偿还所必要一切之裁判上或裁判外之行为之权限。

前项会社已受社债之偿还者，须速公告之，且分别通知于已知之社债权人。

于前项情形，受社债募集之委托之会社负对于社债权人与债券互换支付偿还额之义务。

第一百七十三条　受社债募集之委托之会社有二以上者，属于其权限之行为，须共同为之。

第一百七十四条　受社债募集之委托之会社有二以上者，第一百七十二条第三项所定之义务为连带。

第一百七十五条　受社债募集之委托之会社，得经发行社债之会社及社债权人集会之同意辞任。有不得已之事由而得法院之许可者，亦同。

第一百七十六条　受社债募集之委托之会社，处理其事务上不适任其他有正当事由者，法院得因发行社债之会社或社债权人集会之请求解任之。

第一百七十七条　于前二条之情形至无受社债募集之委托之会社

者，得以发行社债之会社及社债权人集会之一致，定其事务之承继人。

有不得已之事由者，利害关系人得请求法院选任事务承继人。

第一百七十八条　偿还无记名社债而有欠缺之利息券者，由偿还额扣除其相当之金额。但就支付期已到来之利息券，不在此限。

前项利息券所持人，不论何时，得与此互换，请求支付扣除之金额。

第一百七十九条　社债偿还请求权之时效期间为十年。

依第一百七十二条第三项之规定，社债权人所有之请求权，亦与前项同。

利息及前条第二项之请求权之时效期间为五年。

第一百八十条　社债原簿须记载左列事项。

一、社债权人之姓名及住所；

二、债券之号数；

三、第一百六十二条第二项第二款到第七款及第十四款所揭之事项；

四、就各社债已缴纳之金额及缴纳之年月日；

五、债券发行之年月日；

六、各社债之取得之年月日；

七、发行无记名式债券者，其数、号数及发行之年月日。

第一百八十一条　会社对于某社债权人所为之清偿、和解其他之行为，甚著不公正者，受社债募集之委托之会社，得以诉请求取消其行为。但因其行为受利益之人或转得人于其行为或转得当时系善意者，不在此限。

前项之诉，须自受社债募集之委托之会社知取消原因之事实之时起于六月、自行为之时起于一年以内提起之。

第一百八十二条　前条第一项之诉专属于发行社债之会社本店所在地之地方法院管辖。

第一百八十三条　依第一百八十一条规定所为之取消，为总社债权人之利益，生其效力。

第一百八十四条　第七十九条第一项及第二项之规定，于对于社债应募人或社债权人之通知及催告，准用之。

第一百八十五条　依本节之规定应为之公告，须依发行社债之会社之定款所定之公告方法为之。

第二目　社债权人集会

第一百八十六条　社债权人集会,除本法有规定者外,得经法院之许可就社债权人之利害有重大关系之事项为决议。

第一百八十七条　社债权人集会,由发行社债之会社或受社债募集之委托之会社招集之。

有相当于社债总额十分之一以上之社债权人,得将记载会议之目的事项及招集理由之书面提出于前项会社,而请求招集社债权人集会。

第九十二条第二项之规定,于前项情形准用之。

有无记名式债券之人,非提存其债券,不得行使前二项之权利。

第一百八十八条　各社债权人就每社债之最低额有一个议决权。有无记名式债券之人,非自会日一星期以前提存债券,不得行使其议决权。

发行社债之会社有以自己之无记名社债为标的之质权,而有社债权人之请求者,为使债权人行使议决权,须自会日一星期以前提存其债券,因提存所生之费用,归社债权人负担。

第一百八十九条　发行社债之会社或受社债募集之委托之会社,得使其代表人出席于债权人集会或以书面述意见。

社债权人集会之招集,须通知前项会社。

第八十七条第一项及第二项之规定,于前项通知准用之。

第一百九十条　社债权人集会或其招集人认为有必要者,得对于发行社债之会社求其代表人之出席。

第一百九十一条　第二百十条第一项至第三项及第二百十一条第二项第三项之规定,于社债权人集会之决议准用之。

第一百七十五条至第一百七十七条及前条之同意或请求,得不拘前项规定以出席社债权人议决权之过半数决之。

第一百九十二条　社债权人集会之议事,须作议事录。

议事录须记载议事经过之要领及其结果,并由议长及出席之社债权人一人以上署名。

议事录须由发行社债之会社于其本店备置之。

受社债募集之委托之会社及社债权人,于营业时间内不论何时,得求阅览前项议事录。

第一百九十三条　社债权人集会之招集人,须自决议之日起于一星期以内请求法院认可决议。

第一百九十四条　法院于左列情形,不得认可社债权人集会之决议。

一、社债权人集会招集之手续或其决议之方法违反法令者;

二、决议依不当之方法而至成立者;

三、决议甚不公正者;

四、决议反于社债权人一般之利益者。

于前项第一款及第二款之情形,法院不妨斟酌决议内容其他一切情事而认可决议。

第一百九十五条　社债权人领会之决议,因法院之认可生其效力。

社债权人集会之决议,对于总社债权人有其效力。

第一百九十六条　对于社债权人集会之决议,已有认可或不认可之裁定者,发行社债之会社,须速公告其旨。

第一百九十七条　社债权人集会,得就有社债总额五百分之一以上之社债权人中选任一人或数人之代表人,委任其应决议事项之决定。

代表人有数人者,前项决定以其过半数为之。

第一百九十八条　社债权人集会之决议由受社债募集之委托之会社,如无受社债募集之委托之会社者,由前条之代表人执行之。但以社债权人集会之决议另定执行人者,不在此限。

第一百九十九条　第一百七十三条之规定,于代表人或执行人有数人者准用之。

第二百条　第一百七十二条、第一百七十四条及第一百七十九条第二项之规定,于由代表人或执行人执行关于社债偿还之决议者,准用之。

第二百零一条　社债权人集会,不论何时得解任代表人或执行人或变更委任之事项。

第二百零二条　会社怠于支付社债之利息或应于定期偿还社债之一部而息其偿还者,得以社债权人集会之决议,对于会社通知于一定期间内应为其清偿,及其期间内不为清偿时,就社债总额失期限之利益。但其期间不得少于二月。

前项通知须依书面为之。

会社于第一项期间内不为清偿者,就社债总额,失期限之利益。

第二百零三条 依前条规定会社失期限之利益者,执行前条第一项决议之人须速公告之,且分别通知于已知之社债权人。

第二百零四条 对于受社债募集之委托之会社、代表人、或执行人,应与之报酬及为其事务处理所需之费用。除与发行社债之会社之契约有订定者外,得经法院之许可,使会社负担之。

受社债募集之委托之会社、代表人或执行人,得由受偿还之金额先于社债权人受前项之报酬及费用之清偿。

第二百零五条 关于社债权人集会之费用,归发行社债之会社负担。

第九十二条第三项之规定,于依第一百八十七条第二项或第三项之规定招集社债权人集会者,准用之。

关于第一百九十三条之请求之费用,归发行社债之会社负担。但法院得因利害关系人之声明或以职权就其全部或一部,另定负担人。

第二百零六条 发行数种社债者,社债权人集会须就其各种类之社债招集之。

第二百零七条 第八十七条第一项至第三项、第九十四条第三项、第九十三条,第九十六条第二项及第九十八条之规定,于社债权人集会准用之。

第二百零八条 有社债权人集会之决议者,代表人或执行人亦得提起第一百八十一条第一项之诉。但以自行为之时起一年以内为限。

第六节 定款之变更

第二百零九条 为定款之变更,须经株主总会之决议。

关于定款变更之议案之要领,须于第八十七条所定之通知及公告记载之。

第二百十条 前条第一项之决议由总株主之半数以上且相当于资本之半额以上之株主出席,以其议决权之过半数为之。

前项所定员数之株主不出席者,得以出席株主之议决权之过半数为假决议。于此情形,须对于各株主发其假决议之趣旨之通知,且发行无记名式株券者,公告其趣旨,更于一月以内招集第二回株主总会。

第二回株主总会以出席株主之议决权过半数决假决议之认否。

前二项之规定于变更会社之目的事业者,不适用之。

第二百十一条 就前条第一项规定之适用,无议决权之株主不算入于总株主之员数,其所有株式之金额不算入于资本之额。

不依第九十四条第二项之规定提存株券之人,不算入于总株主之员数。

第九十五条第二项之规定,于前条第一项至第三项之议决权准用之。

第二百十二条　会社发行数种株式,而定款之变更可及损害于某种类之株主者,于株主总会之决议外,须经其种类株主之总会决议。

某种类株主之总会决议由其种类株主之半数以上而相当于株金总额之半额以上之株主出席,以其议决权三分之二以上之多数为之。

关于株主总会之规定,除关于无议决权之种类之株式者外,于第一项之总会准用之。

第二百十三条　前条之规定,于为第七十七条第二项之决议及因会社之合并而可及损害于某种类株主者准用之。

第二百十四条　第七十七条第二项及前二条之规定,于同种类之株式中有缴纳额相异之二种以上之株式者,准用之。

第二百十五条　左列事项,虽定款未定其旨者,得于资本增加之决议定之。

一、新株之额面以上之发行;

二、为现物出资人之姓名、出资人之标的财产,其价格并对之所与株式之种类及数;

三、约于资本增加后让受之财产、其价格及让渡人之姓名;

四、应与新株承受权之人及其权利之内容。

第二百十六条　会社对于特定人约于将来增加其资本时,应与新株之承受权者,须依第二百十条所定之决议。

第二百十七条　株式要约证须由董事作之,记载左列事项。

一、会社之商号;

二、应增加资本之额;

三、资本增加决议之年月日;

四、第一回缴纳之金额;

五、第二十二条第二项第五款第六款及第二百十五条第一款至第三款所揭之事项;

六、有数种株式或发行异种类株式者,新发行株式之内容及数;

七、至一定之时期止，第二百十八条之总会未终结者，得取消株式要约。

第二百十八条　于资本增加之情形，就各新株已有依第二十五条及第二十六条规定之缴纳及现物出资之给付者，董事须速招集株主总会报告关于新株募集之事项。

新株承受人于前项总会有与株主同一权利。

第二百十九条　新株承受人自株金缴纳期日起，就利益或利息之配当有与株主同一权利。

第二百二十条　会社成立后于二年以内为增加其资本之决议，或将资本增加至倍额以上，而定第二百十五条第二款或第三款所揭之事项者，董事为使为关于此项调查，须请求法院选任检查人。

第三十条第二项之规定，于前项情形准用之。

第二百二十一条　监查人须调查左列事项，报告于第二百十八条之株主总会。

一、是否已有新株总数之承受；

二、是否已有依第二十五条及第二十六条规定之缴纳及现物出资之给付。

监查人须调查前条第一项之检查人之报告书，向株主总会报告其意见。

株主总会为使为第一项之调查及报告，得特选任检查人。

第二百二十二条　于第二百二十条第一项之情形，第二百十八条之株主总会之决议，非依第二百十条之规定不得为之。

第三十四条之规定，于前项情形准用之。

第二百二十三条　有未承受之株式或第一回缴纳未完之株式者，董事连带负承受其株式或缴纳之义务。株式要约被取消者亦同。

前项规定不妨对于董事请求损害赔偿。

第二百二十四条　会社须自第二百十八条之株主总会终结之日或第二百二十二条第二项之手续终了之日起，在本店所在地于二星期，在支店所在地于三星期以内为资本增加之登记。前项登记须登记左列事项。

一、增加资本之额；

二、资本增加决议之年月日；

三、各新株已缴纳之株金额；

四、有数种株式或发行异种类之株式者，新发行之株式之内容及数。

第四十条之规定，于第一项之登记准用之。

第二百二十五条　资本增加因在本店所在地为前条第一项之登记，生其效力。

第二百二十六条　于资本增加之情形，得以定款定株主得请求将其所承受之新株转换为他种类之株式。于此情形，须定可得请求转换之期间及因转换而受之株式内容。

第二百二十七条　于前条情形，须于株式要约证、株券及株主名簿记载左列事项。

一、株式可得转换为他种类之株式；

二、因转换而发行之株式内容；

三、可得为转换请求之期间。

资本增加之登记，须登记前项所揭之事项。

第二百二十八条　请求转换之人，须于请求书二通添附株券提出于会社。

前项请求书须记载拟转换之株式数及请求年月日，而为署名。

第二百二十九条　转换于为其请求之时所属之营业年度终，生其效力。

第二百三十条　因转换所生各种类株式之数之增减，须自每营业年度终起，于一月以内在本店所在地登记之。

第三十七条之规定，于前项登记准用之。

第二百三十一条　于社债募集之情形，得决议社债权人得请求将社债转换为株式，且于转换之限度增加资本。

前项决议须定转换之条件、因转换而发行之株式内容及可得请求转换之期间。

第二百三十二条　因转换而发行之株式为全额已缴纳。

因转换而发行之株式金额不得超过因转换社债之发行而得之实额。

第一百四十九条第二项之规定，于社债之转换之情形准用之。

第二百三十三条　就转换社债，须于社债要约证、债券及社债原簿记载左列事项。

一、社债可得转换为株式；

二、转换之条件；

三、因转换而发行之株式内容；

四、可得请求转换之期间。

社债之登记，须登记前项所揭之事项。

第二百三十四条　请求转换之人，须于请求书二通添附债券提出于会社。

前项请求书须表示拟转换之社债，记载请求之年月日而为署名。

第二百三十五条　第六十一条第一项及第二百二十九条之规定，于社债之转换之情形准用之。

第二百三十六条　因转换所生资本之增加及社债之减少，须自每营业年度终起，于一月以内在本店所在地登记之。

第三十七条之规定，于前项登记准用之。

第二百三十七条　第二十二条第一项第三项，第二十三条至第二十八条、第三十一条第二项、第四十一条、第四十二条第一项及第四十三条之规定，于资本增加者准用之。

第四十二条第二项之规定，于董事及监查人准用之。

第二百三十八条　株券非于资本增加生其效力后，不得发行之。

第八十条第二项之规定，于前项情形准用之。

资本增加之年月日，须于新株券记载之。

第二百三十九条　资本增加之无效，自依第二百二十四条或第二百三十六条之规定，在本店所在地为登记之日起于六月以内，仅得以诉主张之。

前项之诉限于株主、董事或监查人得提起之。

第二百四十条　第一百零三条、第一百零四条第二项至第四项及第一百零五条、第一百零六条、第二百九十三条、第二百九十九条之规定，于前条之诉准用之。

第二百四十一条　以资本增加为无效之判决已经确定者，因资本之增加而发行之新株，向将来失其效力。

于前项情形，会社须速公告其旨及于一定期间内将株券提出于会社，且分别通知株主及记载于株主名簿之质权人。但其期间不得少于三月。

第二百四十二条　于前条第一项之情形,会社须对于新株之株主支付相当于已缴纳株金之金额。

前项金额按照前条第一项判决确定之时之会社财产状况甚著不相当者,法院得因会社或前项株主之请求,命增减前项金额或缴纳未缴纳株金额。

第六十一条第一项及第六十二条第一项第二项之规定,于第一项之情形准用之。

第二百四十三条　会社订定于资本增加后二年以内,将自其增加前存在而为营业应继续使用之财产,以相当于增加资本二十分之一以上之对价取得之契约者,须依第二百十条所定之决议。

第二百四十四条　于资本减少之情形,须于其决议定减少之方法。

第二百四十五条　有资本减少之决议者,须自其决议之日起于二星期以内作财产目录及贷借对照表。

第二百四十六条　会社于前条期间内,须对于其债权人公告,如于资本减少有异议,应于一定期间内陈述且分别催告已知之债权人,但其期间不得少于二月。

社债权人述异议,须依社债权人集会之决议。于此情形,法院得因利害关系人之请求,为社债权人伸长异议期间。

债权人于前二项之期间内未述异议者,视为承认资本减少。

债权人述异议者,会社须为清偿或供相当之担保。

第二百四十七条　拟为株式之并合者,会社须公告其旨及应于一定期间内将株券提出于会社,且分别通知株主及记载于株主名簿之质权人。但其期间不得少于三月。

株式之并合于前项期间满了之时,如前条之手续未终了者,其终了之时生其效力。

第二百四十八条　有株式并合而有不能提出旧株券之人者,会社得因其人之请求,对于利害关系人公告。如有异议,应于一定期间内述之。于其期间经过后,交付新株券。但其期间不得少于三月。

前项公告费用,归请求人负担。

第二百四十九条　有不适于并合之数之株式者,须就其不适于并合之部分拍卖新发行之株式,且按株数将其价金交付从前之株主。

第六十八条第一项但书及前条之规定,于前项情形准用之。

前二项之规定,于无记名式株券而未依第二百四十七条第一项之规定提出者,准用之。

第二百五十条　资本减少之无效,自在本店所在地为资本减少之登记之日起于六月以内,仅得以诉主张之。

前项之诉,以株主、董事、监查人、清算人、破产管财人或不承认资本减少之债权人为限,得提起之。

债权人提起第一项之诉者,须因会社之请求供相当之担保。

第二百四十条之规定,于第一项之诉准用之。

第七节　会社之整理

第二百五十一条　依会社之现况其他之情事,视为有陷于支付不能或债务超过之虞者,法院得因董事、监查人、自三月以前继续有相当于资本十分之一以上株式之株主或相当于缴纳株金额十分之一以上之债权人之声明,对于会社命整理之开始。认为会社有支付不能或债务超过之疑者亦同。

监督会社业务之官厅,认为会社有前项所揭之事由者,得将其旨通告法院。于此情形,法院得以职权命整理之开始。

认为整理开始之声明系出于权利之滥用、其他不当之目的者,法院得却下其声明。

第二百五十二条　法院命整理之开始者,须即向会社本店及支店所在地之登记处嘱托整理开始之登记。

第二百五十三条　有整理开始之声明或通告,而认为有必要者,法院得命破产手续之中止。

有整理开始之命令者,不能为破产之声明或对于会社财产之强制执行、假扣押或假处分。而破产手续并已为之强制执行、假扣押及假处分,中止之。

整理开始之命令已确定者,依前二项之规定而中止之手续,于整理之关系失其效力。

第二百五十四条　有整理开始之命令而认为适应于债权人一般之利益,且对于拍卖声明人无及以不当损害之虞者,法院得定相当期间,命依《拍卖法》所为拍卖手续之中止。

第二百五十五条　有整理开始之命令者,就会社债权人之债权,自整理开始取消之登记或整理终结之登记之日起，于二月以内时效不完成。

　　第二百五十六条　于左列情形不得为抵销。

　　一、会社债权人于有整理开始之命令后对于会社负担债务者；

　　二、会社债务人于有整理开始之命令后取得于其命令前所生他人之债权者；

　　三、会社债务人知有整理开始之声明或通告，而取得整理开始命令前所生对于会社之债权者。但其取得基于法定原因、基于自债务人知有整理开始之声明或通告之时以前所生之原因，或基于自整理开始之命令之时起于一年以前所生之原因者，不在此限。

　　第二百五十七条　于有整理开始之命令而认为有必要者，法院得为左列处分。

　　一、会社业务之限制其他会社财产之保全处分；

　　二、株主名簿更换之禁止；

　　三、对于会社业务及财产之检查命令；

　　四、关于整理之起案及实行之命令；

　　五、董事或监查人之解任；

　　六、发起人、董事或监查人之责任免除之禁止；

　　七、发起人、董事或监查人之责任免除之取消。但就整理开始起于一年以前所为之免除，以出于不正之目的者为限；

　　八、基于发起人、董事或监查人之责任，损害赔偿请求权之查定；

　　九、就前款损害赔偿请求权对于发起人、董事或监查人之财产所为保全处分；

　　十、关于会社业务及财产之监督命令；

　　十一、关于会社业务及财产之管理命令。

　　有整理开始之声明或通告者，法院虽于其开始前得因第二百五十一条第一项所揭人之声明或以职权为前项第一款至第三款、第九款或第十款之处分。

　　第二百五十八条　法院为前条第一项第五款、第十款或第十一款之处分者，须即向会社本店及支店所在地之登记处，嘱托为其登记。为前条第一项第一款业务限制之处分者，亦同。

　　前条第一项第一款或第九款之处分，而关于应为登录或登记之财产者,法院须即嘱托为其登录或登记。

第二百五十九条　第二百五十七条第一项第三款之检查,就会社业务及财产状况其他会社整理所必要之事项,由法院所选任之检查人为之。

检查人亦须调查会社营业成绩为不良之情事及发起人、董事或监查人有无不正或懈怠。

第二百六十条　检查人须将调查之结果,尤其左列事项报告法院。

一、有无整理之望;

二、发起人、董事或监查人有无依第四十四条、第四十五条、第一百二十六条、第一百三十九条或第二百二十三条之规定,应任责之事实;

三、就会社之业务及财产,有无为监督或管理之必要;

四、有无为会社财产之保全处分之必要;

五、就会社之损害赔偿请求权,对于发起人、董事或监查人之财产有无为保全处分之必要。

第二百六十一条　检查人有数人者,共同行其职务。但得经法院之许可分掌职务。

第二百六十二条　检查人得对于发起人、董事、监查人及经理人其他之使用人,就会社业务及财产状况求为报告,并检查会社之账簿、书类、金钱其他之物件。

检查人当为其调查得经法院之许可,求执行官或警察官吏之援助。

第二百六十三条　第一百十七条之规定于检查人准用之。

怠于依前项规定之注意之检查人,对于利害关系人连带任损害赔偿之责。

第二百六十四条　检查人得由会社受费用之先付及报酬,其额由法院定之。

第二百六十五条　于为第二百五十七条第一项第四款之处分而认为有必要者,法院得选任整理委员。

整理委员当关于整理起案之任,且就董事为其实行与之协力。

第二百六十一条、第二百六十二条第一项、第二百六十三条及前条规定,于整理委员准用之。

第二百六十六条　为整理之实行上使缴纳株金认为有必要者,董事得对于各株主通知其所有株式之数及未缴纳株金额催告。如有异议,应于一定期间内述之。但其期间不得少于一月。

株主于前项期间内不述异议者,视为承认通知之事项。

株主述异议者,董事须向法院请求其确定。

第二百六十七条　董事须就前条之承认或已确定之事项作株主表。

董事拟使缴纳株金者,须就其缴纳金额得法院之认可。

会社对于株主得基于记载前项认可之株主表之节本,为强制执行。

第二百六十八条　对于依第二百五十七条第一项第八款之规定所为之查定,有不服之人,得自受查定告知之日起,于一月以内提起异议之诉。

认可或变更查定之判决,关于强制执行有与命给付之判决同一之效力。

第一百零三条及第一百零四条第二项第三项之规定,于第一项之诉准用之。

第二百六十九条　于前条第一项之期间内,无诉之提起者,查定有与命给付之确定判决同一之效力。诉被却下者亦同。

第二百七十条　查定之声明关于时效之中断,视为裁判上之请求。依职权之查定手续之开始亦同。

第二百七十一条　第二百五十七条第一项第十款之监督,由法院选任之监督员为之。

董事为法院所指定之行为者,须得监督员之同意。

第二百六十五条第三项之规定,于监督员准用之。

第二百七十二条　第二百五十七条第一项第十一款之管理,由法院所选任之管理人为之。

代表会社执行业务并为财产之管理及处分之权利专属于管理人。依第一百零二条、第二百三十九条、第二百五十条、第二百九十二条及第二百九十八条规定之董事之权利亦同。

第二百六十一条至第二百六十四条之规定,于管理人准用之。

第二百七十三条　管理有数人者,第三人之意思表示以对于其一人为之已足。

第二百七十四条　管理人临时有障碍者,为使行其职务,得以自己之责任预选任代理人。

前项代理人之选任,须得法院之认可。

第二百七十五条　整理结了或至无整理之必要者,法院得因第二百五十一条第一项所揭之人、检查人、整理委员、监督员或管理人之声明,为整理终结之裁定。

第二百七十六条　第二百五十二条及第二百五十八条之规定,于整理终结之裁定或取消整理开始命令之裁定已确定者准用之。

第二百七十七条　有整理开始之命令而无整理之望者,法院须以职权从《破产法》为破产之宣告。

第八节　解散及设立之无效

第二百七十八条　会社因左列事由解散。

一、存立时期之满了,其他定款所定事由之发生;

二、株主总会之决议;

三、会社之合并;

四、营业全部之让渡;

五、会社之破产;

六、命解散之裁判。

第二百七十九条　解散之决议,非依第二百十条之规定不得为之。

第二百八十条　会社已解散时,除破产者外,董事须速对于株主发其通知,且发行无记名式株券者公告之。

第二百八十一条　会社已解散时,除合并及破产外,须在本店所在地于二星期、在支店所在地于三星期以内,为解散之登记。

第二百八十二条　于第二百七十八条第一款或第二款之情形,得依第二百十条所定之决议继续会社。

会社虽在本店所在地为解散之登记后,不妨为前项决议。于此情形,须在本店所在地于二星期、在支店所在地于三星期以内,为继续之登记。

第二百八十三条　会社为合并者,须作合并契约书,得株主总会之承认。

合并契约书之要领,须于第八十七条所定之通知及公告记载之。

第一项之决议,非依第二百十条之规定不得为之。

第二百八十四条　为合并之会社之一方,于合并后存续者,须于合并契约书记载左列事项。

一、存续之会社所增加资本之额；

二、存续之会社所发行新株之种类、数及缴纳金额，并关于对因合并而消灭之会社株主之分派新株事项；

三、定应向因合并而消灭之会社株主支付之金额者其规定；

四、各会社为前条第一项决议之株主总会之期日；

五、定为合并之时期者其规定。

第二百八十五条　因合并而设立会社者，须于合并契约书记载左列事项。

一、因合并而设立之会社之目的、商号、资本总额、一株金额及本店所在地；

二、因合并而设立之会社所发行株式之种类、数及缴纳金额，并关于对各会社株主之分派株式事项；

三、定应向各会社之株主支付之金额者其规定；

四、前条第四款及第五款所揭之事项。

第二百八十六条　为合并之会社之一方于合并后存续者，其董事须于第二百四十六条之手续终了后因合并而有株式之并合时，于生其效力后有不适于并合之株式时，于合并后存续之会社为第二百四十九条之处分后，速招集株主总会报告关于合并之事项。

第二百十八条第二项之规定，于前项株主总会准用之。

第二百八十七条　因合并而设立会社者，设立委员须于第二百四十六条之手续终了后因合并而有株式之并合时，于生其效力后有不适于并合之株式时，于为第二百四十九条之处分后，速招集创立总会。

于创立总会亦得为定款变更之决议，但不得反于合并契约之趣旨。

第二十九条第二项第三项、第三十一条第一项、第三十二条及第三十五条第二项之规定，于第一项之创立总会准用之。

第二百八十八条　会社为合并者，须自第二百八十六条之株主总会或前条之创立总会终结之日起，在本店所在地于二星期、在支店所在地于三星期以内，就合并后存续之会社为变更之登记，就因合并而消灭之会社为解散之登记，就因合并而设立之会社为第三十六条所定之登记。

合并后存续之会社或因合并设立之会社，因合并而承继社债者，须与前项登记同时为社债之登记。

第二百八十九条　会社之合并,因合并后存续之会社或因合并而设立之会社,因在其本店所在地为前条第一项之登记,生其效力。

第二百九十条　合并后存续之会社,或因合并而设立之会社,承继因合并而消灭之会社之权利义务。

第二百九十一条　第二百四十五条及第二百四十六条之规定,于合并会社者准用之。

第二百四十七条至第二百四十九条之规定,于因会社之合并株式并合者准用之。

第六十一条第一项及第六十二条第三项之规定,于不并合株式而以因合并消灭之会社株式为标的之质权,准用之。

第二百九十二条　会社合并之无效,自合并之日起于六月以内,仅得以诉主张之。

前项之诉,以各会社之株主、董事、监查人、清算人、破产管财人或不承认合并之债权人为限,得提起之。

第二百九十三条　有前条第一项之诉之提起而合并无效之原因之瑕疵已被补完,或斟酌会社之现况其他一切之情事,认为以合并为无效不适当者,法院得弃却请求。

第二百九十四条　以合并为无效之判决已确定者,须在本店及支店之所在地就合并后存续之会社为变更之登记,就合并而消灭之会社为回复之登记。

第二百九十五条　以合并为无效之判决,于合并后存续之会社或因合并而设立之会社,其株主及第三人间所生之权利义务不及影响。

第二百九十六条　以合并为无效之判决已确定者,为合并之会社就合并后存续之会社或因合并而设立之会社,于合并后所负担之债务连带任清偿之责。

合并后存续之会社或因合并而设立之会社,于合并后所取得之财产属于为合并之会社之共有。

于前二项之情形,各会社之负担部分或持分以其协议定之。协议不谐者,法院因请求斟酌于合并之时之各会社之财产额其他一切之情事定之。

第二百九十七条　第一百零三条、第一百零四条第二项至第四项、第一百零五条、第一百零六条及第二百五十条第三项之规定,于第二百九十二条第一项之诉准用之。

第二百九十八条　会社设立之无效,自其成立之日起于二年以内,仅得以诉主张之。

前项之诉,以株主、董事或监查人为限,得提起之。

第一百零三条、第一百零四条第三项第四项、第一百零五条、第一百零六条、第二百九十三条及第二百九十五条之规定,于第一项之诉准用之。

第二百九十九条　以设立为无效之判决已确定者,须在本店及支店之所在地为其登记。

第三百条　以设立为无效之判决已确定者,须准解散之情形为清算。于此情形,法院因利害关系人之请求选任清算人。

第九节　清算

第一目　总则

第三百零一条　会社为解散时,除合并及破产者外,须为清算。

清算中之会社仅于清算之目的范围内,有权利负义务。

第三百零二条　除会社因第八条之裁判而解散者外,董事为其清算人。但定款另有规定或于株主总会选任他人者,不在此限。

会社因第八条之裁判而解散者,法院因利害关系人或检察官之请求,或以职权选任清算人。

无依第一项规定为清算人之人者,法院因利害关系人之请求选任清算人。

第三百零三条　董事为清算人者,须自解散之日起,在本店所在地于三星期、在支店之所在地于四星期以内,登记左列事项。

一、清算人之姓名及住所;

二、清算人中有不代表会社之人者,代表会社之人之姓名;

三、定有数人之清算人共同代表会社者其规定。

有清算人之选任者,其清算人须在本店所在地于二星期、在支店所在地于三星期以内登记前项所揭之事项。

第四十条之规定,于前二项之登记准用之。

第三百零四条　清算人须自其就职之日起,于二星期以内向法院呈报左列事项。

一、解散之事由及其年月日;

二、清算人之姓名及住所。

第三百零五条　清算人之职务如左。

一、现务之结了；

二、债权之收取及债务之清偿；

三、残余财产之分配。

第三百零六条　清算人有数人者，关于清算之行为，以其过半数决之。

第三百零七条　董事为清算人者，依从前之规定代表会社。

法院选任数人之清算人者，得定代表会社之人或数人共同代表会社。

第三百零八条　代表会社之清算人，有为关于其职务一切之裁判上或裁判外之行为之权限。

第三百零九条　清算人就职后，须速调查会社财产现况，作财产目录及贷借对照表，提出于株主总会，求其承认。

清算人得前项承认后，须速向法院提出财产目录及贷借对照表。

第三百十条　清算人须作财产目录、贷借对照表及事务报告书，自定时总会之会日起，于二星期以前提出于监查人。

第三百十一条　清算人须自其就职日起于二月以内，至少以三回之公告。对于债权人催告，应于一定期间内声报其请求。但其期间不得少于二月。

前项公告须附记债权人于期间内不为声报者，应由清算被除斥之旨。

第三百十二条　清算人须对于已知之债权人分别催告其债权之声报。

已知之债权人不得由清算除斥之。

第三百十三条　清算人于第三百十一条第一项之债权声报之期间内，不得对于债权人为清偿。但会社不因此免因迟延之损害赔偿之责任。

清算人得不拘前项规定，经法院之许可，就少额之债权及有担保之债权其他，虽清偿之，亦无害于他债权人之虞之债权为清偿。

第三百十四条　会社虽未至清偿期之债权，亦得清偿之。

于前项情形，就无利息债权，须清偿加算至清偿期止之法定利息而达于其债权额之金额。

前项规定,就附利息债权而其利率不达于法定利率者,准用之。

于第一项情形,就附条件债权、存续期间不确定之债权其他价额不确定之债权,须从法院选任之鉴定人之评价而清偿之。

第三百十五条　由清算被除斥之债权人,仅得对于未分配之残余财产请求清偿。

已对于一部之株主为分配者,对于他株主以与之同一比例为分配所需之财产,由前项残余财产扣除之。

第三百十六条　清算人得不拘关于株金缴纳之定款之规定或株主总会之决议。不论何时,使株主为株金之缴纳,但不得超过为还清会社之债务所必要之金额。

第三百十七条　清算人非清偿会社之债务后,不得将会社财产分配于株主。但不妨就有争执之债务保留为其清偿所必要之财产,而分配残余财产。

第三百十八条　残余财产须按缴纳株金额之比例分配于株主,但不妨适用第七十七条第一项之规定。

第三百十九条　会社财产不足还清其债务至分明者,清算人须即为破产之声明,且公告其旨。

清算人已将其事务移交破产管财人者,终了其任务。

第三百二十条　清算人除由法院选任者外,不论何时,得以株主总会之决议解任之。

有重要事由者,法院得因监查人或自三月以前继续有相当于资本十分之一以上株式之株主之请求,解任清算人。

第三百二十一条　清算事务终了者,清算人须速作决算报告书,提出于株主总会,求其承认。

有前项承认者,视为会社对于清算人解除其责任。但清算人有不正之行为者不在此限。

第三百二十二条　清算人有前条之承认后,须在本店所在地于二星期、在支店所在地三星期以内,为清算结了之登记。

第三百二十三条　会社之账簿并关于其营业及清算之重要书类,须在本店所在地为清算结了之登记后十年间保存之。其保存人因清算人其他之利害关系人之请求,由法院选任之。

会社清算当时之株主、债权人其他之利害关系人，得经法院之许可，阅览前项书类。

第三百二十四条　第八十六条、第九十一条至第九十三条、第九十九条第二项、第一百条第一项第四款第二项、第一百零二条、第一百零五条、第一百十一条第二项、第一百十五条、第一百十七条、第一百十九条、第一百二十条第二项、第一百二十一条、第一百二十三条、第一百二十五条至第一百三十二条、第一百三十四条至第一百三十九条及第一百四十一条至第一百四十三条之规定，于清算人准用之。

第二目　特别清算

第三百二十五条　认为清算之遂行有可招来甚著障碍之情事者，法院得因债权人、清算人、监查人或株主之声明或以职权对于会社命特别清算之开始，认为会社有债务超过之疑者亦同。

会社有超过债务之疑者，清算人须为前项声明。

第二百五十一条第二项及第三项之规定，于第一项之情形准用之。

第三百二十六条　有特别清算开始之声明或通告者，法院虽于其开始前，得因前条第一项所揭人之声明，或以职权为第三百五十二条第一项第一款、第二款或第六款之处分。

第三百二十七条　第二百五十二条至第二百五十五条之规定，于特别清算之情形准用之。

第三百二十八条　于特别清算之情形，清算人对于会社、株主及债权人负公平且诚实处置清算事务之义务。

第三百二十九条　有重要事由者，法院得解任清算人。

清算人欠缺或有其增员之必要者，由法院选任之。

第三百三十条　法院不论何时，得命清算事务及财产状况之报告其他为清算监督上所必要之调查。

第三百三十一条　清算之监督上认为有必要者，法院得为第三百五十二条第一项第一款、第二款或第六款之处分。

第三百三十二条　会社债务须按其价权额之比例清偿之。

第三百十三条第二项之规定于前项情形准用之。

第三百三十三条　清算之实行上认为有必要者，清算人得招集债权人集会。

为声报之债权人其他有相当于会社已知之债权人之总债权十分之

一以上之债权之人，得将记载会议之目的事项及招集理由之书面提出于清算人，请求债权人集会之招集。

第九十二条第二项之规定，于前项情形准用之。

债权人于会社财产上有担保权者，依其担保权之行使，可得受清偿之金额。于第二项之债权额，不算入之。

第三百三十四条　前条第四项之债权人就依担保权之行使可得受清偿之债权额，不得于债权人集会行使议决权。

债权人集会之招集，须向前项债权人通知之。

债权人集会或其招集人，得求第一项债权人之出席而征其意见。

第三百三十五条　于债权人集会应否使行使议决权及就如何之金额使行使议决权，就各债权由清算人核定之。

就前项之核定有异议者，由法院定之。

第三百三十六条　债权人集会之决议，须经可得行使议决权之出席债权人之过半数，而有超过可得行使议决权之债权人之总债权半额之债权之人之同意。

第三百三十七条　第八十七条第一项第二项、第九十四条第三项、第九十五条第一项、第九十八条、第九十九条及第一百八十八条第二项之规定，于债权人集会准用之。

第八十七条第一项及第二项之规定，于第三百三十四条第二项之通知准用之。

第三百三十八条　清算人须将会社业务及财产状况之调查书、财产目录并贷借对照表提出于债权人集会，且关于清算实行之方针及预料述意见。

第三百三十九条　债权人集会得选任监查委员。

监查委员不论何时，得以债权人集会之决议解任之。

前二项之决议，须得法院之认可。

第一百十二条、第二百六十一条、第二百六十二条第一项、第二百六十三条、第二百六十四条、第二百七十三条及第二百七十四条之规定，于监查委员准用之。

第三百四十条　清算人为左列行为，须经监查委员之同意。如无监查委员者，须经债权人集会之决议。但不关于有三千圆以上之价额者，不在此限。

一、会社财务之处分；

二、借财；

三、诉之提起；

四、和解及仲裁契约；

五、权利之抛弃。

虽应经债权人集会之决议，而有急迫之情事者，清算人得经法院之许可为前项所揭之行为。

虽清算人违反前二项之规定，会社对于善意第三人亦任其责。

第一百条之规定，于特别清算之情形不适用之。

第三百四十一条　清算人得依拍卖将财产变价。于此情形，不适用前条第一项之规定。

第三百四十二条　清算人得依《拍卖法》，将为担保之标的之会社财产变价，担保权人不得拒绝之。

于前项情形，担保权人应受之金额未确定者，清算人须将价金另行寄托。于此情形，担保权存在于价金之上。

第三百四十三条　清算人询监查委员之意见，得对于债权人集会为协定之声报。

第三百四十四条　协定条件须于各债权人间为平等，但虽就少额债权另为订定。其他于债权人间设差等而不害衡平者，不在此限。

第三百四十五条　于协定案之作成认为有必要者，清算人得求第三百三十三条第四项债权人之参加。

第三百四十六条　可决协定须经可得行使议决权之出席债权人之过半数，而有可得行使议决权之债权人总债权四分之三以上之债权之人之同意。

前项决议须得法院认可。

第一百九十四条之规定，于前项认可准用之。

第三百四十七条　前条协定因认可裁定之确定，生其效力。

第三百四十八条　协定为债权人全员且对于其全员有效力。

协定于债权人对于会社保证人其他与会社共同负担债务之人所有之权利及为会社所供之担保，不及影响。

第三百四十九条　协定之实行上有必要者，得变更协定条件。于此情形，准用前六条之规定。

第三百五十条　依会社财产之状况认为有必要者,法院得因清算人、监查人、监查委员、自三月以前起继续有相当于资本十分之一以上株式之株主,或有相当于为声报之债权人其他会社已知之债权人总债权十分之一以上之债权之人之声明,或以职权命会社业务及财产之检查。

第二百五十九条、第二百六十二条及第三百三十三条第四项之规定,于前项情形准用之。

第三百五十一条　检查人须将检查结果尤其左列事项报告法院。

一、发起人、董事、监查人或清算人有无依第四十四条、第四十五条、第一百二十六条、第一百三十九条、第二百二十三条或第三百二十四条之规定,应任责之事实;

二、有无为会社财产之保全处分之必要;

三、就会社之损害赔偿请求权,对于发起人、董事、调查人或清算人之财产有无为保全处分之必要。

第三百五十二条　受前条报告而认为有必要者,法院得为左列处分。

一、会社财产之保全处分;

二、株主之名义更换之禁止;

三、发起人、董事、监查人或清算人之责任免除之禁止;

四、发起人、董事、监查人或清算人之责任免除之取消,但自特别清算开始于一年以前所为之免除,以出于不正之目的者为限;

五、基于发起人、董事、监查人或清算人之责任之损害赔偿请求权之查定;

六、就前款之损害赔偿请求权,对于发起人、董事、监查人或清算人之财产所为保全处分。

第二百五十八条第二项之规定,于有前项第一款或第六款之处分者准用之。

第二百六十八条至第二百七十条之规定,于有第一项第五款之查定者准用之。

第三百五十三条　有特别清算开始之命令而无协定之望者,法院须以职权从《破产法》为破产之宣告。无实行协定之望者亦同。

第三百五十四条　特别清算结了或至无特别清算之必要者,法院得因第三百二十五条第一项所揭之人、监查委员或检查人之声明为特别清算终结之裁定。

第三百五十五条　第二百五十六条、第二百六十六条、第二百六十七条及第二百七十六条之规定，于特别清算之情形准用之。

第二百六十四条及第二百七十四条之规定，于清算人准用之。

第三章　合名会社

第一节　设立

第三百五十六条　设立合名会社须作定款。

第三百五十七条　合名会社之定款，须记载左列事项，由各社员署名。

一、目的；

二、商号；

三、社员之姓名及住所；

四、本店及支店之所在地；

五、社员出资之标的及其价格或评价之标准。

第三百五十八条　合名会社设立之登记，须登记左列事项。

一、前条第一款至第三款所揭之事项；

二、本店及支店；

三、定存立时期或解散事由者，其时期或事由；

四、社员出资之标的、就以财产为标的之出资，其价格及已□行之部分；

五、社员而有不代表会社之人者，代表会社之人之姓名；

六、定数人之社员共同或社员与经理人共同代表会社者，其规定。

第三十七条至第四十条之规定，于合名会社准用之。

第三百五十九条　会社应为之公告，须以与法院应为登记事项之公告同一之方法为之。

第三百六十条　被许为合名会社社员之未成年人或准禁冶产人，关于其社员资格之行为，视为能力人。

第二节　会社内部之关系

第三百六十一条　就会社内部之关系于定款或本法另无规定者，准用关于组合之民法之规定。

第三百六十二条　社员以债权为出资之标的，而债务人于清偿期不为清偿者,社员任其清偿之责。于此情形,支付其利息外,尚须为损害之赔偿。

　　第三百六十三条　各社员于定款另无规定者,有执行会社业务之权利,负义务。

　　第三百六十四条　经理人之选任及解任,虽特定业务执行社员者,亦以社员之过半数决之。

　　第三百六十五条　为定款之变更,其他不在会社目的之范围内之行为,须有总社员之同意。

　　第三百六十六条　社员非有他社员之承诺,不得将其持分之全部或一部让渡他人。

　　第三百六十七条　社员非有他社员之承诺,不得为自己或第三人为属于会社营业部类之交易,或为以同种之营业为目的之他会社之无限责任社员或董事。

　　社员违反前项规定为交易,其交易系为自己而为时,会社得以之视为为会社而为者。系为第三人而为时,会社得对于社员请求交付其取得之报酬。

　　会社对于社员行使前项权利,须有他社员过半数之同意。

　　第二项所定权利自他社员之一人知其交易之时起,于二星期不行使者消灭。自交易之时起,经过一年者亦同。

　　前三项之规定,不妨会社对于社员请求损害赔偿。

　　第三百六十八条　社员以有他社员过半数之同意者为限,得为自己或第三人与会社为交易。于此情形,不妨由其社员就其交易代表会社。

第三节　会社外部之关系

　　第三百六十九条　执行业务之社员各自代表会社。但不妨以定款或总社员之同意,就业务执行社员中,特定代表会社之人。

　　第三百七十条　会社得以定款或总社员之同意,定数人之社员共同或社员与经理人共同代表会社。

　　第一百十九条第三项之规定,于前项情形准用之。

　　第三百七十一条　第一百二十条之规定,于代表会社之社员准用之。

　　第三百七十二条　第一百二十一条之规定,于合名会社准用之。

第三百七十三条　会社对于社员或社员对于会社起诉而无就其诉代表会社之社员者,须以他社员过半数之同意定之。

第三百七十四条　不能以会社财产还清会社债务者,各社员连带任其清偿之责。

对于会社财产之强制执行不奏其效者,亦与前项同。

前项规定于社员证明会社有清偿之资力且执行容易者,不适用之。

第三百七十五条　社员得以属于会社之抗辩对抗会社债权人。

会社对于其债权人有抵销权、取消权或解除权者,社员得对于其人拒绝债务之履行。

第三百七十六条　会社成立后加入之社员,就其加入前所生会社之债务,亦负责任。

第三百七十七条　非社员之人有使误认为自己为社员之行为者,其人对基于误认与会社为交易之人,负与社员同一之责任。

第四节　社员之退社

第三百七十八条　未以定款定会社之存立时期或定某社员之终身间会社应存续者,各社员得于营业年度终为退社。但须于六月以前为其预告。

不论定会社之存立时期与否,有不得已之事由者,各社员不论何时,得为退社。

第三百七十九条　于前条及第三百八十四条第一项所定者外,社员因左列事由而退社。

一、定款所定事由之发生;

二、总社员之同意;

三、死亡;

四、破产;

五、禁治产;

六、除名。

第三百八十条　就社员有左列事由者,会社得以他社员过半数之同意,请求法院宣告其社员之除名或业务执行权或代表权之丧失。

一、不履行出资之义务;

二、违反第三百六十七条第一项之规定;

三、当执行业务为不正之行为或无权利而无干与业务之执行；

四、当代表会社为不正之行为或无权利而代表会社；

五、其他不尽重要之义务。

社员执行业务或代表会社甚著不适任者，会社得从前项规定，请求宣告其社员之业务执行权或代表权之丧失。

社员之除名或业务执行权或代表权之丧失之判决已确定者，须在本店及支店之所在地为其登记。

第一百零三条之规定，于第一项及第二项之诉准用之。

第三百八十一条　被除名之社员与会社间之计算，须从提起除名之诉之时会社财产之状况而为之。且自其时起，附法定利息。

第三百八十二条　退社员虽以劳务或信用为出资之标的者，亦得受其持分之发还。但定款另有规定者，不在此限。

第三百八十三条　社员持分之扣押，对于社员将来请求配当利益及发还持分之权利，亦有其效力。

第三百八十四条　扣押社员持分之债权人，得于营业年度终使其社员退社。但对于会社及其社员，须于六月以前为其预告。

前项但书之预告，于社员为清偿或供相当之担保者，失其效力。

第三百八十五条　会社商号中用退社员之姓或姓名者，退社员得请求停止其姓或姓名之使用。

第三百八十六条　退社员就在本店所在地为退社之登记前所生会社之债务负责任。

前项责任对于前项登记后于二年以内不为请求或请求预告之会社之债权人，于登记后经过二年时消灭。

前二项之规定，于让渡持分之社员准用之。

第五节　解散并设立之无效及取消

第三百八十七条　会社因左列事由而解散。

一、第二百七十八条第一款、第三款、第五款及第六款所揭之事由；

二、总社员之同意；

三、社员仅余一人。

第三百八十八条　第二百八十一条之规定，于合名会社准用之。

第三百八十九条　会社因存立时期之满了，其他定款所定事由之发生，或总社员之同意而解散者，得以社员全部或一部之同意继续会社。但不为同意之社员视为退社。

于第三百八十七条第三款之情形，得新使加入社员而继续会社。

第二百八十二条第二项之规定，于前二项之情形准用之。

第三百九十条　会社为合并，须有总社员之同意。

第三百九十一条　为合并之会社之一方系株式会社或因合并而设立之会社系株式会社者，合名会社须得总社员之同意作合并契约书。

第二百八十四条及第二百八十五条之规定，于前项合并契约书准用之。

第三百九十二条　会社为合并者，须在本店所在地于二星期、在支店所在地于三星期以内，就合并后存续之会社为变更之登记，就因合并而消灭之会社为解散之登记，就因合并而设立之会社为第三百五十八条第一项所定之登记。

第三百九十三条　合并无效之诉以各会社之社员、清算人、破产管财人或不承认合并之债权人为限，得提起之。

第三百九十四条　第二百八十九条、第二百九十条、第二百九十一条第一项、第二百九十二条第一项、第二百九十三条至第二百九十六条之规定，于合名会社准用之。

第一百零三条、第一百零四条第二项至第四项、第一百零六条及第二百五十条第三项之规定，于合并无效之诉准用之。

第三百九十五条　有不得已之事由者，各社员得请求法院解散会社。

第一百零三条及第一百零六条第二项之规定，于前项情形准用之。

第三百九十六条　合名会社得以总社员之同意，以某社员为有限责任社员或新使加入有限责任社员而为合资会社。

前项规定于依第三百八十九条第二项之规定，继续会社者准用之。

第三百九十七条　合名会社依前条规定变更其组织者，须在本店所在地于二星期、在支店所在地于三星期以内，就合名会社为解散之登记，就合资会社为第四百二十六条第一项所定之登记。

第三百九十八条　于第三百九十六条第一项之情形，从前之社员而为有限责任社员之人，就在本店所在地为前条登记。以前所生会社之债务，不免无限责任社员之责任。

第三百八十六条第二项之规定，于前项情形准用之。

第三百九十九条　会社设立无效之诉,限于社员得提起之。

第一百零三条、第一百零四条第三项第四项、第一百零六条、第二百九十三条、第二百九十五条、第二百九十八条第一项、第二百九十九条及第三百条之规定,于第一项之诉准用之。

第四百条　以设立为无效之判决已确定而其无效之原因系仅存于某社员者,得不拘第三百条之规定以他社员之一致继续会社。于此情形,无效原因所存之社员视为退社。

第三百八十九条第二项及第三项之规定,于前项情形准用之。

第四百零一条　会社设立之取消仅得以诉请求之。

第四百零二条　社员知害其债权人而设立会社者,债权人得以对于其社员及会社之诉,请求会社设立之取消。

第四百零三条　前二条之诉须自会社成立之日起于二年以内提起之。

第一百零三条、第一百零四条第三项第四项、第一百零六条、第二百九十五条、第二百九十九条、第三百条及第四百条之规定,于前二条之情形准用之。

第六节　清算

第四百零四条　第三百零一条之规定,于合名会社准用之。

第四百零五条　解散时之会社财产之处分方法,得以定款或总社员之同意定之。于此情形,须自解散之日起于二星期以内作财产目录及贷借对照表。

前项规定于会社因命解散之裁判或社员仅余一人而解散者,不适用之。

第二百四十六条第一项、第三项及第四项之规定,于第一项之情形准用之。

于第一项之情形有扣押社员持分之人者,须得其人之同意。

第四百零六条　会社违反前条第三项之规定处分其财产者,会社之债权人得以诉请求取消其处分。但其处分不害会社之债权人,或因其处分受利益人或转得人于其处分或转得之当时系善意者,不在此限。

前项之诉,须自债权人知取消原因之事实之时起于一年、自处分之时起于十年以内提起之。

第四百零七条　第一百零三条之规定,于前条第一项之诉准用之。

第四百零八条　依第四百零六条规定所为之取消,为总债权人之利益生其效力。

第四百零九条　会社违反第四百零五条第四项之规定处分其财产者,扣押社员持分之人得对于会社请求支付相当于其持分之金额。于此情形,准用前三条之规定。

第四百十条　不依第四百零五条第一项之规定定会社财产之处分方法者,须从第四百十一条至第四百十九条之规定为清算。

第四百十一条　业务执行社员为清算人,但以社员之过半数另选任清算人者,不在此限。

第四百十二条　会社因命解散之裁判或之社员仅余一人而解散者,法院因利害关系人或检察官之请求或以职权选任清算人。

第四百十三条　清算人得不拘清偿期使社员出资。

第三百十六条但书之规定,于前项情形准用之。

第四百十四条　清算人让渡会社营业之全部或一部,须有社员过半数之同意。

第四百十五条　清算人就职后,须速调查会社财产之现况,作财产目录及贷借对照表,交付于社员。

清算人须因社员之请求,每月报告清算状况。

第四百十六条　社员所选任之清算人,不论何时,得解任之。此解任以社员之过半数决之。

有重要事由者,法院得因利害关系人之请求解任清算人。

第四百十七条　清算人之任务终了者,清算人须速为计算而求各社员之承认。

对于前项计算,社员不于一月以内述异议者,视为承认。但清算人有不正之行为者不在此限。

第四百十八条　清算结了者,清算人有前条承认后,须在本店所在地于二星期、在支店所在地于三星期以内,为清算结了之登记。

第四百十九条　第三百零三条、第三百零五条至第三百零八条、第三百十四条、第三百十七条及第三百十九条之规定,于合名会社准用之。

第一百十一条第二项、第一百十七条、第一百二十条第二项、第一百二十一条、第一百二十六条、第三百六十八条、第三百六十九条及第三百七十条之规定,于清算人准用之。

第四百二十条　会社之账簿并关于其营业及清算之重要书类,于第四百零五条之情形,须在本店所在地为解散之登记后,于其他之情形为清算结了之登记后十年间保存之。其保存人以社员之过半数定之。

第三百二十三条第二项之规定于前项书类准用之。

第四百二十一条　社员死亡而其继承人有数人者,须定关于清算行使社员权利之人一人。

第四百二十二条　第三百七十四条所定社员之责任,对于在本店所在地为解散之登记后不于五年以内为请求,或请求预告之会社债权人登记后经过五年者消灭。

虽经过前项期间后而仍存有未分配之残余财产者,会社债权人得对之为清偿请求。

第四章　合资会社

第四百二十三条　合资会社以有限责任社员与无限责任社员组织之。

第四百二十四条　合资会社除本章另有规定者外,准用关于合名会社之规定。

第四百二十五条　合资会社之定款于第三百五十七条所揭之事项外,须记载各社员之责任系有限或无限。

第四百二十六条　合资会社设立之登记于第三百五十八条第一项所揭之事项外,须登记各社员之责任有限或无限。

就有限责任社员登记事项之公告仅揭载其员数及出资之总额。有变更之登记者亦同。

第四百二十七条　有限责任社员得仅以金钱其他之财产为其出资之标的。

第四百二十八条　各无限责任社员于定款另无规定者,有执行会社业务之权利负义务。

无限责任社员有数人者,会社之业务执行以其过半数决之。

第四百二十九条　经理人之选任及解任,虽特定业务执行社员者,亦以无限责任社员之过半数决之。

第四百三十条　有限责任社员得于营业年度终,限于营业时间内,求阅览会社财产目录及贷借对照表,且检查会社业务及财产状况。

有重要事由者,有限责任社员不论何时,得经法院之许可检查会社业务及财产状况。

第四百三十一条　有限责任社员有无限责任社员全员之承诺者,得将其持分之全部或一部让渡于他人。虽伴随持分之让渡生定款之变更者,亦同。

第四百三十二条　有限责任社员为自己或第三人为属于会社营业部类之交易,或为以同种营业为目的之他会社之无限责任社员或董事,无须他社员之承诺。

第四百三十三条　有限责任社员不得执行会社业务或代表会社。

第四百三十四条　有限责任社员以其出资之价额为限度,任清偿会社债务之责。但就已对会社为履行之出资之价额,不在此限。

就前项但书之适用,不拘会社无利益,而受配当之金额扣除之而定出资之金额。

第四百三十五条　有限责任社员虽出资减少后,而就在本所在地为其登记前所生会社之债务,亦不免从前之责任。

第三百八十六条第二项之规定,于前项情形准用之。

第四百三十六条　有限责任社员,有使误认自己为无限责任社员之行为者,其社员对基于误认与会社为交易之人负与无限责任社员同一之责任。

前项规定于有限责任社员有使误认其责任之限度之行为者,准用之。

第四百三十七条　第三百七十六条之规定于有限责任社员为无限责任社员者、第三百八十六条之规定于无限责任社员〈为〉有限责任社员者,准用之。

第四百三十八条　有限责任社员死亡者,其继承人代之为社员。

第五十六条之规定,于死亡之有限责任社员继承人有数人者,准用之。

有限责任社员受禁治产之宣告,亦不因此退社。

第四百三十九条　合资会社无限责任社员或有限责任社员之全员退社者解散。但不妨以残存社员之一致新使加入无限责任社员或有限责任社员而继续会社。

有限责任社员之全员退社者,得以无限责任社员之一致为合名会社而继续会社。

于前项情形,须在本店所在地于二星期、在支店所在地于三星期以内,就合资会社为解散之登记、就合名会社为第三百五十八条第一项所定之登记。

第四百四十条　合资会社得以总社员之同意,变更其组织而为合名会社。于此情形,准用前条第三项之规定。

第四百四十一条　业务执行社员为清算人。但以无限责任社员之过半数另选任清算人者,不在此限。

第四百四十二条　依前条但书之规定,所选任之清算人之解任以无限责任社员之过半数决之。

第五章　罚则

第四百四十三条　发起人,董事,监查人,第一百十五条第二项、第一百三十条第一项、第一百三十二条第一项或第一百三十九条之职务代行人或经理人或检查人,于左列情形处五年以下之徒刑或五千圆以下之罚金。

一、于会社之设立或资本增加之情形,就株式总数之承受、株金之缴纳或现物出资之给付,或就第十五条第一项第四款至第八款或第二百十五条第二款、第三款所揭事项,对法院或总会为不实之申述或匿蔽事实者;

二、不论以何人名义,于会社之计算以不正取得其株式或为质权之标的而受株式者;

三、违反法令定款之规定配当利益利息者;

四、于会社营业范围外为投机交易处分会社财产者。

第四百四十四条　发起人,董事,监查人,第一百十五条第二项、第一百三十条第一项、第一百三十二条第一项或第一百三十九条之职务代行人、经理人,或受株式或社债募集之委托之人,当募集株式或社债颁布,就重要之事项记载不实之株式要约证、社债权要约证、计画书其他关于株式或社债之募集之文书,或就重要之事项为虚伪之广告者,处五年以下之徒刑或五千圆以下之罚金。

第四百四十五条　前二条之徒刑与罚金,得并科之。

第四百四十六条　发起人，董事，监查人，检查人，清算人，整理委员，监督员，第二百七十二条第一项之管理人，监查委员，受社债募集之委托之会社其事务之承继人，社债权人集会之代表人，执行其决议之人，或第一百十五条第二项、第一百三十条第一项、第一百三十二条第一项、第一百三十九条或第三百二十四条之职务代行人，执行会社业务之社员或经理人，于左列情形处五千圆以下之过料。但就其行为应科刑者不在此限。

一、怠为本法所定之登记者；

二、怠为本法所定之公告或通知或为不正之公告或通知者；

三、违反本法之规定而无正当事由，拒绝书类之阅览或其誊本或节本之交付者；

四、妨碍本法所定之检查或调查者；

五、对于官署、总会、社债权人集会或债权人集会为不实之申述或隐蔽事实者；

六、违反第二十二条第二项、第一百六十二条第二项、第二百十七条、第二百二十七条第一项或第二百三十三条第一项之规定，而不作株式要约证或社债要约证、不记载应记载之事项或为不实之记载者；

七、违反第四十二条第二项或第二百三十七条第二项之规定，而为因株式承受之权利让渡者；

八、无正当事由而不为株券之名义更换者；

九、违反第六十五条之规定而怠为株式失效之手续，或株式或质权之处分者；

十、违反第六十六条第一项之规定而为株式之消却者；

十一、于株券或债券不记载应记载之事项或为不实之记载者；

十二、违反第八十条第一项或第二百三十八条第一项之规定而发行株券者；

十三、违反第八十二条第一项之规定而以株券为无记名式者；

十四、违反依第八十九条规定或第一百五十六条第三项规定之法院命令而不招集株主总会或在定款所定地以外之地，或违反第八十八条第一项之规定而招集株主总会者；

十五、法律或定款所定董事或监查人之员数至欠缺而怠为其选任手续者；

十六、于定款、株主名簿、社债原簿、议事录、财产目录、贷借对照表、营业报告书、事务报告书、损益计算书、关于准备金及配当利益或利息之议案、株主表、决算报告书、第三百三十八条之调查书或《商人通法》第二十三条第一项之账簿，不记载应记载之事项或为不实之记载者；

十七、违反第一百二十三条第一项、第一百四十一条第一项或第三百二十四条之规定，而不备置账簿或书类者；

十八、违反第一百四十九条或第一百五十条之规定，而不公积准备金或使用之者；

十九、违反第一百五十八条之规定而募集社债或不为旧社债之偿还者；

二十、违反第一百六十八条第一项之规定而发行债券者；

二十一、违反第二百四十五条、第二百四十六条、第二百九十一条第一项、第三百九十四条第一项或第四百零五条第三项之规定，而为资本之减少、合并或会社财产之处分者；

二十二、违反依第二百五十七条、第三百二十六条、第三百三十一条或第三百五十二条第一项规定之法院所为财产保全之处分者；

二十三、违反第三百十九条或第四百十九条第一项之规定而怠为破产之声明，或违反第三百二十五条第二项之规定而怠为特别清算开始之声明者；

二十四、不向法院选任之管理人或清算人为事务之移交者；

二十五、以使迟延清算结了之目的，而以不当定第三百十一条第一项或第四百零五条第三项之期间者；

二十六、违反第三百十三条或第三百三十二条之规定，而为债务之清偿者；

二十七、违反第三百十七条或第四百十九条第一项之规定而分配会社财产者；

二十八、违反第三百四十条第一项或第二项之规定者。

第四百四十七条　第四百四十三条、第四百四十四条或前条所揭人系法人者，本章之罚则于为其行为之董事其他执行业务之职员、社员或经理人，适用之。

第四百四十八条　第七条第一项之设立委员就本章规定之适用，

视为发起人。

附则

本法施行之期日以敕令定之。

（依康德四年十一月敕令第三二五号，自同年十二月一日施行）

《会社法》施行法

（康德四年十一月二十五日敕令第三一八号）

朕依《组织法》第三十六条，经咨询参议府，裁可《〈会社法〉施行法》，著即公布。

（国务总理、司法部大臣副署）

第一条　《会社法》除罚则外，于其施行前所生之事项，亦适用之。但不妨依从前之规定所生之效力。

第二条　依从前之规定所设立之股份有限公司、无限公司、两合公司各为依《会社法》之株式会社、合名会社、合资会社。

第三条　就《会社法》施行之际所存在之股份、两合公司，仍依从前之规定。

第四条　股份、两合公司须从《会社法》施行后六月以内，变更其组织为株式会社。

于前项情形，股东会须决议组织株式会社所必要之事项。

于此股东会，无限责任股东亦得按其应承受之株式之数行使议决权。

前项决议非依与章程变更之决议同一之方法，不得为之。

第五条　依前条规定变更会社组织者，对于债权人异议声报之通知及公告，无须为之。

第六条　股份、两合公司依前条规定变更其组织者，须在本店所在地于二星期以内、在支店所在地于三星期以内，就股份、两合公司为解散之登记，就株式会社为《会社法》第三十六条第二项所定之登记。

第七条　股份、两合公司之无限责任股东而为株主之人，就在本店所在地为前条登记前所生会社之债务，不免无限责任股东之责任。

前项责任对于前项登记后二年以内未为请求或请求预告之会社债权人，其登记后经过二年者消灭。

第八条　股份、两合公司于第四条第一项所定期间内未变更其组织者,视为于其期间经过之日解散。

第九条　《会社法》第八条第一项之规定,于会社自《会社法》施行前未为开业或休止营业者,通算《会社法》施行前后之期间而适用之。

第十条　会社设立之登记,于其设立之手续从从前之规定而为者,虽《会社法》施行后,仍依从前之规定为之。但就应登记之事项,须从《会社法》之规定。

第十一条　《会社法》施行前已为会社支店之设置、本店或支店之移转、登记事项之变更或解散者,其登记从从前之规定为之。

第十二条　依从前之规定而为设立登记之会社,须自《会社法》施行之日起于六月以内,除依从前之规定所登记之事项外,登记就会社设立从《会社法》规定应登记之事项。

违反前项规定者,其会社之董事或代表会社之社员处五百圆以下之过料。

第十三条　《会社法》第六条第二项、第七条、第二百八十三条至第二百八十五条及第三百九十一条(包含《会社法》第四百二十四条所准用者)之规定,于《会社法》施行前已有合并之决议或同意者,不适用之。

第十四条　会社合并之际,债权人应述异议之期间已于《会社法》施行前经过者,其余之手续依从前之规定。但就因合并而设立之会社,须登记《会社法》第三十六条第二项、第三百五十八条第一项或第四百二十六条第一项所揭之事项。

《会社法》第二百八十八条第二项之规定,于前项情形亦适用之。

第六十八条第二项之规定,于合并会社者准用之。

第十五条　对于《会社法》施行前所为之合并,得限于自《会社法》施行之日起六月以内,从《会社法》之规定提起合并无效之诉。

第十六条　《会社法》第一百零三条、第一百零四条第三项第四项、第一百零五条、第一百零六条、第二百五十条第三项及第二百九十三条至第二百九十六条之规定,于同法第二百九十二条第二项或第三百九十三条所揭之人,《会社法》施行前所提起之合并无效确认之诉亦适用之。但就其诉所为之判决,于《会社法》施行前经确定者,不在此限。

第十七条　会社设立之无效或取消之诉,就《会社法》施行前所成立之会社,得限于自《会社法》施行之日起六月以内提起之。但就自本店所在地为设立登记之日起未经过二年之期间者,其期间内不妨提起之。

第十八条 《会社法》第一百零三条、第一百零四条第三项第四项、第一百零五条、第一百零六条、第二百九十三条、第二百九十五条、第二百九十九条及第三百条之规定,于《会社法》第二百九十八条第二项或第三百九十九条第一项(包含《会社法》第四百二十四条所准用者)所揭之人,《会社法》施行前所提起之会社设立无效之诉亦适用之。于此情形,准用第十六条但书之规定。

第十九条 会社于《会社法》施行前解散者,其清算手续仍依从前之规定。

《会社法》第三百十六条及第四百十三条之规定(包含《会社法》第四百二十四条所准用者),于前项情形亦适用之。

第二十条 株式会社为与《会社法》第十三条第二项所定公告方法相异之规定者,须自《会社法》施行之日起,于六月以内变更其定款。

违反前项规定者,发起人或董事处五百圆以下之过料。

第二十一条 《会社法》第十四条公证人之认证得以法院之认证代之。

第二十二条 为株式会社款之认证系法院者,须记载为其认证之法院,以代《会社法》第二十二条第二项第一款所揭公证人之姓名。

第二十三条 《会社法》施行前未由发起人完了株式总数之承受或发起人未着手株式之募集者,须从《会社法》之规定,新作定款而为设立之手续。

第二十四条 《会社法》施行前由发起人完了株式总数之承受或发起人着手株式之募集者,其余之设立手续仍依从前之规定。但设立之登记须登记《会社法》第三十六条第二项所揭之事项。

《会社法》第四十五条至第四十七条及第七十九条第三项之规定,于前项情形亦适用之。

第二十五条 《会社法》第一百零九条之规定,于请求确认从从前规定所为之创立总会决议无效之诉亦准用之。于此情形,准用第十六条但书之规定。

第二十六条 《会社法》第五十条第一项之请求,于《会社法》施行前由株主总会否决起诉者,须自《会社法》施行之日起于三月以内为之。

第二十七条 《会社法》第五十一条之规定于《会社法》施行前已有发生，非发起人之人所负责任之记载者，不适用之。

第二十八条 依从前规定所设立之株式会社，其株式金额虽违反《会社法》第五十五条第二项之规定，而不违反从前之规定者，不妨依定款之所定。《会社法》施行后发行新株者亦同。

前项规定于《会社法》施行后，变更株式金额者不适用之。

第二十九条 《会社法》施行前取得自己之株式或为质权之标的而受其株式之株式会社，须于《会社法》施行后迅速或《会社法》施行后于相当之时期，为《会社法》第六十五条之手续。

违反前项规定者，董事处一千圆以下之过料。

第三十条 株式会社于《会社法》施行前对于株主就株金之缴纳发失权预告之通知者，其余之手续仍依从前之规程。

第三十一条 《会社法》第六十八条第三项所定让渡人之责任，就《会社法》施行前于株主名簿记载让渡株式之人，仍依从前之规定。

第三十二条 《会社法》第七十三条第二项之规定，就《会社法》施行前承受株式之发起人不适用之。

第三十三条 《会社法》第七十五条之规定，于《会社法》施行前让渡株式者，不适用之。

第三十四条 《会社法》施行前所发行之株券，虽违反《会社法》第八十一条第一项之规定，无须改之。

第三十五条 《会社法》施行前所发行之无记名式株券，不依《会社法》第八十二条第一项之规定被妨其效力。

第三十六条 就《会社法》施行前所为株主总会招集之通知及公告，仍依从前之规定。

前项规定于创立总会之招集准用之。

第三十七条 《会社法》第八十八条第一项之规定，于《会社法》施行前为总会招集之通知或公告者，不适用之。

前项规定于创立总会准用之。

第三十八条 株主所为总会招集之请求，系《会社法》施行前所为者，其株主所有之株式，以株式总数二十分之一以上为足。

第三十九条 虽株主总会于《会社法》施行后开会而其招集公告于《会社法》施行前所为者，有无记名式株式之株主于会日之五日以前，将株券提存于会社已足。

第四十条 《会社法》第一百零三条至第一百零八条之规定,于《会社法》施行前所提起之求宣告株主总会决议无效之诉,亦适用之。但就其诉所为之判决,于《会社法》施行前经确定者,《会社法》第一百零七条之规定不适用之。

第四十一条 《会社法》第一百零九条之规定,于《会社法》施行前所提起之请求确认株主总会决议无效之诉亦适用之。于此情形,准用第十六条但书之规定。

第四十二条 《会社法》第一百十五条第一项之规定,于自《会社法》施行前法律或定款所定董事之员数不足者,不适用之。

自《会社法》施行前,依从前之规定代行董事职务之人,虽《会社法》施行后,仍有其权限。

第四十三条 董事自《会社法》施行前为与会社同种营业为目的之他会社董事者,不妨至他会社之现在任期满了止,仍为董事。

《会社法》第一百二十四条第二项、第三项及第五项之规定,就董事于《会社法》施行前所为之交易亦适用之。于此情形,《会社法》第一百二十四条第二项所定会社之权利,自交易之时起于一年以内未行使者消灭。

第四十四条 《会社法》第一百二十六条及第一百三十八条之规定,于损害赔偿原因之董事之行为,在《会社法》施行前者,不适用之。

前项规定就监查人及清算人准用之。

第四十五条 《会社法》第一百二十八条第一项之请求,于《会社法》施行前株主总会否决起诉者,须自《会社法》施行之日起,于三月以内为之。

前项规定对于监查人或清算人提起之诉,准用之。

第四十六条 就《会社法》施行前有株式总数十分之一以上之株主为会社对于董事或监查人提起之诉,仍依从前之规定。

第四十七条 《会社法》第一百三十条第三项之登记,于《会社法》施行前停止董事执行职务或选任代行之人者,须于《会社法》施行后迅速为之。

前项规定于停止监查人或清算人执行职务或选任代行之人者,准用之。

第四十八条　株主总会之会日系《会社法》施行后者,虽于其施行前有招集之通知或公告者,就会社计算书类之提出及备置,从《会社法》第一百四十条及第一百四十一条第一项之规定已足。

于前项情形,株主及会社债权人不得请求交付书类之誊本或节本。

第四十九条　《会社法》第一百四十四条之规定,于《会社法》施行前所到来之决算期作成之财产目录所记载财产之评价,不适用之。

第五十条　株式会社于《会社法》施行前,将《会社法》第一百四十五条所揭金额或税额计入于贷借对照表资产之部者,须自《会社法》施行之日起于五年以内。如于《会社法》施行后利息之配当终止者,须于其终止后五年以内,依《会社法》第一百四十五条之规定为偿却。

第五十一条　株式会社于《会社法》施行前,将《会社法》第一百四十六条之差额或利息配当额计入于贷借对照表资产之部者,须自《会社法》施行之日起,依《会社法》第一百四十六条或第一百五十二条第三项之规定为偿却。

第五十二条　《会社法》第一百四十七条第二项及第一百四十八条之规定,于《会社法》施行前所到来之决算期作成之贷借对照表及营业报告书不适用之。

第五十三条　《会社法》第一百五十三条之规定,依从前之规定增加资本或依从前之规定增加资本之会社,于《会社法》施行后更增加其资本者不适用之。

第五十四条　《会社法》第一百五十五条之规定,就《会社法》施行前所作成之定款亦适用之。但于《会社法》施行前依定款之规定所消灭之利益或利息之配当请求权,不因此回复。

第五十五条　株主于《会社法》施行前,为使调查会社业务及财产状况,向法院请求检查人之选任者,其株主所有株式之数相当株式总数二十分之一以上已足。

第五十六条　《会社法》施行前着手社债之募集者,其余之手续依从前之规定。但社债之登记须从《会社法》之规定为之。

《会社法》第一百八十四条之规定,于前项情形亦适用之。

第五十七条　依从前之规定为社债登记之会社,须自《会社法》施行之日起于六月以内,除依从前之规定所登记之事项外,登记就社债从

《会社法》规定应登记之事项。

违反前项规定者，代表其会社之董事处五百圆以下之过料。

第五十八条　董事于《会社法》施行后，除依从前规定所记载之事项外，须速将从《会社法》规定应记载之事项记载于社债原簿。

第五十九条　非会社之银行或信托会社不得受社债募集之委托，或为《会社法》第一百七十七条之事务承继人。

《会社法》施行前受社债募集之委托之人，不拘前项规定，得为社债之募集。

第六十条　《会社法》第一百七十二条至第一百七十七条及第一百八十一条至第一百八十三条之规定，于《会社法》施行前受社债募集之委托之人系会社之银行或信托会社者，亦适用之。

第六十一条　《会社法》第一百八十一条第一项及第二百零八条所定之诉，就《会社法》施行前一年以内所为之行为，得限于《会社法》施行后六月以内提起之。但自行为之时起，于一年以内不妨提起之。

第六十二条　《会社法》施行前所发行之社债券，虽违反《会社法》第一百六十八条第二项之规定，无须改之。

第六十三条　社债偿还请求权及社债利息请求权之时效期间，就《会社法》施行前开始其进行者，仍依从前之规定。

第六十四条　《会社法》第一百八十七条第四项及第一百八十八条第二项第三项之提存，须依《提存法》为之，或于司法部大臣所指定之银行为之。

第六十五条　株式会社于《会社法》施行前着手新株之募集者，其余之手续依从前之规定。但资本增加之登记，须登记《会社法》第二百二十四条第二项所揭之事项。

《会社法》第七十九条第三项之规定，于前项情形亦适用之。

第六十六条　对于《会社法》施行前所为资本之增加或减少，得限于自《会社法》施行之日起六月以内，从《会社法》之规定提起其无效之诉。

《会社法》施行后，依从前之规定所为资本之增加或减少无效之诉，须自在本店所在地为其登记之日起于六月以内提起之。

第六十七条　《会社法》第二百四十条至第二百四十二条或第二百五十条第三项第四项之规定，于《会社法》第二百三十九条第二项或第二百五十条第二项所揭之人,于《会社法》施行前所提起之请求确认资本之增加或减少无效之诉,亦适用之。于此情形,准用第十六条但书之规定。

第六十八条　资本减少之际,债权人述异议之期间于《会社法》施行前经过者,其余之手续仍依从前之规定。

《会社法》第二百四十六条第二项之规定,于前项情形亦适用之。

第六十九条　第四十三条第一项之规定,于合名会社之社员准用之。

《会社法》第三百六十七条第二项、第三项及第五项之规定,于合名会社之社员,于《会社法》施行前为交易者亦适用之。于此情形,《会社法》第三百六十七条第二项所定会社之权利,自交易之时起于一年以内未行使者消灭。

前二项之规定,于合资会社之无限责任社员准用之。

第七十条　《会社法》第三百八十三条及第三百八十四条之规定(包含《会社法》第四百二十四条所准用者),于《会社法》施行前扣押社员之持分者,亦准用之。

第七十一条　合资会社于《会社法》施行前将其组织变更为合名会社而未为登记者,须自《会社法》施行之日起在本店所在地于二星期以内、在支店所在地于三星期以内,就合资会社为解散之登记,就合名会社为《会社法》第三百五十八条第一项所定之登记。

怠为前项登记者,其会社社员处五百圆以下之过料。

第七十二条　《会社法》施行前有应适用从前罚则之行为者,虽《会社法》施行后,仍适用从前之罚则。虽《会社法》施行后,应依前之规定而有应适用罚则之行为者亦同。

第七十三条　《会社法》所谓署名者,包含记名、盖章。

附则

本法自《会社法》施行之日实行。

外国法人法

（康德四年十月二十一日敕令第二九八号）

朕依《组织法》第三十六条,经咨询参议府,裁可《外国法人法》,著即公布。

（国务总理、司法部大臣副署）

第一条　外国法人于依法律或条约已认其成立者外，以国、地方团体及营利法人为限，认其成立。但以在满洲国营事业为主目的之外国营利法人不在此限。

第二条　外国法人有与同种类或最类似之满洲国法人同一之权利能力。但法律或条约有特别之规定者，不在此限。

第三条　于满洲国设支店之外国营利法人，须为与同种类或最类似之满洲国会社同一之登记。

第四条　前条之外国营利法人须定在满洲国之代表人且与支店设置之登记同时，登记其姓名及住所。

代表人欠缺者须速定新代表人。

代表人或其姓名或住所有变更者，须于三星期以内为其登记。

第五条　《会社法》第一百二十条及第一百二十一条之规定，于前条代表人准用之。

第六条　应登记之事项生在外国者，登记期间自其通知到达之时起算之。

第七条　《会社法》第五十七条至第六十条、第六十二条第一项、第八十条、第八十二条第一项、第一百六十八条第一项、第一百六十九条至第一百七十一条及第二百三十八条第一项、第二项之规定，于在满洲国所为之外国营利法人之株券或债券之发行及其株式或社债之移转或出质，准用之。于此情形，以始在满洲国所设之支店视为本店。

第八条　外国营利法人在满洲国发行株券或债券者，在满洲国之代表人须将其株主名簿或社债原簿备置于前条之支店。

外国营利法人之株主及债权人于营业时间内，不论何时得求阅览前项所揭之书类。

第九条　外国营利法人在满洲国已设支店，而无正当事由于为支店设置之登记后一年以内不开始营业或休止营业一年以上或停止支付者，法院得因利害关系人或检察官之请求或以职权命闭锁其支店。

外国营利法人之代表人其他在支店执行业务之人，为反于法令或公共秩序或善良风俗之行为者，亦与前项同。

《会社法》第八条第三项、第九条及第十条之规定，于前二项之情形准用之。

第十条　于前条第一项或第二项之情形，法院得因利害关系人之声明或以职权就外国营利法人之在满洲国之财产全部命开始清算。于此情形，清算人由法院选任之。

第八条并《会社法》第三百零一条第二项、第三百零三条第二项第三项、第三百零五条、第三百零六条、第三百零七条第二项、第三百零八条、第三百十一条至第三百十五条、第三百二十二条及第三百二十四条至第三百五十五条之规定，除其性质所不许者外，于前项之清算准用之。

前二项之规定，于外国营利法人闭锁其支店者准用之。

第十一条　外国营利法人之代表人当募集株式或社债，颁布就重要之事项记载不实之株式要约证、社债要约证计画书其他关于募集株式或社债之文书或就重要之事项为虚伪之广告者，处五年以下之徒刑或五千圆以下之罚金。

前项之徒刑与罚金得并科之。

第十二条　外国营利法人之代表人、清算人、检查人或监查委员于左列情形，处五千圆以下之过料。但就其行为应科刑者，不在此限。

一、怠为本法所定之登记者；

二、怠为第十条第二项所定之公告或通知或为不正之公告或通知者；

三、无正当事由而拒绝阅览株主名簿、社债原簿或债权人集会之议事录者；

四、妨碍第十条第二项所定之检查或调查者；

五、对于法院或债权人集会为不实之申述或隐蔽事实者；

六、无正当事由而不为株券之名义更换者；

七、违反第七条之规定而发行株券或以株券为无记名式者；

八、违反第七条之规定而发行债券者；

九、于株主名簿、社债原簿、债权人集会之议事录、财产目录、贷借对照表或法人业务及财产状况之调查书不记载应记载之事项或为不实之记载者；

十、违反第十条第二项之规定而不备置株主名簿、社债原簿或债权人集会之议事录者；

十一、违反依第十条第二项规定之法院所为财产保全之处分者；

十二、违反第十条第二项之规定而怠为特别清算开始之声明者；

十三、不向法院选任之清算人为事务之移交者；

十四、以使迟延清算结了之目的，而以不当定依第十条第二项规定对于债权人所为请求之声报期间者；

十五、违反第十条第二项之规定，而于债权声报期间内为债务之清偿或不按债权额之比例为清偿者；

十六、于特别清算违反第十条第二项之规定，而为法人财产之处分、借财、诉之提起、和解、仲裁契约或权利之抛弃者。

第十三条　外国营利法人始在满洲国设支店而怠为其登记者，主宰其支店之人处五千圆以下之过料。

附则

第十四条　本法施行之期日以敕令定之。

（依康德四年十一月敕令第三二九号，自同年十二月一日施行）

关于会社资本之件

（康德五年九月十五日敕令第二二六号）

朕依《组织法》第三十六条，经咨询参议府，裁可《关于会社资本之件》，著即公布。

（国务总理大臣、经济部大臣代理经济部次长、司法部大臣副署）

会社之资本得受经济部大臣之许可，以外国货币定之。但从银行业、保险业、信托业、无尽业及取引所业为目的之株式会社，不在此限。

附则

本法自公布日施行。

《关于会社资本之件》施行之件

（康德五年九月十五日经济部令第四一号）

兹将《〈关于会社资本之件〉之施行之件》制定如左。

以外国货币定会社之资本而拟受经济部大臣之认可者，应将添附左列书类之认可呈请书提出于经济部大臣。

一、以外国货币而定资本之理由书；

二、定款；

三、发起人及株式承受人之名簿；

四、事业计画书；

五、其他必要之书类。

附则

本令自公布日施行。

康德元年实业部令第七号关于公司资本之件废止之。

票据法

（康德四年五月十三日敕令第八十九号）

朕依《组织法》第四十一条，经咨询参议府，裁可《票据法》，著即公布。

（国务总理、司法部大臣副署）

第一编　汇票
第一章　汇票之发出及方式

第一条　汇票应记载左列事项。

一、证券之文言中以其证券作成所用之语记载之表示其为汇票文字；

二、应支付一定金额之单纯委托；

三、应为支付之人（支付人）之名称；

四、满期之表示；

五、应为支付地之表示；

六、受支付或指示受支付人之人之名称；

七、发出票据之日及地之表示；

八、发出票据之人（发出人）之署名。

第二条　欠缺前条所揭事项之一之证券无汇票之效力。但左列数项所规定者不在此限。

未记载满期之汇票视为见票即付。

支付人之名称所附记之地以无特别之表示为限，视为支付地且支付人之住所地。

未记载发出地之汇票视为于发出人之名称所附记之地发出。

第三条　汇票得以发出人之自己指示发出之。

汇票得向发出人自己发出之。

汇票得以第三人之计算发出之。

第四条　汇票不论在支付人之住所地或在其他之地,得为应在第三人之住所支付。

第五条　于见票即付或见票后定期支付之汇票,发出人得记载就汇票金额生息之约定。于其他之汇票,此项约定之记载,视为未为之。

利率须于票据表示之。无其表示者,利息约定之记载,视为未为之。

利息无特别之日期之表示者,自票据发出之日起发生。

第六条　汇票之金额以文字及数字记载而其金额有差异者,以文字记载之金额为票据金额。

汇票之金额以文字或以数字重复记载而其金额有差异者,以最小金额为票据金额。

第七条　于汇票虽有无负担票据债务能力之人之署名、伪造之署名、假设人之署名或因其他之事由不能使汇票之署名人或其本人负义务之署名者,他署名人之债务不因此妨碍其效力。

第八条　无代理权之人为代理人于汇票署名者,自因其票据负义务。其人为支付者,有与本人同一之权利。就超过权限之代理人亦同。

第九条　发出人担保承受及支付。

发出人得记载不担保。承受不担保支付之一切文书,视为未记载。

第十条　对于未完成而发出之汇票,为与预先所为之合意相异之补充者,其违反不得以之对抗所持人。但所持人因恶意成重大之过失取得汇票者不在此限。

第二章　背书

第十一条　汇票虽不依指示式而发出者,亦得依背书让渡之。

发出人于汇票记载"指示禁止"之文字或有与此同一意义之文言者,其证券得从关于指名债权让渡之方式且仅以其效力让渡之。

背书对于为承受或不为承受之支付人、发出人其他之债务人亦得为之。此等人得于票据更为背书。

第十二条　背书须单纯。于背书所附之条件,视为未记载。

一部之背书为无效。

汇票即付之背书有与空白式背书同一之效力。

第十三条　背书须于汇票或与此结合之纸片（补笺）记载之，而由背书人署名。

背书得不指定被背书人为之或仅以背书人之署名为之（空白式背书）。在后之情形，背书非于汇票之背而或补笺为之，无其效力。

第十四条　背书移转由汇票所生之一切权利。

背书为空白式者所持人。

一、得以自己名称或他人名称补充空白；

二、得依空白式或表示他人更于票据为背书；

三、得不补充空白且不为背书而将票据让渡第三人。

第十五条　背书人以无反对文言为限，担保、承受及支付。

背书人得禁止新背书。于此情形，其背书人对于票据嗣后之被背书人，不负担保之责。

第十六条　汇票之占有人依背书之连续证明其权利者，视为适法之所持人。虽最后之背书为空白式者，亦同抹消之背书。于此关系，视为未记载。空白式背书之次有他之背书者，其为背书之人视为因空白式背书取得号据。

不论事由之如何，有丧失汇票之占有之人者，所持人依前项规定证明其权利时，不负返还票据之义务。但所持人因恶意或重大之过失取得者不在此限。

第十七条　依汇票受请求之人不得以根据发出人其他所持人对前手之人的关系之抗辩对抗所持人。但所持人知害其债务人而取得票据者不在此限。

第十八条　背书有"为收回"、"为收取"、"为代理"其他表示单纯委任之文言者，所持人得行使由汇票所生之一切权利。但所持人得仅为为代理之背书。

于前项情形，债务人得对抗所持人之抗辩，以可得对抗背书人者为限。

依为代理之背书之委任，不因委托人之死亡或其人为无能力而终了。

第十九条　背书有"为担保"、"为出质"其他表示质权设定之文言者,所持人得行使由汇票所生之一切权利。但所持人所为之背书,仅有为代理之背书之效力。

债务人不得以根据对背书人之人的关系之抗辩对抗所持人。但所持人知害其债务人而取得票据者,不在此限。

第二十条 满期后之背书有与满期前之背书同一之效力。但支付拒绝证书作成后之背书或支付拒绝证书作成期间,经过后之背书仅有指名债权让渡之效力。

未记载日期之背书,推定为支付拒绝证书作成期间经过前为之。

第三章 承受

第二十一条 汇票之所持人成单纯之占有人至满期止,得为承取。向支付人在其住所提示之。

第二十二条 发出人得于汇票记载定期间或不定期间而为承受,应提示之。

发出人得于票据记载禁止为承受之提示。但票据应在第三人之处或在非支付人之住所地之地支付,或见票后定期支付者,不在此限。

发出人得记载于一定之期日前不得为为承受之提示。

各背书人得记载定期间或不定期间而为承受,应提示票据。但发出人禁止为承受之提示者,不在此限。

第二十三条 见票后定期支付之汇票,须自其日期起于一年以内为承受提示之。

发出人得缩短或伸长前项期间。

背书人得缩短前二项之期间。

第二十四条 支付人得请求于第一提示之翌日应为第二提示。利害关系人限于此请求,已记载于拒绝证书者,得主张无应此之提示。

所持人无须将为承受所提示之票据交付支付人。

第二十五条 承受应于汇票记载之承受,应以"承受"其他有与此相同意义之文字表示,由支付人署名。票据表面所为之支付人之单纯署名,视为承受。

见票后定期支付之票据或从特别之记载应于一定期间内为为承受之提示之票据,除所持人请求应记载提示日之日期者外,承受须记载已为提示之日期。无日期之记载者,所持人为保全对于背书人及发出人之溯求权,须依于适法之时期,使作成之拒绝证书,证明无其记载。

第二十六条　承受应单纯。但支付人得限制于票据金额之一部。

依承受于汇票之记载事项所加之他之变更，有承受拒绝之效力。但承受人从其承受之文言负责任。

第二十七条　发出人于汇票上记载与支付人住所地相异之支付地，而未定应在第三人之处为支付者，支付人当为承受得定第三人。未定第三人者，视为承受人负在支付地自为支付之义务。

票据应在支付人住所支付者，支付人得于承受定支付地之支付场所。

第二十八条　支付人因〔应〕承受负于满期为汇票支付之义务。

无支付者，所持人就依第四十八条及第四十九条之规定可得请求之一切金额，对于承受人有由汇票所生之直接请求权。所持人虽为发出人者亦同。

第二十九条　于汇票记载承受之支付人，于其票据返还前抹消承受者，视为拒绝承受。抹消推定为证券之返还前为之。

不拘前项之规定，支付人以书面向所持人或署名于票据之人为承受之通知者。对于此等人，从承受之文言负责任。

第四章　保证

第三十条　汇票之支付，得就其金额之全部或一部依保证担保之。

第三人得为前项之保证。虽于票据署名之人亦同。

第三十一条　保证应于汇票或补笺为之。

保证应以"保证"其他与此有同一意义之文字表示，由保证人署名。

汇票表面所为之单纯之署名，视为保证。但支付人或发出人之署名不在此限。

保证须表示为何人为之。无其表示者，视为为发出人为之。

第三十二条　保证人负与被保证人同一之责任。

保证其所担保之债务，除有方式之瑕疵外，虽因他之任何事由为无效者，仍为有效。

保证人为汇票之支付者，对于被保证人及其人之汇票上之债务人，取得由汇票所生之权利。

第五章　满期

第三十三条　汇票得依左列之一发出之。

一、见票即付；

二、见票后定期支付;

三、日期后定期支付;

四、确定日支付。

与前项相异之满期或分期支付之汇票无效。

第三十四条　见票即付之汇票,应于提示时支付。此票据须自日期起于一年以内为支付提示之发出人,得缩短或伸长此期间。背书人得缩短此等期间。

发出人得定一定之期日前不得将见票即付之汇票为支付提示之。于此情形,提示之期间自其期日起开始。

第三十五条　见票后定期支付之汇票之满期,依承受之日期或拒绝证书之日期定之。

凡拒绝证书者,凡日期之承受以关于承受人为限,视为于为承受之提示期间之末日为之。

第三十六条　日期后或见票后一月或数月支付之汇票,以应为支付之月之相当日为满期。无相当日者,以其月之末日为满期。

就日期后或见票后一月半或数月半支付之汇票,先计算全月。

以月之初、月之中(一月之中、二月之中等)或以月之终定满期者,谓其月之一日、十五日或末日。

"八日"或"十五日"者,非一星期或二星期,而谓满八日或满十五日。

"半月"者,谓十五日之期间。

第三十七条　应在与发出地历相异之地于确定日支付之汇票,其满期之日,视为依支付地之历定之。

历相异之二地间所发之汇票为日期后定期支付者,将发出日换为支付地之历之相当日,依之定满期。

汇票之提示期间,从前项之规定计算之。

前三项之规定,依汇票之文言或证券之单纯记载可得知。特别之意思者,不适用之。

第六章　支付

第三十八条　确定日支付、日期后定期支付或见票后定期支付之汇票之所持人,须于应为支付之日或次之二交易日以内为支付提示汇票。于票据交换所之汇票之提示,有为支付之提示之效力。

第三十九条　汇票之支付人当为支付,得向所持人请求应于票据为证明领收之记载而交付之。

所持人不得拒绝一部支付。

于一部支付时,支付人得请求将已有其支付记载于票据并交付领收证书。

第四十条　汇票之所持人于满期前,无须受其支付。

于满期前为支付之支付人,应以自己之危险为之。

于满期为支付之人,以无恶意或重大之过失为限,免其责任。其人虽有调查背书连续整否之义务,然无调查背书人署名之义务。

第四十一条　记载应以非支付地通货之通货支付之汇票,得依满期之日之价格,以其国之通货为支付。债务人迟延支付者,所持人得依其选择请求从满期之日或支付之日之行市,以其国之通货支付汇票之金额。

外国通货之价格,依支付地之习惯定之。但发出人得记载依票据所定之换算率,计算支付金额。

前二项之规定,于发出人记载以特种之通货支付(外国通货现实支付文句)者不适用之。

以在发出国与支付国有同名异价之通货定汇票之金额者,推定为依支付地之通货定之。

第四十二条　于第三十八条所规定之期间内未有汇票之为支付之提示者,各债务人得以所持人之费用及危险,将其票据金额提存于该管官署。

第七章　因承受拒绝或支付拒绝之溯求

第四十三条　满期而无支付者,所持人得对于背书人、发出人其他之债务人行使其溯求权。于左列情形,虽于满期前亦同。

一、有承受之全部或一部之拒绝者;

二、已为承受或不为承受之支付人破产、其停止支付或对于其财产之强制执行不奏效者;

三、禁止为承受之提示之票据之发出人破产者。

第四十四条　承受或支付之拒绝,须依公正证书(承受拒绝证书或支付拒绝证书)证明之。

承受拒绝证书须使于为承受之提示期间内作成之,于第二十四条第一项所规定之情形,于期间之末日已有第一之提示者,拒绝证书得使于其翌日作成之。

确定日支付、日期后定期支付或见票后定期支付之汇票之支付,拒绝证书须使于应为汇票之支付日或次之二交易日以内作成之。见票即付之票据之支付,拒绝证书须从关于承受拒绝证书之作成前项所规定之条件,使作成之。

有承受拒绝证书者,无须为支付之提示及支付拒绝证书。

已为承受或不为承受之支付人停止支付或对于其财产之强制执行不奏效者,所持人非对于支付人为为票据支付之提示,且使作成拒绝证书后,不得行使其溯求权。

已为承受或不为承受之支付人,受破产之宣告或禁止为承受之提示之票据发出人受破产之宣告者,所持人拟行使其溯求权,以提出破产裁定书已足。

第四十五条　所持人须于拒绝证书作成之日之次之四交易日以内,或有"无费用偿还"文句者,于提示之日之次之四交易日以内,对于自己之背书人及发出人通知已有承受拒绝或支付拒绝。各背书人于收到通知日之次之二交易日以内,示前通知人全员之名称及受信所,而将自己收到之通知,通知自己之背书人,顺次及于发出人。此期间自各自收到其通知之时起进行。

从前项规定向汇票之署名人为通知者,须于同一期间内向其保证人为同一之通知。

背书人不记载其受信所或其记载难读者,以通知其背书人直接之前手已足。

应为通知之人得依任何方法为之。仅依返付票据亦得为之。

应为通知之人须证明于适法期间内为通知。于此期间内通知之书面付邮者,视为遵守其期间。

前项期间内不为通知之人,不失其权利。但有因过失发生之损害者,于不超过汇票金额之范围内,任其赔偿之责。

第四十六条　发出人、背书人或保证人依于证券记载且署名之"无费用偿还"、"不要拒绝证书"之文句其他有与此同一意义之文言,对于所持人得免除为行使其溯求权之承受拒绝证书或支付拒绝证书之作成。

前项之文言,对于所持人不免除于法定期间内汇票之提示及通知之义务。期间之不遵守,须由对于所持人援用之人为其证明。

发出人记载第一项之文言者,对于一切之署名人生其效力。背书人或保证人记载此文言者,仅对于其背书人或保证人生其效力。

不拘发出人记载此文言而所持人使作成拒绝证书者,其费用由所持人负担之。背书人或保证人记载此文言而有拒绝证书之作成者,得使一切之署名人偿还其费用。

第四十七条　为汇票之发出、承受、背书或保证之人对于所持人,合同任其责。

汇票之署名人而收回汇票者,亦有同一之权利。

对于债务人之一人之请求,不妨对于他债务之人之请求。对于已受请求之人之后手亦同。

第四十八条　所持人得对于受溯求之人请求左列金额。

一、未经承受或支付之汇票金额及有利息之记载者,其利息;

二、依年利百分之六之满期以后之利息;

三、拒绝证书之费用、通知之费用及其他之费用。

于满期前行使溯求权者,依折扣减少票据金额。其折扣依所持人住所地之溯求之日之公定折扣率(银行率)计算之。

第四十九条　收回汇票之人,得对于其前手请求左列金额。

一、其支付之总金额;

二、对于前款之金额依年利百分之六计算之支付日以后之利息;

三、其支出之费用。

第五十条　已受或应受溯求之债务人,得与支付互换请求交付拒绝证书、记载证明领收之计算书及汇票。

收回汇票之背书人得抹消自己及后手之背书。

第五十一条　于一部承受后行使溯求权者,支付未经承受之票据金额之人,得请求将其支付记载于票据及交付领收证书。又所持人为使得为嗣后之溯求,须交付票据之证明誊本及拒绝证书。

第五十二条　有溯求权之人,限于无反对之记载得以向其前手之一人以见票即付发出。且应于其人之住所支付之新票据(回行票据)为溯求。

回行票据于第四十八条及第四十九条所规定之金额外,包含其回行票据之经纪费及印花税。所持人发出回行票据者,其金额依由本票据支付地向前手住所地所发出之见票即付汇票之行市定之。于背书人发出回行票据者,其金额依回行票据之发出人,由其住所地向前手住所地所发出之见票即付票据之行市定之。

第五十三条　经过左列期间者,所持人对于背书人、发出人其他之债务人丧失其权利。但对于承受人不在此限。

一、见票即付或见票后定期支付之汇票之提示期间;

二、承受拒绝证书或支付拒绝证书之作成期间;

三、有无费用偿还文句者其为支付之提示期间。

于发出人所记载之期间内不为为承受之提示者,所持人丧失因支付拒绝及承受拒绝之溯求权。但依其记载之文言可得知发出人有仅免承受之担保义务之意思者,不在此限。

背书有提示期间之记载者,限于其背书人得援用之。

第五十四条　于法定期间内汇票之提示或拒绝证书之作成,因不可避之障碍(依国之法令之禁制其他之不可抗力)被妨碍者,伸长其期间。

所持人对于自己之背书人,须速通知其不可抗力,且于汇票或补笺记载其通知,并附记日期而署名之。关于其他,准用第四十五条之规定。

不可抗力终止者,所持人须速为承受或支付提示票据。且有必要者,使作成拒绝证书。

不可抗力自满期起超过三十日仍继续者,得无须提示或拒绝证书之作成而行使溯求权。

关于见票即付或见票后定期支付之汇票三十日之期间,虽于提示期间经过前,自所持人向其背书人通知不可抗力之日起进行。

关于见票后定期支付之汇票,于三十日之期间加汇票所记载之见票后之期间。

关于所持人或所持人委任票据之提示或拒绝证书之作成之人之单纯之人的事由,不认为构成不可抗力。

第八章　参加

第一节　通则

第五十五条　发出人、背书人或保证人得记载预备支付人。

汇票不论为应受溯求之任何债务人而为参加之人，亦得从本章所规定之条件为其承受或支付。

参加人得为第三人、支付人或已负汇票上之债务之人，但承受人不在此限。

参加人对于其被参加人，须于二交易日以内为其参加之通知。不遵守此期间而有因过失发生之损害者，参加人于不超过汇票金额之范围内，任其赔偿之责。

第二节　参加承受

第五十六条　参加承受得于未禁止为承受之提示之汇票之所持人在满期前有溯求权之一切之情形为之。

汇票记载于支付地之预备支付人者，票据之所持人非对其人提示汇票且依拒绝证书证明其人拒绝承受，不得对于为其记载之人及其后手于满期前行使溯求权。

于参加之他之情形，所持人得拒绝参加承受。如所持人承诺者，对于被参加人及其后手丧失于满期前所有溯求权。

第五十七条　参加承受应于汇票记载之，由参加人署名。参加承受应表示，被参加人无其表示者，视为为发出人为之。

第五十八条　参加承受人对于所持人及被参加人之后之背书人，负与被参加人同一之义务。

被参加人及其前手不拘参加承受，得对于所持人请求与第四十八条所规定金额之支付互换为汇票之交付。有拒绝证书及为证明领收之记载之计算书者，亦得请求其交付。

第三节　参加支付

第五十九条　参加支付得于所持人满期或满期前有诉求权之一切之情形为之。

支付就被参加人应为支付之全额为之。

支付须至得使作成支付拒绝证书之最后日之翌日止为之。

第六十条　汇票依在支付地有住所之参加人而经承受，或在支付地有住所之人为预备支付人被记载者，所持人须对于此等人之全员提示票据，且有必要者，至得使作成支付拒绝证书之最后日之翌日止，使作成支付拒绝之证书。

于前项之期间内无拒绝证书之作成者，记载预备支付人之人或被参加人及其后之背书人免义务。

第六十一条　拒绝参加支付之所持人丧失对于因其支付可免义务之人之溯求权。

第六十二条　参加支付须依表示被参加人而汇票所为之领收之记载证明之。无其表示者，支付视为为发出人为之。

汇票须向参加支付人交付之。使作成拒绝证书者，并须交付之。

第六十三条　参加支付人对于被参加人及其人之汇票上之债务人取得由汇票所生之权利。但不得于汇票更为背书。

被参加人之后之背书人免义务。

于参加支付之竞合之情形，使免最多数之义务者优先知情。而反于此规定参加之人，丧失对于能免义务之人之溯求权。

第九章　复本及誊本
第一节　复本

第六十四条　汇票得以同一内容之数通发出之。

此复本须于其证券之文言中附以号数。缺此者，各通视为各别之汇票。

无记载只发一通之票据之所持人，得以自己之费用请求复本之交付。于此情形，所持人对于自己直接之背书人为其请求。其背书人依对于自己之背书人为手续而协力之顺次及于发出人，各背书人须于新复本再记背书。

第六十五条　复本之一通之支付，虽无其支付使他复本为无效之记载者，亦使免义务。但支付人就为承受之各通而未受返还者负责任。

对于数人各别让渡复本之背书人及其后之背书人就有其署名之各通而未受返还者负责任。

第六十六条　为承受送付复本之一通之人，应于他之各通记载保持此一通之人之名称。其人须对于他之一通之正当所持人交付之。

保持人拒绝交付者，所持人非依拒绝证书证明左列事实，不得行使溯求权。

一、为承受所送付之一通，虽为请求，未经交付；

二、以他之一通未能受承受或支付。

第二节　誊本

第六十七条　汇票之所持人有作成其誊本之权利。

誊本须将背书其他原本所揭之一切事项正确再记，且表示其末尾。誊本得从与原本同一之方法，且以同一之效力为背书或保证。

第六十八条　誊本应表示原本之保持人，保持人须对于誊本之正当所持人，交付其原本。

保持人拒绝交付者，所持人非依拒绝证书，证书原本虽为请求未经交付，不得对于誊本上为背书或保证之人行使遡求权。

于誊本作成前所为之最后之背书后"嗣后背书仅于誊本所为者有效力"之文句其他有与此同一意义之文言存于原本者，于原本所为之其后之背书为无效。

第十章　变造

第六十九条　于汇票文言之变造之情形，其变造后之署名人从变造之文言负责任。变造前之署名人，从原文言负责任。

第十一章　时效

第七十条　对于承受人之汇票上之请求权，自期满之日起以三年罹时效。

所持人对于背书人及发出人之请求权，自于适法时期使作成之拒绝证书之日期起。于有无费用偿还之文句者，自期满之日起以一年罹时效。背书人对于他背书人及发出人之请求权，自其背书人收回票据之日或其人受诉之日起，以六月罹时效。

第七十一条　时效之中断，仅对于其中断事由发生之人生其效力。

第十二章　通则

第七十二条　满期相当法定休日之汇票至次之第一交易日止，不得请求其支付。又关于汇票之他之行为，尤其为承受之提示及拒绝证书之作成，仅得于交易日为之。

于以末日为法定休日之一定期间内，应为前项之行为者，期间至次于其满了之第一交易日止。伸长之期间中之休息日，于期间算入之。

第七十三条　法定或约定之期间不算入其初日。

第七十四条　恩惠日不论为法律上者为裁判上者不认之。

第二编　本票

第七十五条　于本票应记载左列事项。

一、证券之文书中，以其证券作成所用之语记载之，表示为本票之文字；

二、应支付一定金额之单纯约束；

三、满期之表示；

四、应为支付之地之表示；

五、受支付或指示受支付之人之名称；

六、发出票据之日及地之表示；

七、发出票据之人（发出人）之署名。

第七十六条　欠缺前条所指事项之一之证券，无本票之效力。但于左列数项所规定者，不在此列。

未记载满期之本票，视为见票即付。

发出地以无特别之表示为限，视为支付地，且发出人之住所地。

未记载发出地之本票，视为于发出人之名称所附记之地发出。

第七十七条　关于左列事项之汇票之规定，以不反于本票之性质为限，于本票准用之。

一、背书（第十一条至第十二条）；

二、满期（第三十三条至第三十七条）；

三、支付（第三十八条至第四十二条）；

四、因支付拒绝之诉求（第四十三条至第五十条、第五十二条至第五十四条）；

五、参加支付（第五十五条、第五十九条至第六十三条）；

六、誊本（第六十七条及第六十八条）；

七、变造（第六十九条）；

八、时效（第七十条及第七十一条）；

九、休日、期间之计算及恩惠日之禁止（第七十二条至第七十四条）。

关于第三人之处或非支付人之住所地为支付之汇票（第四条及第二十七条）、利息之约定（第五条）、关于支付金额之记载之差异（第六条）、于第七条规定之条件下所为之署名之效果、无权限或超过权限而为之人之署名之效果（第八条）及空白汇票（第十条）之规定，亦于本票准用之。

关于保证之规定（第三十条至第三十二条），亦于本票准用之。于第三十一条末项之情形，未表示为何人为保证者，视为本票之发出人为之。

第七十八条　本票之发出人负与汇票之承受人同一之义务。

见票后,定期支付之本票须于第二十三条所规定之期间内为发出人之见票提示之见票后之期间,自发出人于票据记载见票而署名之日起进行。发出人拒绝有日期之见票之记载者,须依拒绝证书证明之(第二十五条),其日期为见票后之期间之初日。

附则

第七十九条　本法自康德四年十月一日施行。

第八十条　就本法施行前,所发出之汇票及本票,仍依从前之规定。

第八十一条　本法所称署名者包含记名、盖章。

第八十二条　第三十八条第二项(包含第七十七条第一项所准用之情形)之票据交换所,由司法部大臣指定之。

第八十三条　关于拒绝证书作成之事项,以敕令定之。

第八十四条　由汇票或本票产生之权利,虽因手续之欠缺或时效而消减者,所持人得对于发出人、承受人或背书人于其所受利益之限度为偿还之请求。

第八十五条　背书人对于他背书人及发出人之汇票上及本票上之请求权之消灭时效,于其人受诉者,因对于前手为诉讼告知而中断。

因前项规定中断之时效,自裁判确定之时起,更开始其进行。

第八十六条　本法所称之休日者谓祭日、祝日、星期日其他之一般休日。

第八十七条　依汇票及本票负义务之人之能力,依其本国法定之。其国之法律定依他国之法律者,适用其他国之法律。

依前项所揭之法律,虽无能力之人,在他国之领域为署名,如依其国之法律,有能力者,负责任。

第八十八条　汇票上及本票上之行为之方式,依为署名之地所属国之法律定之。

汇票上及本票上之行为虽依前项规定无效者,如依为后之行为之地所属国之法律为适式时,后之行为不因前之行为之不适式妨碍其效力。

满洲国人在外国所为之汇票上及本票上之行为,以其行为适合于满洲国法律规定之方式为限,对于他满洲国人有其效力。

第八十九条　汇票之承受人及本票之发出人之义务之效力,依其证券之支付地所属国之法律定之。

除前项所揭之人,由依汇票或本票负债务之人之署名所生之效力,依为其署名之地所属国之法律定之。但行使遡求权之期间,就一切之署名人,依证券之发出地所属国之法律定之。

第九十条　汇票之所持人取得发出证券之原因之债权与否,依证券之发出地所属国之法律定之。

第九十一条　汇票之承受得限制票据金额之一部与否,及所持人有承诺一部支付之义务与否,依支付地所属国之法律定之。

前项之规定,于本票之支付准用之。

第九十二条　拒绝证书之方式及作成期间,其他汇票上或本票上之权利之行使或保存所必要之行为之方式,依作成拒绝证书之地或为其行为之地所属国之法律定之。

第九十三条　于汇票或本票丧失或盗难之情形,应为之手续,依支付地所属国之法律定之。

支票法

（康德四年五月十三日敕令第九〇号）

第一章　支票之发出及方式

第一条　支票应记载左列事项。

一、证券之文言中以其证券作成所用之语记载之,表示其为支票之文字;

二、应支付一定金额之单纯委托;

三、应为支付之人（支付人）之名称;

四、应为支付之地之表示;

五、发出支票之日及地之表示;

六、发出支票之人（发出人）之署名。

第二条　欠缺欠条所揭事项之一之证券,无支票之效力。但左列数项所规定者不在此限。

支付人之名称所附记之地以无特别之表示为限,视为支付地支付人之名称。附记有数个地时,支票为应于最初记载之地支付者。无前项之记载其他何等表示之支票,为应于发出地支付者。

未记载发出地之支票,视为于发出人之名称所附记之地发出。

第三条　支票为应向于其提示之时,有发出人得处分之资金之银行,且从使发出人将资金得依支票处分之明示或默示之契约发出者。但虽不从此规定者,不妨证券之为支票之效力。

第四条　支票不得为承受于支票所为之承受之记载,视为未为之。

第五条　支票得依左列之一发出之。

一、记名式或指示式;

二、记名式而记载"指示废止"之文字或有与此同一意义之文言者;

三、凭票支付式。

记名之支票而记载"或向持到人"之文字或与此有同一意义之文言者,视为凭票支付式支票。

未记载领收人之支票,视为凭票支付式支票。

第六条　支票得以发出人之自己指示发出之。

支票得以第三人之计算发出之。

支票得向发出人自己发出之。

第七条　支票所记载利息之约定视为未为之。

第八条　支票不论在支付人之住所地或在其他之地,得为应于第三人之住所支付者。但其第三人须为银行。

第九条　支票之金额以文字及数字记载而其金额有差异者,以文字记载之金额为支票金额。

支票之金额以文字或以数字重复记载而其金额有差异者,以最小金额为支票金额。

第十条　于支票虽有无负担支票债务能力之人之署名、伪造之署名、假设人之署名或因其他之事由不能使支票之署名人,或其本人负义务之署名者,他署名人之债务不因此妨碍其效力。

第十一条　无代理权之人为代理人于支票署名者,自因其支票负义务。其人为支付者,有与本人同一之权利。就超过权限之代理人亦同。

第十二条　发出人担保支付,发出人不担保之一切文言视为未记载。

第十三条　对于未完成而发出之支票为与预先所为之合意相异之补充者,其违反不得以之对抗所持人。但所持人因恶意或重大之过失取得支票者,不在此限。

第二章 让渡

第十四条 记名式或指示式之支票,得依背书让渡之。

记名式支票而记载"指示禁止"之文字或有与此同一意义之文言者,得从关于指名债权让渡之方式,且仅以其效力让渡之。

背书对于发出人其他之债务人亦得为之,此等人得于支票更为背书。

第十五条 背书须单纯。于背书所附之条件,视为未记载。

一部之背书为无效。

支付人之背书亦为无效。

凭票支付之背书有与空白式背书同一之效力。对于支付人所为之背书仅有领收证书之效力。但支付人有数个之营业所者,对于发出支票之营业所以外之营业所所为之背书,不在此限。

第十六条 背书须于支票或与此结合之纸片(补笺)记载之,而由背书人署名。

背书得不指定被背书人为之或仅以背书人之署名为之(空白式背书)。在后之情形,背书非于支票之背面或补笺为之,无其效力。

第十七条 背书移转由支票所生之一切权利。背书为空白式者,所持人:

一、得以自己名称或他人名称补充空白;

二、得依空白式或表示他人更于支票为背书;

三、得不补充空白且不为背书而将支票让渡第三人。

第十八条 背书人以无反对文言为限担保支付,背书人得禁止新背书。于此情形,其背书人对于支票嗣后之被背书人,不负担保之责。

第十九条 可得为背书之支票之占有人,依背书之连续证明其权力者,视为适法之所持人。虽最后之背书为空白式者,亦同。抹消之背书于此关系,视为未记载。空白式背书之次有他之背书者,其为背书之人视为因空白式背书取得支票。

第二十条 于凭票支付式支票为背书者,背书人从关于溯求之规定负责任,但证券不因此变为指示式支票。

第二十一条 不论事由之如何,有丧失支票之占有之人者,取得其支票之所持人,其支票为凭票支付式或可得为背书,而其所持人第十九条规定证明权利时，不负返还之义务。但因恶意或重大之过失取得者，不在此限。

　　第二十二条　依支票受请求之人不得以根据发出人、其他所持人对前手之人的关系之抗辩对抗所持人。但所持人知害其债务人而取得支票者，不在此限。

　　第二十三条　背书有"为收回"、"为收取"、"为代理"其他表示单纯委任之文言者，所持人得行使由支票所生之一切权利。但所持人得仅为为代理人之背书。

　　于前项情形，债务人得对抗所持人之抗辩，以可得对抗背书人者为限。

　　依为代理之背书之委任，不因委任人之死亡或其人为无能力而终了。

　　第二十四条　拒绝证书或有与此同一效力之宣言，作成后之背书或提示期间经过后之背书，仅有指名债权让渡之效力。

　　未记载日期之背书，推定为拒绝证书或有与此同一效力之宣言，作成前或提示期间经过前为之。

第三章　保证

　　第二十五条　支票之支付，得就其金额之全部或一部，依保证担保之。

　　除支付人外，第三人得为前项之保证。虽于支票署名之人亦同。

　　第二十六条　保证应于支票或补笺为之。

　　保证应以"保证"其他有与此同一意义之文字表示，由保证人署名。

　　支票表面所为之单纯之署名，视为保证。但发出人之署名不在此限。

　　保证须表示为何人为之。无其表示者，视为为发出人为之。

　　第二十七条　保证人负与被保证人同一之责任。

　　保证其所担保之债务，除有方式之瑕疵外，虽因他之任何事由为无效者，仍为有效。

　　保证人为支票之支付者，对于被保证人及其人之支票上之债务人，取得由支票所生之权利。

第四章　提示及支付

　　第二十八条　支票为见票即付，反于此之一切记载，视为未为之。

为发出之日期所记载之日前为支付所提示之支票,应于提示日支付之。

第二十九条　在国内发出且支付之支票,须于十日以内为支付提示之。

在为支付之国与相异之国所发出之支票,发出地及支付地在同一洲者于二十日以内、在相异之洲者于七十日以内须提示之。

关于前项,在欧洲之一国发出,在地中海沿岸之一国支付之支票或在地中海沿岸之一国发出在欧洲之一国支付之支票,视为在同一洲内发出且支付者。

本条所揭期间之起算日,为支票上为发出日期所记载之日。

第三十条　支票于历相异之二地之间所发出者,以发出地之日换为支付地之历之相当日。

第三十一条　在票据交换所之支票之提示,有为支付之提示之效力。

第三十二条　支票之支付委托之取消,仅于提示期间经过后生其效力。

无支付委托之取消者,支付人虽期间经过后,亦得为支付。

第三十三条　发出后,虽发出人死亡或丧失能力,亦不影响于支票之效力。

第三十四条　支票之支付人当为支付,得向所持人请求应于支票为证明领收之记载而交付之。

所持人不得拒绝一部支付。

于一部支付时,支付人得请求将已有其支付记载于支票并交付领收证书。

第三十五条　支付可得为背书之支票之支付人,虽有调查背书连续整否之义务,然无调查背书人署名之义务。

第三十六条　记载应以非支付地通货之通货支付之支票,于其提示期间内,得依支付日之价格以其国之通货为支付。虽为提示而无支付者,所持人得依其选择请求从提示之日或支付之日之行市,以其国之通货支付票之金额。

外国通货之价格依支付地之习惯定之,但发出人得记载依支票所定之换算率计算支付金额。

前二项之规定,于发出人记载以特种之通货支付(外国通货现实支付文句)者,不适用之。

以在发出国与支付国有同名异价之通货定支票之金额者,推定为依支付地之通货定之。

第五章　画线支票

第三十七条　支票之发出人或所持人于支票得为画线,画线有次条所定之效力。

画线应于支票表面画二条平行线为之。画线得为一般或特定。

二条线内不为何等之指定,或记载“银行”或有与此同一意义之文字者,画线为一般在二条线内记载银行之名称者,画线为特定。

一般画线虽得变更为特定画线,但特定画线不得变更为一般画线。

画线或被指定银行之名称之抹消,视为未为之。

第三十八条　一般画线支票由支付人仅得对于银行或对于支付人有交易之对方支付之。

特定画线支票由支付人仅得对于被指定银行。又,被指定银行为支付人者,仅得对于自己有交易之对方支付之。但被指定银行得使他银行为支票之收取。

银行仅得向与自己有交易之对方或他银行取得画线支票,银行不得为此等以外之人为画线支票之收取。

有数个特定画线之支票,不得由支付人支付之。但有二个画线而其一为在票据交换所之收取所为者,不在此限。

不遵守前四项规定之支付人或银行,就因此所生之损害达于支票之金额为止,任赔偿之责。

第六章　因支付拒绝之溯求

第三十九条　适法之时期所提示之支票无支付而依左列之一证明支付拒绝者,所持人得对于背书人、发出人、其他之债务人行使其溯求权。

一、公证证书(拒绝证书);

二、于支票表示提示之日而记载且附有日期之支付人之宣言;

三、证明虽于适法之时期提示支票而无其支付,且附有日期之票据交换所之宣言。

第四十条　拒绝证书或有与此同一效力之宣言,须使提示期间经过前作成之。

期间之末日有提示者，拒绝证书或有与此同一效力之宣言，得使次之第一交易日作成之。

第四十一条　所持人须于作成拒绝证书或有与此同一效力之宣言之日之次之四交易日以内，或有"无费用偿还"文句者于提示之日之次之四交易日以内，对于自己之背书人及发出人，通知已有支付拒绝。各背书人于收到通知日之次之二交易日以内，示前通知人全员之名称及受信所，而将自己所收到之通知，通知自己之背书人，顺次及于发出人，此期间自各自收到其通知之时起进行。

从前项规定向支票之署名人为通知者，须于同一期间向其保证人为同一之通知。

背书人不记载其受信所或其记载难读者，以通知其背书人直接之前手为足。

应为通知之人得依任何方法为之。仅依返付支票，亦得为之。

应为通知之人须证明于适法期间内为通知。于此期间内，将通知之书面付邮者，视为遵守其期间。

前项期间内不为通知之人，不失其权利。但有因过失发生之损害者，于不超过支票之金额之范围内，任其赔偿之责。

第四十二条　发出人、背书人或保证人依于证券记载且署名之"无费用偿还"、"不要拒绝证书"之文句其他有与此同一意义之文言，对于所持人得免除为行使其溯求权之拒绝证书，或有与此同一效力之宣言之作成。

前项之文言，对于所持人不免除于法定期间内之支票之提示及通知之义务。期间之不遵守，须由对于所持人援用之人为其证明。发出人记载第一项之文言者，对于一切之署名人生其效力。背书人或保证人记载此文言者，仅对于其背书人或保证人生其效力。不拘发出人记载此文言而所持人使作成拒绝证书或有与此同一效力之宣言者，其费用由所持人负担之。背书人或担保人记载此文言而有拒绝证书或有与此同一效力之宣言之作成者，得使一切之署名人偿还其费用。

第四十三条　支票上之各债务人对于所持人合同任其责。

所持人对于前项之债务人，不拘其所负债务之顺序，得各别或共同为请求。

支票之署名人而收回者，亦有同一之权利。

对于债务人之一人之请求，不妨对于他债务人之请求。对于已受请求之人之后手亦同。

第四十四条　所持人得对于受遡求之人请求左列金额。

一、未经支付之支票金额；

二、依年利百分之六之提示日以后之利息；

三、拒绝证书或有与此同一效力之宣言之费用、通知之费用及其他之费用。

第四十五条　收回支票之人得对于其前手请求左列金额。

一、其支付之总金额；

二、对于前款之金额依年利百分之六计算支付日以后之利息；

三、其支出之费用。

第四十六条　已受或应受遡求之债务人得与支付互换请求，交付拒绝证书或有与此同一效力之宣言、记载证明领收之计算书及支票。

收回支票之背书人得抹消自己及后手之背书。

第四十七条　于法定期间内支票之提示或拒绝证书或有与此同一效力之宣言之作成，因不可避之障碍（依国之法令之禁制其他之不可抗力）被妨碍者，伸长其期间。

所持人对于自己之背书人须速通知其不可抗力，且于支票或补笺记载其通知并附记日期而署名之。关于其他，准用第四十一条之规定。

不可抗力终止者，所持人须速为支付提示支票。且有必要者，使作成拒绝证书或有与此同一效力之宣言。

不可抗力自所持人向其背书人为不可抗力之通知之日起，超过十五日仍继续者，虽于提示期间经过前为其通知时，得无须提示。或拒绝证书或有与此同一效力之宣言而行使遡求权。

关于所持人或所持人委任支票之提示或拒绝证书，或有与此同一效力之宣言之作成之人之单纯之人的事由，不认为构成不可抗力。

第七章　复本

第四十八条　在一国发出在他国或在发出国之海外领土支付之支票、在一国之海外领土发出在其国支付之支票、在一国之同一海外领土发出且支付之支票或在一国之一海外领土发出在其国之他之海外领土支付之支票,除凭票支付者外,得以同一内容之数通发出之。以数通发出支票者,须于其证券之文言中附以号数。缺此者,各通视为各别之支票。

第四十九条　复本之一通之支付,虽无其支付,使他复本为无效之记载者,亦使免义务。

向数人各别让渡复本之背书人及其后之背书人,就有其署名之各通而未受返还者负责任。

第八章　变造

第五十条　于支票之文言变造之情形,其变造后之署名人从变造之文言负责任。变造前之署名人,从原文言负责任。

第九章　时效

第五十一条　所持人对于背书人、发出人、其他之债务人之遡求权,以提示期间经过后六月罹时效。

应为支付支票之债务人,对于他之债务人之遡求权,自其债务人收回支票之日或其人受诉之日起以六月罹时效。

第五十二条　时效之中断,仅对于其中断事由发生之人,生其效力。

第十章　支付保证

第五十三条　支付人得于支票为支付保证。

支付保证应于支付支票表面以"支付保证"其他为支付之文字表示,附日期,而由支付人署名。

第五十四条　支付保证须单纯。

依支付保证于支票记载事项所加之变更视为未记载之。

第五十五条　为支付保证之支付人,仅于提示期间经过前有支票之提示者负支付之义务。

于无支付之情形,已有前项之提示者,须依第三十九条之规定证明之。

第四十四条及第四十五条之规定,于前项之情形准用之。

第五十六条　因支付保证发出人其他之支票上之债务人,不免其责。

第五十七条　第四十七条之规定,就对于为支付保证之支付人之权利之行使准用之。

第五十八条　对于为支付保证之支付人之支票上之请求权,以提示期间经过后一年罹时效。

第十一章　通则

第五十九条　本法所称"银行"之文字,包含依法令与银行所同视之人或施设。

第六十条　支票之提示及拒绝证书之作成,仅得于交易日为之。

为为关于支票之行为,尤其为提示或拒绝证书或有与此同一效力之宣言之作成,法令所规定之期间之末日相当法定之休日者,期间至次于其满了之第一交易日止。伸长之期间中之休日,于期间算入之。

第六十一条　本法所规定之期间不算入其初日。

第六十二条　恩惠日不论为法律上者、为裁判上者,不认之。

附则

第六十三条　本法自康德四年十月一日施行。

第六十四条　就本法施行前所发出之支票,仍依从前之规定。

第六十五条　本法所称署名者,包含记名、盖章。

第六十六条　在以敕令指定之亚细亚洲之地域发出、在满洲国支付之支票之提示期间,得以敕令伸长之。

第六十七条　第三十一条之票据交换所,由司法部大臣指定之。

第六十八条　关于拒绝证书作成之事项,以敕令定之。

第六十九条　支票之发出人违反第三条之规定者,处五千圆以下之过料。

第七十条　由支票所生之权利,虽因手续之欠缺或时效而消灭者,所持人得对于发出人、背书人或为支付保证之支付人,于其所受利益之限度,为偿还之请求。

第七十一条　背书人对于其他背书人及发出人之支票上之请求权之消灭时效,于其人受诉者,因对于前手为诉讼告知而中断。

因前项规定中断之时效,自裁判确定之时起,更开始其进行。

第七十二条　发出人或所持人于证券之表面记载"为计算"之文字或有与此同一意义之文言,而禁止现金之支付之支票,而在外国发出在满洲国支付者,有一般画线支票之效力。

第七十三条　本法所称之休日谓祭日、祝日、星期日其他之一般休日。

第七十四条　依支票负义务之人之能力，依其本国法定之。其国之法律定依他国之法律者，适用其他国之法律。

依前项所揭之法律，虽无能力之人在他国之领域为署名，如依其国之法律有能力者负责任。

第七十五条　得为支票之支付之人，依支付地所属国之法律定之。

因依支付地所属国之法律不得为支付人之人为支付人，虽支票为无效者，在无与此同一规定之他国，由于其支票所为之署名而生之债务，不因此妨碍其效力。

第七十六条　支票上之行为之方式，依为署名之地所属国之法律定之。但依支付地所属国之法律所规定之方式已足。

支票上之行为，虽依前项规定无效者，如依为后之行为之地所属国之法律为适式时，后之行为不因前之行为之不适式妨碍其效力。

满洲国人在外国所为之支票上之行为，以其行为适合于满洲国法律规定之方式为限，对于他满洲国人有其效力。

第七十七条　由支票所生之义务之效力，依为署名之地所属国之法律定之。但行使溯求权之期间，就一切之署名人，依证券之发出地所属国之法律定之。

第七十八条　左列事项依支票支付地所属国之法律定之。

一、支票须为见票即付与否、为见票后定期支付能发出与否，及先日期支票之效力；

二、提示期间；

三、支票得为承受、支付保证、确认或查证与否，及此等之记载之效力；

四、所持人得为请求一部支付与否及有受诺一部支付之义务与否；

五、支票得为画线与否、支票得记载"为计算"之文字或有与此同一意义之文言与否，及画线或"为计算"之文字或有与此同一意义之文言之记载之效力；

六、所持人对于资金有特别之权利与否，及其权利之性质；

七、发出人得为取消支票支付之委托，或支付停止之手续与否；

八、于支票丧失或盗难之情形应为之手续；

九、为保全对于背书人、发出人、其他债务人之遡求权，以拒绝证书或有与此同一效力之宣言为必要与否。

第七十九条　拒绝证书之方式及作成期间其他支票上之权利之行使或保存,所必要之行为之方式,依作成拒绝书之地或为其行为之地所属国之法律定之。

拒绝证书令

（康德四年九月三十日敕令第二八五号）

朕经咨询参议府,裁可《拒绝证书令》,著即公布。

（国务总理、司法部大臣副署）

第一条　票据（汇票、本票）及支票之拒绝证书,由执行官或区法院书记官作成之。

第二条　拒绝证书须记载左列事项,由执行官或书记官署名盖章。

一、拒绝人及被拒绝人之名称;

二、对于拒绝人之请求趣旨及拒绝人未应其请求、未能会面拒绝人,或未明应为请求之场所之旨;

三、已为或未能为请求之地及年月日;

四、作成拒绝证书之场所及年月日;

五、在法定场所外作成拒绝证书者,则经拒绝人承诺之旨。

支付人依《票据法》第二十四条第一项之规定,请求应为第二提示者,须于拒绝证书记载其旨。

第三条　拒绝证书之作成依票据、支票或附笺为之。

拒绝证书须于票据或支票之背面所记载事项接续作成之。依附笺者,由执行官或书记官于其骑缝处盖印。

第四条　提示票据或支票之数通复本或原本及誊本而作成拒绝证书者,其作成依一通之复本、原本或附笺为之已足。

依前项规定作成拒绝证书者,须于他复本或誊本记载其旨,由执行官或书记官署名盖章。

前条规定于前项情形准用之。

第五条　依《票据法》第六十八条第二项（包含同法第七十七条第一项所准用者）规定之拒绝证书之作成,依票据之誊本或附笺为之。

因承受一部拒绝之拒绝证书之作成,由执行官或书记官作成票据之誊本,依其誊本或附笺为之。

第三条第二项之规定,于前二项情形准用之。

第六条　就对数人之请求,或对于同一人之数回请求,以使作成一通之拒绝证书为足。

第七条　拒绝证书须在为请求之场所作成之。但有拒绝人之承诺者,不妨在他场所作成之。

应为请求之场所未明者,应作成拒绝证书之执行官或书记官须向其地之官署或公署为询问。如已为询问仍未明者,得在其官署、公署或自己所属之区法院作成拒绝证书。

第八条　执行官或书记官作成拒绝证书者,须于其誊本记载左列事项,备置于自己所属之区法院。

一、汇票、本票或支票之区别及有号数者,其号数;

二、金额;

三、发出人、支付人及受支付人或指示受支付人之人之名称;

四、发出之年月日及发出地;

五、满期及支付地;

六、有为支付被指定之第三人、预备支付人或参加承受人者,其名称。

拒绝证书灭失而有利害关系人之请求者,须依为前项记载之誊本作成,誊本交付利害关系人。此誊本有与原本同一之效力。

第九条　作成拒绝证书之手续费每一通为七角。

第十条　就交付拒绝证书誊本之手续费,每一通为二角。

第十一条　前二条之手续费须将收入印纸粘贴于缴纳书而缴纳之。

第十二条　执行官或书记官出差而作成拒绝证书者,其每日津贴、旅费及止宿费为声请作成拒绝证书之人之负担。

就前项之费用,准用《民事诉讼费用法》之规定。

第十三条　执行官或书记官对于声请作成拒绝证书之人,得命预纳前条所定之费用。

声请人不预纳前项费用者,执行官或书记官得拒绝其声请。

附则

本令自康德四年十月一日施行。

关于依《票据法》及《支票法》之规定
之票据交换所之件

（康德五年六月二十九日司法部令第一〇号）

兹修正康德四年司法部令第二十一号《关于依〈票据法〉第八十二条及〈支票法〉第六十七条之规定之票据交换所之件》如左。

关于依《票据法》第八十二条及《支票法》第六十七条之规定之票据交换所之件，兹依《票据法》第八十二条及《支票法》第六十七条之规定，指定票据交换所如另表。

附则

本令自公布日施行。

另表

名　　　称
新京票据交换所
奉天票据交换所
营口票据交换所

运送法

（康德四年六月二十四日敕令第一三三号）

第一章　运送营业

第一条　本法称运送人者，谓以承受陆上或湖川或港湾之物品或旅客之运送为业之人。

第一节　物品运送

第二条　托运人因运送人之请求，须交付托运单。

第三条　托运单应记载左列事项，由托运人署名或记名盖章。

一、运送品之种类、重量或容积并其包装之种类、个数及记号；

二、到达地；

三、受货人之姓名或商号及住所；

四、托运单之作成地及作成之年月日。

第四条 托运人于托运单为不实或不正确之记载者,任赔偿因此所生损害之责。

第五条 运送人因托运人之请求,须交付提货单。

第六条 提货单应记载左列事项。

一、第三条第一款至第三款所揭之事项;

二、托运人之姓名或商号及住所;

三、运送费;

四、提货单之作成地及作成之年月日。

提货单须由运送人署名或记名盖章。

第七条 提货单虽为记名式者,亦得依背书让渡之。但提货单记载禁止背书者,不在此限。

第八条 运送人因托运人请求,须于提货单记载受货人之姓名或商号,并应向其证券所持人移交运送品之旨。

第九条 发行提货单者关于运送之事项,运送人与所持人之间依提货单之所定。

第十条 发行提货单者关于运送品之处分,非以提货单不得为之。

第十一条 向得依提货单领受运送之人移交提货单者,其移交就运送品上所行使权利之取得,有与运送品之移交同一之效力。

第十二条 发行提货单者,非与之互换,不得请求运送品之移交。

第十三条 运送品之全部或一部因不可抗力灭失者,运送人不得请求运送费之全部或一部。如运送人已领受运送费之全部或一部者,须返还之。

运送品之全部或一部因其性质或瑕疵或应归责于托运人之事由而灭失者,运送人得请求运送费之全部。

第十四条 运送人非证明自己或关于运送所使用之人关于运送品之领受、移交、保管及运送未怠注意,不得就运送品之灭失、毁损或迟到免损害赔偿之责。

第十五条 运送品全部灭失者,其损害赔偿额依其应移交日之到达地之价格定之。

运送品一部灭失或毁损者,其损害赔偿额依其移交日之到达地之价格定之。但迟到者准用前项规定。

因运送品之灭失或毁损无须支付之运送费其他之费用,由前二项之赔偿额扣除之。

第十六条　前条规定于运送品因运送人或关于其运送所使用人之故意或重大之过失而灭失或毁损者，不适用之。

第十七条　就货币、有偿证券其他之高价品托运人委托运送之际，非告明其种类及价额，运送人不任损害赔偿之责。

第十八条　数人之运送人相继承受运送者，各运送人就运送品之灭失、毁损或迟到连带任损害赔偿之责。

第十九条　于前条情形，数人之运送中何人使生损害不明者，各运送人按其运送费之比例分担损害。但证明自己或关于运送所使用之人未怠注意之人，不在此限。

第二十条　托运人得对于运送人为运送之中止、运送品之返还其他之指示。于此情形，运送人得请求清偿按已为运送之比例之运送费、附随之费用、垫款及因其提示所生之费用。

有提货单之发行者，前项所定之指示仅得由其所持人为之。

第二十一条　运送品达于到达地后，受货人请求其移交者，托运人不得行使前条第一项所定之权利。

第二十二条　运送品达于到达地者，受货人取得与托运人同一之权利。

第二十三条　受货人领受运送品者，对于运送人负支付运送费、附随之费用及垫款之义务。

第二十四条　运送人之责任，受货人不为保留而领受运送品，且支付运送费、附随之费用及垫款者，消灭。但运送品有不能即发见之毁损或一部灭失，而受货人自领受之日起于二星期以内，对于运送人发其通知者，不在此限。

第二十五条　因运送品之灭失、毁损或迟到所生之对于运送人之损害赔偿请求权之时效期间为二年。

前项期间于运送品全部灭失之情形自其应移交日；于其他之情形自受货人领受运送品之日起算之。

第二十六条　前二条之规定，于损害因运送人或关于其运送所使用人之故意或重大之过失而生者，不适用之。

第二十七条　运送人就运送费、附随之费用及垫款于其占有之运送品上有质权。

第二十八条　运送人之质权互相竞合时,在后生者优先于前生者。

第二十九条　运送人之质权与海上运送人或运送承办人之质权竞合时,后生者优先于前生者。

第三十条　运送人之质权与他质权竞合者,以法律另无规定为限。运送人之质权优先于他质权。

第三十一条　有数人之运送人者,最后之运送人须代前手行使其权利。

于前项情形,后手向前手清偿者,取得前手之权利。

前二项之规定,于有数人之运送人及海上运送人者,准用之。

第三十二条　不能确知受货人者,运送人得对于托运人定相当期间催告,就运送品之处分,应为指示于其期间内。托运人不为指示者,拍卖运送品。

第三十三条　前条规定于受货人拒绝领受运送品或不能领受之者,准用之。但运送人须先于对托运人之催告。对于受货人,定相当期间催告运送品之领受。

第三十四条　不能确知托运人及受货人者,运送人得对于权利人公告,应于一定期间内声报其权利。于其期间内无声报权利之人者,拍卖运送品。

前项期间不得少于六月。

第三十五条　运送品有损败之虞者,得不为催告或公告而拍卖之。

第三十六条　拍卖运送品者,运送人须速对于已知之托运人及受货人发其通知。

第三十七条　拍卖运送品者,运送人须提存其代价。但不妨以其全部或一部充当运送费、附随之费用及垫款之清偿。

第三十八条　运送人对于托运人或受货人之债权之时效期间为二年。

第二节　旅客运送

第三十九条　运送人非证明自己或关于运送所使用之人关于运送未怠注意,不得免赔偿旅客因运送所受损害之责。

第四十条　运送人就自旅客受移交之行李,负与物品运送人同一之责任。

第四十一条　运送人就未自旅客受移交之行李之灭失或毁损，除自己或关于运送所使用之人，有故意或过失者外，不任损害赔偿之责。

第二章　运送承办营业

第四十二条　本法称运送承办人者，谓以承受依本法或《海商法》规定之物品运送之经办、代理或媒介为业之人。

第四十三条　运送承办人非证明自己或关于运送承办所使用之人关于运送品之领受、移交、保管，运送人或海上运送人或运送承办人之选择其他运送承办未怠注意，不得就运送品之灭失、毁损或迟到免损害赔偿之责。

第四十四条　运送品经移交运送人或海上运送人者，运送承办人得即请求其报酬。

第四十五条　运送承办人就报酬、附随之费用及垫款，于其占有之运送品上有质权。

第四十六条　第二十八条至第三十条之规定，于运送承办人之质权，准用之。

第四十七条　有数人之运送承办人者，最后之运送承办人须代前手行使其权利。

于前项情形，后手向前手为清偿者取得前手之权利。

第四十八条　运送承办人向运送人或海上运送人为清偿者，取得运送人或海上运送人之权利。

第四十九条　承受运送经办之运送承办人，得自为运送。于此情形，运送承办人有与运送人或海上运送人同一之权利义务。

于前项情形，运送承办人亦得为报酬之请求。

第五十条　以运送经办契约定关于运送之费用额者，视为运送承办人自为运送。

于前项情形，运送承办人非有特约，不得为报酬之请求。

第五十一条　运送承办人对于委托人之债权之时效期间为二年。

第五十二条　第十七条、第二十五条及第二十六条之规定，于运送承办经营业准用之。

附则

第五十三条　本法施行之期日，以敕令定之。

第五十四条　本法之规定,自本法施行之日起,于其施行前所生之事项亦适用之。但不妨依从前规定所生之效力。

第五十五条　就本法施行前已开始进行之时效期间,及于本法施行前所发行之提货单,仍依从前之规定。

第五十六条　湖川或港湾与海上之境界,由交通部大臣定之。

第五十七条　第三十四条规定之公告方法,由司法部大臣定之。

仓库法

（康德四年六月二十四日敕令第一三四号）

第一条　本法称仓库营业人者,谓以承受保管物品于仓库为业之人。

第二条　仓库营业人以有寄托人之承诺者为限,得将寄托物与种类及品质相同之他寄托物混和而为保管。

于前项情形,各寄托人按寄托物入库当时之数量之比例共有寄托物。

第三条　于前项情形,仓库营业人得不经他寄托人之承诺,对于各寄托人返还其持分。

第四条　仓库营业人因寄托人之请求,须交付仓库证券。

第五条　仓库证券应记载左列事项。

一、受寄物之种类、品质、数量并其包装之种类、个数及记号;

二、寄托人之姓名或商号及住所;

三、保管之场所;

四、保管费;

五、定保管期间者其期间;

六、混和而为保管者其旨;

七、受寄物已付保险者保险金额、保险期间及保险人之姓名或商号;

八、仓库证券之作成地及作成之年月日。

仓库证券须由仓库营业人署名或记名盖章。

第六条　仓库证券虽为记名式者,亦得依背书让渡之。但仓库证券记载禁止背书者,不在此限。

第七条　仓库营业人因寄托人之请求,须于仓库证券记载寄托人之姓名或商号,并向其证券所持人移交寄托物之旨。

第八条　发行仓库证券者,关于寄托之事项,仓库营业人与所持人之间依仓库证券之所定。

第九条　发行仓库证券者,关于寄托物之处分,非以仓库证券不得为之。

第十条　向得依仓库证券领受寄托物之人移交仓库证券者,其移交就寄托物上所行使权利之取得有与寄托物之移交同一之效力。

第十一条　发行仓库证券者,非与之互换,不得请求寄托物之返还。

第十二条　仓库证券所持人得对仓库营业人请求分类寄托物,且交付对于其各部分之仓库证券。于此情形,所持人须将以前之仓库证券返还于仓库营业人。

依前项规定,寄托物之分割及仓库证券之交付所需之费用,归所持人负担。

第十三条　以仓库证券出质寄托物而有质权人之承诺者,寄托人得请求寄托物一部之返还。于此情形,仓库营业人须将已返还寄托物之种类、品质及数量记载于仓库证券。

第十四条　仓库营业人领受寄托物者,须速检查之。有容易得知之灭失或毁损者,即向寄托人或已知之仓库证券所持人通知之。

第十五条　仓库营业人于受寄物发见生变质其他有使其价格低下之虞之变更者,须速向寄托人或已知之仓库证券所持人通知之。

第十六条　于前二条之情形,仓库营业人怠为通知者,赔偿因此所生损害之责。

第十七条　仓库营业人非证明自己或关于仓库寄托所使用之人关于受寄托物之保管未怠注意,不得就受寄托物之灭失或毁损免损害赔偿之责。

第十八条　寄托人或仓库证券所持人于营业时间内,不论何时,得对于仓库营业人求寄托物之点检或其货样之摘取或为其保存所必要之处分。

第十九条　仓库营业人非于受寄物出库之时,不得请求保管费、附随之费用及垫款之支付。但保管期间经过后,虽出库前,亦得请求其支付。

寄托物之一部出库者，仓库营业人得按其比例请求保管费、附随之费用及垫款之支付。

第二十条　寄托因应归责于寄托人之事由，于保管期间经过前终了者，仓库营业人得请求保管费之全额。

第二十一条　当事人未定保管期间者，仓库营业人自受寄物入库之日起，非经过六月，不得为其返还。

于前项情形，为受寄物之返还，须于二星期以前为预告。

第二十二条　有不得已之事由者，仓库营业人得不拘前条规定，不论何时，为受寄物之返还。

第二十三条　仓库营业人之责任，寄托人或仓库证券所持人不为保留而领受寄托物且支付保管费、附随之费用及垫款者消灭。但寄托物有不能即发见之毁损或一部灭失，而寄托人或仓库证券所持人自领受之日起于二星期以内对于仓库营业人发其通知者，不在此限。

第二十四条　因寄托物之灭失或毁损所生对于仓库营业人之损害赔偿请求权之时效期间为二年。

前项期间于寄托物全部灭失之情形，自仓库营业人对于寄托人或仓库证券所持人或其所持人不明者，对于寄托人为其灭失通知之日；于其他之情形自出库之日起算之。

第二十五条　前二条之规定于损害因仓库营业人或关于其仓库寄托所使用人之故意或重大之过失而生者，不适用之。

第二十六条　仓库营业人就保管费、附随之费用及垫款于其占有之受寄物上有质权。

第二十七条　仓库营业人之质权与运送人、海上运送人或运送承办人之质权竞合时，后生者优先于前生者。

第二十八条　仓库营业人之质权与他质权为竞合者，以法律另无规定为限，仓库营业人之质权优先于他质权。

第二十九条　寄托人或仓库证券所持人拒绝领受寄托物或不能领受者，仓库营业人得对于寄托人或仓库证券所持人定相当期间催告寄托物之领受。不于其期间内领受时，拍卖之。于此情形，须速对于寄托人或仓库证券持有人发其通知。

第三十条　不能确知寄托人或仓库证券所持人者，仓库营业人得对于权利人公告,应于一定期间内声报其权利。于期间内无声报权利之人者,拍卖受寄物。

前项期间不得少于六月。

第三十一条　受寄物有损败之虞者,得不为催告或公告而拍卖之。

第三十二条　拍卖受寄物者,仓库营业人须提存其代价,但不妨以其全部或一部充当保管费、附随之费用及垫款之清偿。

第三十三条　仓库营业人对于寄托人之债权之时效期间为二年。

附则

第三十四条　本法施行之期日以敕令定之。

第三十五条　本法之规定自本法施行之日起于其施行前所生之事项,亦适用之。但不妨依从前规定所生之效力。

第三十六条　就本法施行前已开始进行之时效期间及本法施行前所发行之仓库证券,仍依从前之规定。

第三十七条　第三十条规定之公告方法,由司法部大臣定之。

海商法

（康德四年六月二十四日敕令第一三五号）

第一章　船舶及船舶所有人

第一条　本法所用船舶,谓供航海之用者。

本法于官署或公署之所有船舶而为非营利事业所使用者,不适用之。就舢板其他仅以橹棹运转或主以橹棹运转之舟,亦同。

第二条　记载于船舶之属具目录之物,推定为其从物。

第三条　总吨数二十吨以上之船舶,须登记之。

第四条　《民法》第一百七十七条至一百八十条之规定,于已登记之船舶准用之。

第五条　让渡在航海中之船舶而无特约者,因其航海所生之损益,为应归让受人。

第六条　因社员持分之移转,属于会社所有之船舶应丧失满洲国国籍者,在合名会社他社员、在合资会社他无限责任社员,得以相当之代价购买其持分。

第七条　扣押或假扣押对于终了发航准备之船舶，不得为之。但就为其航海所生之债务，不在此限。

第八条　就本法之适用船舶于左列情形，视为至不能修缮。

一、船舶在其现在地不能受修缮，且不能到为其修缮之地者；

二、修缮费超过船舶价额四分之三者。

前项第二款之价额船舶在航海中毁损者，为其发航之时之价额。于其他之情形，为其毁损前所有之价额。

第九条　船舶所有人，任赔偿船长其他之海员或引水人就行其职务因故意或过失所加于他人损害之责。

第十条　船舶所有人就因船长于其法定权限内所为之行为而生之债务或前条所定之债务，得于航海之终将船舶、运送费及船舶所有人，就其船舶所有之损害赔偿或报酬之请求权委付于债权人。于此情形，船舶所有人负仅以其所委付之财产为清偿之义务。

前项规定就因海员之雇用于船舶所有人所生之债务，不适用之。

第十一条　船舶所有人于左列情形，无前条第一项之委付权。

一、船舶所有人有故意或过失者；

二、船舶所有人对于船长之行为，特与权限或为追认者。

第十二条　委付已登记之船舶者，须为其登记。

除前项情形外，委付以对于债权人之一人表示其意思为足。

第十三条　船舶所有人未经债权人之同意更使为航海者，不得行使第十条第一项之权利。

第十四条　在船舶共有人间，关于船舶利用之事项，从各共有人持分之价格，以其过半数决之。

第十五条　船舶共有人须按其持分之价格，负担关于船舶利用之费用。

第十六条　船舶共有人决议新为航海或为船舶之大修缮者，对于其决议有异议之人，得对于他共有人请求以相当之代价购买自己之持分。

前项请求，就参加决议之人须自决议之日起，就不参加决议之人须自受其决议之通知之日起，于三日以内对于他共有人或船舶管理人发其通知为之。

第十七条　船舶共有人按其持分之价格，任清偿就船舶之利用所生债务之责。

第十八条　损益之分配于每航海之终,按船舶共有人持分之价格为之。

第十九条　船舶共有人间虽有组合关系者,各共有人亦得不经他共有人之承诺,将其持分之全部或一部让渡他人。但船舶管理人不在此限。

第二十条　船舶共有人须选任船舶管理人。

以非船舶共有人之人为船舶管理人者,须有共有人全员之同意。

船舶管理人之选任及其代理权之消灭,须登记之。

第二十一条　船舶管理人除左列行为外,有代船舶共有人为关于船舶利用之一切裁判上或裁判外之行为之权限。

一、赁贷船舶;

二、抵押船舶;

三、船舶付保险;

四、新为航海;

五、为船舶之大修缮;

六、为借财。

于船舶管理人之代理权所加之限制,不得以之对抗善意第三人。

船舶管理人之代理权,不因船舶共有人之死亡而消灭。

第二十二条　船舶管理人须特备账簿记载关于船舶利用之一切事项。

船舶管理人须于每航海之终,速为关于其航海之计算,求各船舶共有人之承认。

第二十三条　因船舶共有人持分之移转或其国籍丧失而船舶应丧失满洲国国籍者,共有人得以相当之代价购买其持分或向法院请求其拍卖。

第二十四条　有船舶之赁贷借者,买借人限于无特约,得就为其赁贷之登记请求赁贷人协力。

船舶之赁贷借经登记者,对于嗣后就其船舶取得物权之人,亦生其效力。

第二十五条　以不属于自己所有之船舶供航海用之人,就关于其船舶利用之事项,对于第三人有与船舶所有人同一之权利义务。

于前项情形,就船舶之利用所生船舶债权人之质权,船舶所有人不得否认之。但船舶债权人知其利用系违法或因重大之过失不知之者,不在此限。

第二章　船长

第二十六条　船长非证明就行其职务未怠注意,对于船舶所有人、佣船人、托运人、其他之利害关系人,不得免损害赔偿之责。船长虽从船舶所有人之指示者,对于船舶所有人以外之人,亦不得免前项所定之责任。

第二十七条　船长因不得已之事由自不能指挥船舶者,得选任他人使行自己之职务。于此情形,船长就其选任对于船舶所有人任其责。

第二十八条　船长于发航前须检查船舶之航海有无障碍其他航海所必要之准备整顿与否。

第二十九条　船长须在船中备置左列事项。

一、船舶国籍证书;

二、海员名簿;

三、属具目录;

四、航海日志;

五、旅客名簿;

六、关于运送契约及积货之书类;

七、由税关交付之书类。

前期第三款至第五款所揭之书类,以不航行外国之船舶为限,得以命令定无须备之。

第三十条　船长非向代自己指挥船舶之人委任其职务后,自货物之装载及旅客之乘坐之时起至货物之卸载及旅客之上陆之时止,不得离去其所指挥之船舶。但有不得已之事由者,不在此限。

第三十一条　船长于航海之准备终了者,须速为发航。且除有必要者外,不变更预定之航路,而航行至到达港。

第三十二条　船长须速将关于航海之重要事项报告船舶所有人。船长须于每航海之终速为关于其航海之计算,求船舶所有人之承认。又有船舶所有人之请求者,不论何时,须为计算之报告。

第三十三条　船长于航海中须依最适于利害关系人利益之方法为积货之处分。

利害关系人为因船长行为就其积货所生之债务得委付于债权人。但利害关系人有过失者,不在此限。

第三十四条　在船籍港外,船长有为航海所必要之一切裁判上或裁判外之行为之权限。

在船籍港,船长除特经授与权限者外,仅有为船员或引水人之雇用及停止雇用之权限。

第三十五条　于船长之代理权所加之限制,不得以之对抗善意第三人。

船长之代理权不因船舶所有人之死亡而消灭。

第三十六条　船长非因支用船舶之修缮费、救助费其他继续航海所必要之费用,不得为借财或抵押船舶。

第三十七条　在船籍港外,船舶至不能修缮者,船长得经管海官厅之认可,拍卖之。

第三十八条　船长为支用船舶之修缮费、救助费其他继续航海所必要之费用,得将积货之全部或一部变卖或出质。

于前项情形之损害赔偿额,依其积货应到达之时之卸载港之价格定之。但须扣除无须支付之费用。

依积货之变卖所得之金额超过前项金额者,须赔偿其所得之实额。

第三十九条　船长为继续航海有必要者,得将积货供航海之用。于此情形,准用前条第二项之规定。

第四十条　船长未特受委任而为航海支出费用或负担债务者,船舶所有人得对于船长行第十条所定之权利。

第四十一条　船舶所有人不论何时,得解任船长。但无正常事由而解任之者,船长得对于船舶所有人请求因解任所生损害之赔偿。

船长系船舶共有人,而反于其意被解任者,得对于他共有人请求以相当之代价购买自己之持分。

前项请求于解任后,须速对于他共有人或船舶管理人发其通知为之。

第四十二条　船长对于船舶所有人之债权之时效期间为二年。

第三章　运送
第一节　物品运送

第一目　总则

第四十三条　以船舶之全部或一部为运送契约之标的者,各当事人因对方之请求,须交付佣船契约书。

第四十四条　违反法令或不依契约而装载之运送品,得由海上运送人不论何时卸载之。如有及危害于船舶或积货之虞者,得放弃之。

运送不依契约而装载之运送品者,海上运送人得请求于其装载之地及时之同种运送品之最高运送费。

第四十五条　有燃烧性、爆发性其他之危险性之运送品,不知其性质而装载者,海上运送人不论何时得卸载之。如有及危害于船舶或积货之虞者,得放弃之。

虽海上运送人知其性质承诺装载,而其运送品至有及危害于船舶或积货之虞者,海上运送人亦得为前项所定之处分。

第四十六条　前二条之规定,不妨海上运送人、其他利害关系人,对于装载运送品之人,为损害赔偿之请求。

第四十七条　佣船人或托运人,任赔偿因向海上运送人所通知运送品之种类、重量、容积、个数或记号不正确而于海上运送人所生损害之责。

第四十八条　以船舶之全部为运送契约之标的而装载运送品所必要之准备整顿者,海上运送人须速对于佣船人发其通知。

定有佣船人装载运送品之期间者,其期间自发前项通知日之翌日起算之。其期间经过后装载运送品者,海上运送人虽无特约,亦得请求相当之报酬。

于前项期间中不算入,因不可抗力不能为装载之日。

第四十九条　海上运送人应由第三人领受运送品而不能确知其人,或其人不装载运送品者,海上运送人须即对于佣船人发其通知。于此情形,佣船人得装载运送品。

第五十条　佣船人虽不装载运送品之全部者,亦得对于海上运送人为发航之请求。

佣船人为前项请求者,于运送费全额及碇泊费之外,负支付因不装载运送品全部所生费用之义务。

依第一项规定,为发航请求之佣船人,因海上运送人之请求,须供相当之担保。

第五十一条　海上运送人于装载数期间经过后,虽佣船人不装载运送品之全部者,亦得即为发航。

前条第二项及第三项之规定,于前项情形准用之。

第五十二条　佣船人不论何时,得为解约之声明。

佣船人于发航前为解约之声明者,须支付运送费之半额。

应为往复航海而佣船人于其归航之发航前为解约之声明者,须支付运送费三分之二。应由他港向装载港航行而佣船人于出其装载港前为解约之声明者,亦同。

装载运送品之全部或一部后,从前二项之规定为解约之声明者,其装载及卸载之费用,由佣船人负担之。

佣船人于装载期间内,未为运送品之装载者,视为为解约之声明。

第五十三条　佣船人于发航后为解约之声明者,负支付运送费之全额及第五十九条所定之金额,且赔偿为卸载所生损害之义务。

于前项情形,佣船人因海上运送人之请求须供相当之担保。

第五十四条　以船舶之一部为运送契约之标的,而佣船人不与他佣船人及托运人共同于发航前解约之声明者,须支付运送费之全额。但海上运送人由他运送品所得之运送费扣除之。

虽发航前佣船人已装载运送品之全部或一部者,亦非经他佣船人及托运人之同意,不得为解约之声明。

前六条之规定于以船舶之一部为运送契约之标的者准用之。

第五十五条　以个个之运送品为运送契约之标的者,托运人须从船长之指示速装载运送品。

托运人不为运送品之装载者,海上运送人得即为发航。于此情形,托运人须支付运送费之全额。但海上运送人由他运送品所得之运送费扣除之。

第五十六条　第五十四条之规定,于托运人为解约之声明者准用之。

第五十七条　佣船人或托运人须于装载期间内,将运送所必要之书类交付船长。

第五十八条　以船舶之全部或一部为运送契约之标的而卸载运送品所必要之准备整顿者,海上运送人须速对于受货人发其通知。

定有卸载运送品之期间者,其期间自发前项通知日之翌日起算之。其期间经过后卸载运送品者,海上运送人虽无特约,亦得请求相当之报酬。

于前项期间中不算入因不可抗力不能为卸载之日。

以个个之运送品为运送契约之标的者,受货人须从船长之指示速卸载运送品。

第五十九条　受货人领受运送品者,负支付运送费、附随之费用、垫款及碇泊费之义务。

海上运送人非与前项之金额并共同海损分担额及救助费之支付互换,无须移交运送品。

第六十条　不能确知受货人者,海上运送人对于佣船人或托运人定相当期间催告,就运送品之处分为指示。于其期间内无指示者,得拍卖运送品。

第六十　条　前条规定,于受货人拒绝领受或不能领受运送品者准用之。但海上运送人须先于对佣船人或托运人之催告,对于受货人定相当期间催告运送品之领受。

第六十二条　不能确知佣船人或托运人及受货人者,海上运送人对于权利人公告应于一定期间内声报权利。于其期间内无声报权力之人者,得拍卖运送品。

前项期间不得少于六月。

第六十三条　运送品有损败之虞者,得不经催告或公告拍卖之。

第六十四条　拍卖运送品者,海上运送人须速对于已知之佣船人、托运人及受货人发其通知。

第六十五条　拍卖运送品者,海上运送人须提存其代价。但不妨以其全部或一部充当第五十九条所定之金额。

第六十六条　海上运送人任赔偿因船舶于发航当时,无堪为安全航海之能力所生损害之责。但证明自己或关于运送所使用之人未怠注意者,不在此限。

海上运送人虽为特约者,亦不得免前项责任。

第六十七条　海上运送人非证明自己或关于运送所使用之人,关于运送品之领受、移交、保管及运送未怠注意,不得就运送品之灭失、毁损或迟到免损害赔偿之责。

第六十八条　海上运送人虽为特约者,亦不得免赔偿因自己之过失或关于运送所使用人之故意或重大之过失所生损害之责。

第六十九条　就货币、有价证券其他之高价品,海上运送人当受运送人之委托,非经明告其种类及价额,不任损害赔偿之责。

第七十条　数人之海上运送人相继承受运送者,各海上运送人就运送品之灭失、毁损或迟到连带任赔偿之责。

第七十一条　于前条情形,数人之海上运送人中何人使生损害不明者,各海上运送人按其运送费之比例分担损害。但证明自己或关于运送所使用之人未怠注意者,不在此限。

第七十二条　运送品之全部灭失者,其损害赔偿额依其应移交日之卸载港之价格定之。

运送品之一部灭失或毁损者,其损害赔偿额依其移交日之卸载港之价格定之。但迟到者准用前项规定。

因运送品之灭失或毁损,无须支付之运送费其他之费用,由前二项之赔偿额扣除之。

第七十三条　前条规定,于运送品因海上运送人或关于其运送所使用人之故意或重大之过失灭失或毁损者,不适用之。

第七十四条　海上运送人之责任,受货人不为保留而领受运送品且支付第五十九条第一项之金额者,消灭。但运送品有不能即发见之毁损或一部灭失,而受货人自移交之日起于二星期以内对于海上运送人发其通知者,不在此限。

第七十五条　因运送品灭失、毁损或迟到所生对于海上运送人之损害赔偿请求权之时效期间为二年。

前项期间运送品之全部灭失者自其应移交之日起,于其他之情形自受货人领受运送品之日起算之。

第七十六条　前二条之规定于损害因海上运送人或关于其运送所使用人之故意或重大之过失所生者,不适用之。

第七十七条　运送品之全部或一部因不可抗力灭失者,海上运送人不得请求运送费之全部或一部。如海上运送人已领受其运送费之全部或一部者,须返还之。

运送品之全部或一部因其性质或瑕疵或应归责于佣船人或托运人之事由而灭失者,海上运送人得请求运送费之全部。

第七十八条　以运送品之重量或容积定运送费者,其额依运送品移交当时之重量或容积定之。

第七十九条　以期间定运送费者,其期间依自发第四十八条第一项之通知日之翌日起,至运送品卸载终了日止之期间定之。但应由他港向装载港航行者,自发航之日起算之。

船舶因不可抗力在发航港或航海之途中为碇泊或在航海之途中修缮船舶者,其期间不算入于前项期间中。于第四十八条第二项或第五十八条第二项之情形,装载或卸载期间经过后,为运送品之装载或卸载之日数亦同。

第八十条　海上运送人于左列情形,得请求运送费之全额。

一、船长从第三十八条第一项之规定变卖或出质积货者;

二、船长从第三十九条之规定将积货供航海之用者;

三、船长从第一百二十条之规定处分积货者。

第八十一条　海上运送人就第五十九条第一项所定之请求权,于其占有之运送品上有质权。

海上运送人虽向受货人移交运送品后,亦得行使前项质权。但自移交之日起,经过二星期或其移交后第三人取得占有者,不在此限。

第八十二条　前条质权互相竞合时,后生者优先于前生者。

前条质权与他质权竞合者,以法律另无规定为限,前条质权优先于他质权。

第八十三条　海上运送人不行使第八十一条所定之权利者,海上运送人于依第五十九条第一项之规定对于受货人所有请求权之范围,丧失对于佣船人或托运人之请求权。但佣船人或托运人须于其所受利益之限度为偿还。

第八十四条　有数人之海上运送人者,最后之海上运送人负代前手行使其权利之义务。

于前项情形,后手向前手为清偿者,取得前手之权利。

第八十五条　以船舶之仝部为运送契约之标的者,其契约因左列事由终了。

一、船舶沉没;

二、船舶至不能修缮;

三、船舶被捕获;

四、运送品因不可抗力灭失。

前项第一款至第三款所揭之事由在航海中发生者,佣船人须按运送之比例,于不超过运送品价格之限度支付运送费。

第八十六条　航海或运送至违反法令其他因不可抗力至不能达契约之目的者,各当事人得为解约之声明。

前项所提之事由,于发航后发生而有解约者,佣船人须按运送之比例支付运送费。

第八十七条　第八十五条第一项第四款或前条第一项所提之事由,就运送品之一部所生者,佣船人得于不加重海上运送人负担之范围内装载他运送品。

佣船人欲行前项所定之权利者,须速为运送品之卸载或装载,如怠为其卸载或装载者,须支付运送费之全额。

第八十八条　第八十五条及第八十六条之规定,于以船舶之一部或个个之运送品为运送契约之标的者准用之。

第八十五条第一项第四款或第八十六条第一项所揭之事由,虽就运送品之一部所生者,佣船人或托运人亦得为解约之声明,但须支付运送费之全额。

第八十九条　海上运送人对于佣船人、托运人或受货人之债权之时效期间为二年。

第九十条　以船舶之全部或一部为运送契约之标的,而佣船人更与第三人为运送契约者,于其契约之履行属于船长职务之范围内,仅船舶所有人对于其第三人任履行之责。但不妨行使第十条所定之权利。

第二目　载货证券

第九十一条　佣船人或托运人于运送品之装载后,请求一通或数通之载货证券之交付者,海上运送人须速交付之。虽于运送品之装载前有运送品之移交,后请求载货证券之交付者,亦同。

第九十二条　船长有为船舶所有人发行载货证券之权限。

第九十三条　载货证券应记载左列事项。

一、船舶之名称及国籍;

二、船长不作载货证券者,船长之姓名;

三、运送品之种类、重量或容积并其包装之种类、个数及记号;

四、佣船人或托运人之姓名或商号及住所;

五、受货人之姓名或商号及住所;

六、装载港;

七、卸载港,但于发航后指定卸载港者,其指定之港;

八、运送费;

九、作成数通之载货证券者,其数;

十、载货证券之作成地及其作成之年月日。

载货证券须由作成人署名。

第九十四条　海上运送人因佣船人或托运人之请求,须于载货证券记载受货人之姓名或商号,并应向其证券所持人移交运送品之旨。

第九十五条　佣船人或托运人因海上运送人之请求,须于载货证券之誊本署名而交付之。

第九十六条　发行载货证券者,关于运送之事项,于海上运送人与所持人间依载货证券之所定。

第九十七条　发行载货证券者,关于运送品之处分,非以载货证券不得为之。

第九十八条　载货证券虽系记名式,亦得依背书让渡之。但载货证券记载禁止背书者,不在此限。

第九十九条　向得依载货证券领受运送品之人移交载货证券者,其移交就运送品上所行使权利之取得,有与运送品之移交同一之效力。

第一百条　发行载货证券者,非与之互换,不得请求运送品之移交。

第一百零一条　在装载港,海上运送人虽数通之载货证券中一通之所持人,请求运送品之移交者,亦不得拒绝其移交。

第一百零二条　二人以上之载货证券所持人,请求运送品之移交者,海上运送人须速提存运送品,且对于为请求之各所持人发其通知。海上运送人依前条规定移交运送品之一部后,他所持人请求运送品之移交者,就其残部亦同。

第一百零三条　有二人以上之载货证券所持人,而其一人先于他所持人由海上运送人受运送品之移交者,他所持人之载货证券失其效力。

第一百零四条　有二人以上之载货证券所持人,而海上运送人未为运送品之移交者,持有原所持人最先发送或移交之证券之人,先于他所持人行其权利。

第一百零五条　在卸载港外,海上运送人非受载货证券各通之返还,不得移交运送品。

第二节　旅客运送

第一百零六条　旅客运送契约指名旅客者,旅客不得将使为运送之权利让渡他人。

第一百零七条　海上运送人非证明自己或关于运送所使用之人未怠注意,不得免赔偿旅客因运送所受损害之责。

第一百零八条　就旅客依契约得携带于船中之行李,海上运送人非有特约,不得另请求运送费。

第一百零九条　海上运送人就由旅客受移交之行李,负与承受物品运送之海上运送人同一之责任。

第一百十条　海上运送人就未由旅客受移交之行李之灭失或毁损,除自己或关于运送所使用之人有故意或过失者外,不任损害赔偿之责。

第一百十一条　旅客至乘船时期止不乘坐者,船长得为发航或继续航海。于此情形,旅客须支付运送费之全额。

第一百十二条　航海之途中修缮船舶者,海上运送人于其修缮中须向旅客供相当之住居及食料。但于不害旅客权利之范围内提供以他船舶运送旅客至上陆港者,不在此限。

第一百十三条　旅客不论何时得为旅客运送契约解约之声明。

旅客于发航前为解约之声明者,须支付运送费之半额;于发航后为解约之声明者,须支付运送费之全额。

第一百十四条　旅客于发航前因死亡、疾病其他关于一身之不可抗力至不能为航海者,海上运送人得请求运送费四分之一。

前项所揭之事由,于航海后发生者,海上运送人得从其选择请求运送费四分之一或按运送之比例请求运送费。

第一百十五条　旅客运送契约因第八十五条第一项第一款至第三款所揭之事由终了,但其事由于航海中发生者,旅客须按运送之比例支付运送费。

第一百十六条　旅客死亡者,船长须依最适于其继承人利益之方法为在其船中之行李之处分。

第一百十七条　海上运送人就旅客之运送费,在其船中之行李上有质权。

第八十二条之规定与前项质权准用之。

第一百十八条　第六十六条、第六十八条、第八十六条及第八十九条之规定，于旅客运送准用之。

第四十四条至第四十七条及第八十条之规定，于旅客之行李准用之。

第一百十九条　为旅客运送以船舶之全部或一部为运送契约之标的者，就海上运送人与佣船人之关系准用前节第一目之规定。

第四章　共同海损

第一百二十条　因船长为使船舶及积货免共同之危险所为之处分而生之损害及费用，为共同海损。

第一百二十　条　共同海损按被保存之船舶或积货之价格与运递费之半额，与为共同海损之损害额之比例，各利害关系人分担之。

第一百二十二条　前二条之规定，于危险因过失而生之情形，不妨利害关系人请求损害赔偿。

于前项情形，就过失应任责之人，不得就于自己所生之损害或费用请求分担。

第一百二十三条　左列之损害，利害关系人无须分担。

一、加于甲板上装载之货物之损害。但在沿岸之小航海不在此限；

二、加于属具目录未记载之属具之损害；

三、加于无船长之承诺而被装载之积货之损害；

四、加于当为装载，不向船长告明其种类及性质而被装载之货币、有价证券其他之高价品之损害。

虽前项所揭物品之利害关系人，亦不得免分担共同海损之责。

第一百二十四条　为共同海损之损害额，依到达之地及时之船舶价格或卸载之地及时之积货价格定之。但就积货，须扣除因其灭失或毁损无须支付之一切费用。

第一百二十五条　装载之际故意申告低于积货实价之价额者，加于其积货之损害额，依被申告之价额定之。

前项规定，于就及影响于积货价格之事项为虚伪之申告者，准用之。

第一百二十六条　对于为共同海损之费用，须加算自其支出之日起就船舶所生之损害、自到达之日起就积货所生之损害、自卸载之日起至共同海损计算终了之日止之法定利息。

第一百二十七条　就定共同海损之分担额,船舶之价格为到达之地及时之价格。但于船舶加工作或为修缮者,须扣除因此所增加之价额。

第一百二十八条　就定共同海损之分担额,积货之价格为卸载之地及时之价格。但须由其价格中扣除灭失时,无须支付之运送费其他之费用。

第一百二十九条　装载之际故意申告高其于积货实价之价额者,其积货之利害关系人按其申告之价额分担共同海损。

前项规定,于就及影响于积货价格之事项为虚伪之申告者,准用之。

第一百三十条　备置于船舶之武器、海员之薪金、旅客之行李、海员及旅客之食料及衣类,就共同海损之分担,不算入其价额。但加于此等之物之损害,他利害关系人分担之。

第一百三十一条　应分担共同海损之人,仅于船舶到达或积货移交之时现存价额之限度任其责。

第一百三十二条　受货人领受运送品者,负支付共同海损分担额之义务。

第一百三十三条　有因共同海损所生债权之人,于积货上有质权。

前项质权对于积货移交后以善意取得之人,不得行使之。

第八十二条之规定,于第一项之质权准用之。

第一百三十四条　海上运送人为前条第一项之债权人,有行使其所有质权之权利,负义务。

第一百三十五条　船舶所有人须于航海终了后,速为共同海损之计算。

第一百三十六条　因共同海损所生债权之时效期间,自其计算终了之日起为二年。

第一百三十七条　本章之规定,于船舶因不可抗力在发航或航海之途中为碇泊所需之费用,准用之。

第五章　船舶之冲突

第一百三十八条　船舶之冲突,因不可避之事故或不可抗力而生或冲突之原因不明者,不得请求赔偿因冲突生于船舶或在船舶内之人或物之损害。

第一百三十九条　船舶之冲突因一方船舶海员之过失而生者,其船舶所有人任赔偿因此所生损害之责。

第一百四十条　船舶之冲突因双方船舶海员之过失而生者,各船舶所有人按过失之轻重负赔偿生于船舶或在船舶内之物之损害之责。

于前项情形,不能判定过失之轻重或认过失之程度为同等者,各船舶所有人之责任为平等。

第一百四十一条　因前条第一项所定船舶之冲突致船舶内之人死伤者,其损害各船舶所有人连带任赔偿之责。

前条规定,就前项情形之船舶所有人间之负担部分,准用之。

第一百四十二条　引水人就本章规定之适用视为海员。虽强制引水人亦同。

第一百四十三条　因船舶之冲突所生损害赔偿请求权之时效期间,自冲突之日起为二年。

第一百四十一条第一项所定连带债务人间之求偿权之时效期间,自求偿权人得共同免责之日起为二年。

第一百四十四条　前六条之规定,于因船舶运用上之作为或不作为或法令之违反,致他船舶或在其船舶内之人或物生损害者,准用之。

第一百四十五条　本章之规定,于船舶与供湖川或港湾之航行用之船舶间生事故者,准用之。

第六章　海难救助

第一百四十六条　船舶或船舶内之物遭遇海难者,无义务而救助之人得请求相当之救助费。船舶救助,供湖川或港湾之航行用之船舶或其船舶内之物者,亦同。

第一百四十七条　救助费非得救助之结果者,不得请求之。

第一百四十八条　不拘船长显然拒绝救助而从事之人,不得请求救助费。但其拒绝不因正常之事由者,不在此限。

第一百四十九条　拖船非服不得认为属于履行拖船契约之特别劳务,不得就被拖船或在其船舶内之物之救助请求救助费。

第一百五十条　救助费,虽属于同一所有人之船舶间有救助者,亦得请求之。

第一百五十一条　就救助费之额无特约者,斟酌一切情事,由法院定之。

数人共同为救助者之救助费之分配,亦与前项同。

第一百五十二条　就决定救助费之额,特斟酌救助之结果,救助人之劳力,被救助之船舶及在其船舶内之人或物所遭遇之危险,当救助之人及船舶所遭遇之危险为救助所需之时间、费用及因此所生之损害,救助人所冒责任负担之危险及其他之危险,救助人所使用之物之价额,并救助船有特别之设备者其情事。

于前项所揭之情事外,尚斟酌被救助之物之价额及被保存之运送费之额。

前二项之规定,于依前条第二项之规定分配救助费者,准用之。

第一百五十三条　救助费之额无特约者,不得超过被救助物之价额。

第一百五十四条　救助契约当海难于其影响之下所为,且其内容不衡平者,法院得因当事人之声明为无效或变更其内容。

因诈欺为救助契约或救助费较救助之劳务甚不相当者,亦与前项同。

第一百五十五条　救助人因其过失使救助为必要,或盗取或隐匿所救助之物其他救助人有不正之行为者,法院得将救助费减额或不许其请求。

第一百五十六条　船舶从事救助者,须由救助费中赔偿船舶因救助所受之损害及费用,其残额依左列方法分配之。

一、从事故救助之船舶系轮船者三分之二、系帆船者二分之一分配于船舶所有人;

二、扣除前款金额之残额,折半分配于船长及船员。

就对于船员之救助费之分配,斟酌其劳务其他一切情事,由船长决定之。

违反前二项规定之契约为无效。

第一百五十七条　船长依前条第二项之规定为救助费之分配,须于终了航海前作分配案,向船员告示之。

第一百五十八条　船员对于前条分配案拟为异议之声明者,须于有其告示后,向得声明异议之最初之港之管海官厅为之。

管海官厅以异议为有理由者,得更正分配案。

船长于异议之落着前,不得为救助费之支付。

第一百五十九条　船长怠为分配案之作成者,管海官厅因船员之请求,得对于船长命分配案之作成。

船长不从前项命令者,管海官厅得作分配案。

第一百六十条　前四条之规定,于为救助之船舶以救助为目的者,不适用之。

第一百六十一条　被救助生命之人,无支付救助费之义务。

于有救助之海难之际从事人命救助之人,得就向救助船舶或船舶内之物之人所与之救助费,受相当之分配。

第一百六十二条　受货人领受被救助之运送品者,负支付救助费之义务。

第一百六十三条　救助人就其债权于救助之积货其他在船舶内之物上,有质权。

前项质权于其标的物移交善意之第三取得人后,不得行使之。

第八十二条之规定于第一项之质权准用之。

第一百六十四条　第八十一条第一项、第一百三十三条第一项及前条第一项之质权于同一物品上竞合者,第八十一条第一项之质权后于他质权,在第一百三十三条第一项及前条第一项之质权间,后生者优先于前生者。

同一顺位之质权人,按其债权额之比例受清偿。

第一百六十五条　海上运送人于有救助费之支付前,不得为货物之移交。

第一百六十六条　救助费债务人仅以被救助之物负支付救助费之义务。

第一百六十七条　船长有代船舶所有人为关于救助费请求之一切裁判上或裁判外之行为之权限。

第一百六十八条　船长有代救助费债务人为关于其支付之一切裁判上或裁判外之行为之权限。

第一百六十九条　关于救助费之诉,船长得自为原告或被告。于此情形,所宣告之裁判,对于前二条所定之本人亦有其效力。

第一百七十条　救助费请求权之时效期间,自救助终了之日起为二年。

第七章 船舶债权及船舶抵押权

第一百七十一条 有左列债权之人为船舶债权人。

一、关于拍卖船舶及其属具之费用，并拍卖手续开始后之保存费；

二、在最后港之船舶及其属具之保存费；

三、关于航海所课船舶之诸税；

四、因雇佣契约所生船长其他之海员之债权；

五、引水费及拖船费；

六、救助费及属于船舶负担之共同海损；

七、因航海继续之必要所生之债权；

八、船舶于其买卖或制造后未为航海者，因其买卖或制造及舣装所生之债权，并关于为最后之航海所为船舶之舣装、食料及燃料之债权；

九、除第二款及第五款至前款所揭者外，依第十条之规定，许委付之债权。

第一百七十二条 船舶债权人于船舶、其属具及未领受之运送费之上有质权。

第一百七十三条 船舶债权人之质权就运送费仅于其质权所生航海之运送费上存在。

有第一百七十一条第四款债权之人之质权不拘前项规定，于同一雇佣契约之继续中所为一切航海之运送费上存在。

第一百七十四条 船舶债权人，虽债务人将船舶移交于第三取得人后，亦得就其船舶行质权。

第一百七十五条 就同一航海所生之船舶债权互相竞合者，其优先权之顺位从第一百七十一条所揭之顺序。但在同条第五款至第七款所揭之债权间，后生者优先于前生者。

同一顺位之债权人有数人者，各按其债权额之比例受清偿。但第一百七十一条第五款至第七款之债权非同时所生者，后生者优先于前生者。

第一百七十六条 船舶债权就数回之航海所生时，就后之航海所生者优先于就前之航海所生者。但因跨于数回航海之同一雇佣契约所生船长其他之海员之船舶债权，视为就最后之航海所生者。

第一百七十七条 船舶债权人之债权与他质权竞合者，船舶债权人之质权优先于他质权。

第一百七十八条　让受船舶之人须于登记其让受后,对于船舶债权人公告,应于一定期间内为其债权之声报,但其期间不得少于一月。

前项公告须以与管辖船舶之船籍港之法院所为登记事项之公告同一之方法为之。

船舶债权人于第一项期间内未为其债权之声报者,对于船舶及其属具之质权消灭。

第一百七十九条　船舶债权人之质权于其发生后经过一年者消灭。

第一百七十一条第八款之船舶债权人之质权因船舶之发航消灭。

第一百八十条　已登记之船舶得为抵押权之标的。

船舶之抵押权及于其属具。

船舶之抵押权准用关于不动产抵押权之规定。

第一百八十一条　船舶债权人之质权得先于抵押权行之。

第一百八十二条　已登记之船舶不得设定质权。

第一百八十三条　本章之规定于制造中之船舶准用之。

附则

本法施行之期日以敕令定之。

《海商法》施行法

(康德四年十一月二十五日敕令第三一九号)

朕依《组织法》第三十六条,经咨询参议府,裁可《〈海商法〉施行法》,著即公布。

(国务总理、司法部、交通部大臣副署)

第一条　《海商法》除本法另有规定者外,于其施行前所生之事项,亦适用之。但不妨依从前规定所生之效力。

第二条　就《海商法》施行前开始进行之时效期间,仍依从前之规定。就权利之消灭期间亦同。

第三条　船舶所有人应负责任之事由生于《海商法》施行前者,就其责任仍依从前之规定。

第四条　《海商法》第二十九条第一项第二款至第五款所揭书类之书式,由交通部大臣定之。

第五条　《海商法》第四十条之规定,于《海商法》施行前船长支出费用或负担债务者,不适用之。

第六条　就《海商法》施行前所发行之载货证券,仍依从前之规定。

第七条　《海商法》第四十七条之规定,于《海商法》施行前有佣船人或托运人之通知者,不适用之。

第八条　佣船人应装载运送品之期间之起算日,于《海商法》施行前发装载运送品所必要之准备已整顿之通知者,仍依从前之规定。

第九条　《海商法》第六十二条所定公告之方法,由司法部大臣定之。

第十条　《海商法》第六十六条第二项及第六十八条之规定,于《海商法》施行前所为之运送契约,不适用之。

第十一条　《海商法》第六十九条之规定,于《海商法》施行前海上运送人受运送之委托者,不适用之。

第十二条　《海商法》第七十四条但书所定之期间,于《海商法》施行前受货人不为保留而领受运送品且支付《海商法》第五十九条第一项之金额者,自《海商法》施行日起算之。

第十三条　《海商法》第九十条之规定,于《海商法》施行前第三人与佣船人为运送契约者,不适用之。

第十四条　就《海商法》施行前所生之共同海损,仍依从前之规定。

第十五条　沿岸小航海之范围,由交通部大臣定之。

第十六条　就《海商法》施行前所为之海上保险契约,仍依从前之规定。

第十七条　《海商法》所谓署名者,包含记名、盖章。

附则

本法自《海商法》施行之日施行。

关于支票提示期间之特例之件

(康德四年九月三十日敕令第二八六号)

朕经咨询参议府,裁可《支票提示期间之特例之件》,著即公布。

(国务总理、司法部、交通部大臣副署)

在满洲国及日本内地、朝鲜或关东州以外之亚细亚洲地域发出,而应在满洲国支付之支票之提示期间为六十日。

本令自康德四年十月一日施行。

关于适用《支票法》应与银行同视之人
或施设指定之件

（康德四年九月三十日敕令第二八七号）

修正　康德七年三月敕令第四六号

朕经咨询参议府，裁可《关于适用〈支票法〉应与银行同视之人或施设指定之件》，著即公布。

（国务总理、司法部、交通部大臣副署）

关于适用《支票法》，左列者与银行同视之。

一、金融合作社；

二、金融合作联合会；

三、兴农合作社；

四、兴农合作社中央会。

附则

本令自康德四年十月一日施行。

附则（康德七年三月二十三日敕令第四六号）

本令自兴农合作社法施行之日施行。（康德七年四月一日）

第五编　刑事法

一般刑事法

刑法

（康德四年一月四日敕令第一号）

修正　康德六年八月敕令第二一二号

朕依《组织法》第四十一条，经咨询参议府，裁可《刑法》，著即公布。

第一编 总则

第一章 法例

第一条 罪与刑依法律所定。

第二条 罪分为重罪、轻罪及违警罪。

死刑、无期或短期一年以上之徒刑或禁锢之罪为重罪。

未满短期一年之徒刑、禁锢或罚金之罪为轻罪。

仅定拘留或科料之罪为违警罪。

第三条 本法不问何人,于帝国领域内犯罪者适用之。

于在帝国领域外之帝国船舰或航空机内犯罪者,亦与前项同。

第四条 本法不问何人,于帝国领域外犯左列之罪者适用之。

一、对帝室罪;

二、内乱罪;

三、背叛罪;

四、伪造通货罪;

五、伪造有价证券罪;

六、伪造文书罪中第一百六十七条至第一百七十条之罪,及依其例之第一百七十四条之罪,并此等罪之未遂犯;

七、伪造印文罪中第一百七十六条之罪及其未遂犯并第一百七十七条之罪。

第五条 本法于帝国领域外除前条记载之罪外,犯重罪及长期五年以上之徒刑或禁锢之轻罪并其未遂犯之帝国臣民适用之。

前项规定犯人犯罪后虽丧失帝国国籍者,不妨其适用。

第六条 本法于帝国领域外对于帝国臣民犯前条所定之罪之外国人适用之。但依行为地之法令不应处罚者,不在此限。

前项规定犯人犯罪后,虽取得帝国国籍者,不妨其适用。

第七条 虽受外国之确定裁判者,不妨因同一之行为更行处罚。但犯人于外国已受宣告刑之全部或一部之执行者,得免除刑之全部或一部之执行。

第八条 犯罪后法律有变更者,适用新法。但不得较重旧法之所定处断。

第八条之二 对于左列之罪,驻屯于帝国之攻守同盟国军之公务员、公务所、公文书及公之图书、印章、记号、印文、署名或记名,视为帝国公务员、公务所、公文书及公之图书、印章、记号、印文、署名或记名。

一、渎职罪中一百一十一条之罪；

二、妨害公务罪；

三、诬告罪；

四、伪造文书罪中第一百六十八条、第一百七十条第二项之罪，及依其例之第一百七十四条之罪，并此等罪之未遂犯；

五、伪造印文罪中第一百七十七条之罪。

第九条　本法总则于其他法令定有刑者，亦适用之。但有特别规定者不在此限。

第二章　犯罪

第十条　依法令之行为，因正当业务之行为或其他法律上所容认之行为不为罪；超过其程度者，因情状得减轻或免除其刑。

第十一条　对于急迫不正之侵害，为防卫自己或他人之权利，出于不得已之行为不为罪。

防卫行为超过必要程度者，因情状得减轻或免除其刑。

第十二条　为避免自己或者他人之生命、身体、自由、财产之急迫危难，出于不得已之行为，因其行为所生之害限于不超过其所欲避免之害之程度者，不为罪。

避免行为超过前项程度者，因情状得减轻或免除其刑。

前二项规定于业务上，有应冒危难之义务者，不适用之。

第十三条　无故意或过失而犯罪者不罚。

因过失犯罪者，除有特别规定外不罚。

第十四条　不知应为罪之事实而犯罪者，不得为有故意。

罪本应重而犯时不知者，不得为有犯重之罪之故意。

第十五条　误认有法律上应为妨碍犯罪成立之原由之事实而犯者，不得为有故意。

第十六条　不得以不知法律为无故意。但因情状得减轻或者免除其刑。

第十七条　本得避免非因不注意而使发生应为罪之事实，不得为有过失。

第十八条　因未预见结果之发生，以加重之刑处断者，以能遇见结果之发生者为限。

第十九条　未满十四岁人犯罪者不罚。

未满十八岁或七十岁以上之人犯罪者,得减轻其刑。

第二十条　因精神障碍无辨别事理之能力,或无随事理之辨别为行为之能力者,犯罪时不罚。能力耗弱者犯罪时,得减轻其刑。

第二十一条　罪之轻重依其刑之轻重。刑无轻重者,依犯情。

第三章　未遂犯及预备犯

第二十二条　开始犯罪之实行而不遂者,为未遂犯。

重罪之未遂犯,罚之;轻罪之未遂犯,除有特别规定外不罚。

第二十三条　未遂犯之刑与既遂犯之刑同。但得减轻。

因自己之意思中止犯罪之实行或防止其结果之发生者,减轻或免除其刑。

第二十四条　以犯罪之目的为其准备未至开始实行者为预备犯。预备犯除有特别规定外不罚。

第二十五条　对于他人教唆犯罪,被教唆人未至犯罪时,准预备犯论。

第二十六条　为犯罪准备后,抛弃实行开始之意图者,免除其刑。

第四章　共犯

第二十七条　二人以上加功于罪之成立者为共犯。

共犯皆照各本条处断。

第二十八条　共犯中在附随之地位,及为影响轻微之行为者,得减轻其刑。

第二十九条　加功于以身分为要件之罪之成立者,虽无身分,仍为共犯。

因身分致刑之轻重或免除其效力,不及于无身分者。

第五章　重刑

第三十条　左列之刑为主刑。

一、死刑;

二、徒刑;

三、禁锢;

四、罚金;

五、拘留;

六、科料。

没收及毁灭效用为徒刑。

第三十一条　主刑之轻重，依前条第一项记载之顺序。但无期禁锢与有期徒刑以禁锢为重。有期禁锢之长期超过有期徒刑之长期者，以禁锢为重。

同种之刑，以长期之较长者或多额之较多者为重。长期或多额相同者，以其短期之较长者或寡额之较多者为重。

第三十二条　死刑于监狱内绞首执行之。

第三十三条　徒刑为无期及有期。有期徒刑为一月以上十五年以下。但有特别规定者，其长期得至二十年。徒刑拘置于徒刑监，使服定役。

第三十四条　禁锢为无期及有期。有期禁锢为一月以上十五年以下。但有特别规定者，其长期得至二十年。

第三十五条　罚金为二十圆以上。

第三十六条　拘留为一日以上六十日以下。

拘留拘置于拘留场。但依特别规定，得使服作业。

第三十七条　科料为五角以上、五十圆以下。

第三十八条　不能完纳罚金者，以一日以上二年以下之期间，留置于劳役场。

不能完纳科料者，以一日以上、五十日以下之期间，留置于劳役场。

第三十九条　被科罚金或科料者，已纳其一部时，按罚金或科料之全额与留置日数之比例，由留置日数扣除其已纳金额之相当日数。

依前项之比例，不满一日之金额不得缴纳。

第四十条　左列之物当没收之。

一、供犯罪用或拟供犯罪用之物；

二、由犯罪所生，或因犯罪所得之物。

没收以其物不属于犯人以外者为限。

第四十一条　由伪造通货、有价证券、文书或印文之罪所生者，虽不没收时，毁灭其效用。

第四十二条　徒刑虽对于犯人不为主刑之宣告或诉追时，仍得科之。

第四十三条　过失犯及违警罪除有特别规定外，不科徒刑。

第六章　累犯

第四十四条　徒刑执行终了或已得免除其执行后五年以内更犯罪应处有期徒刑者,为累犯。

徒刑执行中被假释放者更犯罪应处有期徒刑者,亦与前项同。

第四十五条　累犯之刑,为就其罪所定徒刑之长期之二倍以下。但不得逾二十年。

第四十六条　裁判确定后发觉为累犯者,依前条规定,更定其刑。但刑之执行终了或已得免除其执行后不在此限。

依前项规定更定其刑时,已执行刑之日数通算之。

第七章　竞合犯

第四十七条　未经确定裁判之数罪为竞合犯。

某罪有确定裁判者,只以其罪与共裁判确定前所犯之罪为竞合犯。

第四十八条　竞合犯中之一罪科死刑者,不科他刑。但从刑不在此限。

科无期徒刑者,不科无期禁锢。

科无期之徒刑或禁锢者,不科他刑。但罚金、科料及徒刑不在此限。

第四十九条　竞合犯中有数罪应处有期之徒刑或禁锢者,以于其最重刑长期加其半数者为长期,以各刑短期之最长者为短期。但其长期不得逾合算各刑之长期者,并逾二十年。

第五十条　罚金、拘留或科料与他刑并科之。但于第四十八条之情形不在此限。

数个之罚金、拘留、科料或者徒刑并科之。

并科罚金或并科罚金与科料者,留置于劳役场之期间,不得逾三年,并科科料者不得逾七十日。

第五十一条　竞合犯中有已经裁判之罪与未经裁判之罪者,就未经裁判之罪处断。

第五十二条　竞合犯有数个裁判者,依左列之例执行其刑。

一、应执行死刑者,不执行从刑以外之刑;

二、应执行无期徒刑者,不执行无期禁锢;

三、应执行无期之徒刑或禁锢者,不执行罚金、科料及从刑以外之刑;

四、有期之徒刑或禁锢并执行之,但其执行不得逾最重之罪所定刑之长期加其半数者,并逾二十年;

五、留置于劳役场不得逾第五十条第三项之期间;

六、除前各款者外,竞合犯之罪并执行之。

第五十三条　竞合犯已被处断者,于一罪受恩赦时,对于未受恩赦之罪更定其刑。于此情形,已执行刑之日数通算之。

第五十四条　一个行为有触数个罪名者,或犯罪之手段或结果之行为有触他罪名者,依本章之例。

连续之数个行为,虽有触同一罪名而侵害数个法益者,亦与前项同。

第八章　刑之适用

第五十五条　刑之适用应斟酌犯罪之目的、动机、手段、结果、犯人与被害人之关系,犯人之年龄、性行、智能、境遇、经历及犯罪后之情况。

第五十六条　就同一罪定有徒刑及禁锢者,以所犯出于道义上或公益上动机应宥恕者为限,科禁锢。

就仅定徒刑之罪所犯,出于道义上或公益上动机应特宥恕者,得科禁锢。于此情形,其期间与徒刑之期间同。

第五十七条　犯罪于官宪发觉前自首者,得减轻其刑。

亲告罪或反被害人明示之意思,不得论之。罪首服于告诉权人时,亦与前项同。

第五十八条　犯罪之情状可悯恕者,得酌量减轻其刑。

第五十九条　有数个法律上应为减轻刑之事由,竞合者减轻以一次为限。

于为法律上减轻者,仍得为酌量减轻。

第六十条　应为刑之减轻时,于各本条有二个以上之刑名者,先定应适用之刑减轻其刑。

第六十一条　刑之减轻依左列之例。

一、死刑应减轻者,为无期或十年以上、二十年以下之徒刑或禁锢;

二、无期之徒刑或禁锢应减轻者,为七年以上、二十年以下有期之徒刑或禁锢;

三、有期之徒刑或禁锢应减轻者,减其刑期二分之一;

四、罚金应减轻者,减其金额二分之一;

五、拘留应减轻者,减其长期二分之一;

六、科料应减轻者,减其多额二分之一。

第六十二条　刑应加重减轻之事由,竞合者依左列顺序。

一、累犯加重;

二、法律上减轻;

三、竞合犯加重;

四、酌量减轻。

第六十三条　裁判确定前之拘禁日数,以其全部或一部得算入于有期之徒刑或禁锢、罚金、拘留或科料。

前项之算入,以拘禁日数一日抵算刑期一日,或金额五角以上、五圆以下。

第九章　刑之执行犹豫

第六十四条　有左列情形之一者,于科三年以下之徒刑或禁锢时,因情状自裁判确定之日起,于一年以上、五年以下之期间,得犹豫其刑之执行。

一、以前未因故意犯被处禁锢以上之刑者;

二、以前因故意犯被处禁锢以上之刑执行终了,或得免除其执行后至犯罪时止,经过五年以上者。

科五百圆以下罚金者,因情形自裁判确定之日起,于六月以上、三年以下之期间得犹豫其刑之执行。但于其犯罪前三年以内曾被处罚金以上之刑者,不在此限。

第六十五条　并科刑时,仅对其一亦得犹豫刑之执行。

第六十六条　犹豫期间内因故意犯被处禁锢以上之刑者,宣告徒刑或禁锢之执行,犹豫失其效力。

犹豫期间内因故意犯被处罚金以上之刑者,宣告罚金之执行,犹豫失其效力。

犹豫期间内发觉不应犹豫刑之执行者,应撤销执行犹豫之宣告。

第六十七条　执行犹豫之宣告不失其效力或未被撤销而经过犹豫期间者,刑之宣告向将来失其效力。

第十章　假释放

第六十八条　受徒刑或禁锢之执行有显著悛悔之情者,无期刑经过十年、有期刑经过刑期三分之一后,得假释放之。

第六十九条　假释放中因故意犯被处禁锢以上之刑者,假释放处分失其效力。

前项之外,假释放中就他罪应执行禁锢以上之刑者,得撤销假释放处分。

违反假释放取缔规则者,亦与前项同。

第七十条　假释放处分失其效力或被撤销者,释放中之日数不算入于刑期。

第七十一条　假释放处分不失其效力或未被撤销,自释放之日起经过左列期间者,免除残刑之执行。

一、无期刑十五年;

二、有期残余刑期。

第十一章　刑之时效

第七十二条　时效完成者,免除刑之执行。

第七十三条　时效于裁判确定后,因未受刑之执行,经过左列期间完成。

一、死刑三十年;

二、无期之徒刑或禁锢二十年;

三、有期之徒刑或禁锢十年以上者十五年,三年以上者十年,未满三年者五年;

四、罚金三年;

五、拘留科料或徒刑一年。

第七十四条　时效因刑之执行之犹豫停止、假释放或其他事由,法律上不得执行刑之期间内不进行。

因一刑之执行中不得执行他刑者,亦与前项同。

第七十五条　时效因开始刑之执行中断。

时效除前项外,因执行死刑、自由刑,逮捕被处刑者,或执行财产刑已为强制处分,中断。

第十二章　期间

第七十六条　以月或年定期间者,从历计算。

第七十七条　刑期自裁判确定之日起算。

未被拘禁之日数,虽裁判确定后,不算入刑期。

第七十八条　受刑之初日,不论时间以一日计算时效。期间之初日亦同。

前项规定,于留置劳役场之执行准用之。

第二编　分则

第一章　对帝室罪

第七十九条　对皇帝或帝后加危害或拟加危害者,处死刑。

第八十条　对皇帝或帝后有不敬行为者,处一年以上、十年以下徒刑。

第八十一条　无故侵入帝宫或行在者,处一年以上、十年以下徒刑。

第二章　内乱罪

第八十二条　以颠覆政府、僭窃邦土其他紊乱国宪之目的为暴动者,依左列区别处断。

一、首魁处死刑;

二、参与谋议或指挥群众者,处死刑或无期之徒刑或禁锢。其他掌理诸般要务者,处无期或五年以上之徒刑或禁锢;

三、前二款以外关与暴动者,处十年以下之徒刑或禁锢。

第八十三条　以犯前条之罪之目的而团结者,依左列区别处断。

一、首魁处死刑或无期之徒刑或禁锢;

二、参与枢机,统率群众其他掌理诸般要务者,处无期或三年以上之徒刑或禁锢。

三、前二款以外者,处五年以下之徒刑或禁锢。

第八十四条　前条以外,以犯第八十二条之罪之目的为其预备或阴谋者,处一年以上有期之徒刑或禁锢。

第八十五条　供给兵器、金款或以其他方法帮助第八十二条或第八十三条之罪者,处无期或一年以上之徒刑或禁锢。帮助前条之罪者,处十年以下之徒刑或禁锢。

第八十六条　犯前三条之罪,于暴动前自首者,减轻或免除其刑。

第三章　背叛罪

第八十七条　通谋外国,使对帝国开战端,或与敌国抗敌帝国者,处死刑。

第八十八条　将军队、船舰、航空机、要塞、其他供军用之处所、建造物或施设委付敌国者,处死刑。

将兵器、其他供军用之物品交付敌国者,处死刑或无期徒刑。

第八十九条　为利敌国,将供军用之处所、施设或其他损坏或致不能使用者,处死刑或无期徒刑。

第九十条　为敌国从事间谍或帮助敌国之间谍者,处死刑、无期或五年以上之徒刑。将军事上之机密泄漏于敌国者,亦与前项同。

第九十一条　前四条以外,与敌国以军事上之利益,或害帝国军事上之利益者,处无期或三年以上之徒刑。

第九十二条　以犯前五条之罪之目的为其预备或阴谋者,处一年以上有期徒刑。

第九十三条　关于本章之罪,外国人团体视为外国与帝国战争之危机急迫之外国,视为敌国。

第九十四条　泄漏国防上机密者,处无期或二年以上之徒刑。以泄漏之目的探知国防上机密者亦同。

于前项情形,得并科五千圆以下罚金。

犯本条罪之预备犯者,处十年以下徒刑。

第九十五条　本章规定,对攻守同盟国之行为亦适用之。

第四章　危害国交罪

第九十六条　加伤害暴行或胁迫于滞在帝国之外国元首者,处无期或二年以上之徒刑或禁锢。

诽谤或侮辱滞在帝国之外国元首者,处十年以下之徒刑或禁锢。

第九十七条　加伤害暴行,或胁迫于派遣帝国之外国使节者,处一年以上有期之徒刑或禁锢。

诽谤或侮辱派遣帝国之外国使节者,处七年以下之徒刑或禁锢。

第九十八条　以对外国加侮辱之目的损坏供其公用之国旗或其他国章或以其他方法污辱之者,处五年以下之徒刑或禁锢或一千圆以下罚金。

第九十九条　对外国私为战斗者,依左列区别处断。

一、首魁处死刑或无期或十年以上之禁锢;

二、前款以外者,处无期或一年以上之禁锢。

以犯前项罪之目的,为其预备或阴谋者,处十年以下禁锢。

第一百条　于外国交战之际,违背局外中立之命令者,处七年以下之徒刑或禁锢或五千圆以下罚金。

前项之徒刑或禁锢与罚金,得并科之。

第一百零一条　第九十六条第二项及第九十八条之罪,俟外国政府之请求乃论。

第九十七条第二项之罪,俟被害人之请求乃论。

第五章　渎职罪

第一百零二条　公务员滥用其职权,使人行无义务之事或妨害行使权利者,处七年以下之徒刑或禁锢,或二千圆以下罚金。

第一百零三条　行审判、检察或警察之职务或补助之者,滥用其职权逮捕或监禁人者,处十年以下之徒刑或禁锢。

第一百零四条　前条人员当行其职务,对犯人或其他之人为暴行或凌虐之行为者,处七年以下之徒刑或禁锢。

看守或护送因法令被拘禁者之人,对被拘禁人为暴行或凌虐之行为时亦与前项同。

第一百零五条　公务员违背其职务上义务,故为不正行为者,处五年以下之徒刑或禁锢。

第一百零六条　公务员或曾为公务员者,将依法令应默秘职务上之机密不正泄漏者,处五年以下之徒刑或禁锢。

第一百零七条　公务员或仲裁人关于其职务收受贿赂其他不正之利益,或使供与他人者,处三年以下徒刑。为要求〔约〕或期约者亦同。

受请托而犯前项之罪者,处七年以下徒刑。

第一百零八条　犯前条之罪因而为不正之行为,或关于其所为之不正行为犯前条之罪者,处一年以上有期徒刑。

第一百零九条　将为公务员或仲裁人者,关于其应担当之职务受请托,收受贿赂其他不正之利益,或使供与于他人,或为要求〔约〕期约后为公务员或仲裁人者,处五年以下徒刑。

第一百十条　曾为公务员或仲裁人者,对于其在职中受请托之职务上行为,或对于职务之不正行为收受贿赂其他不正之利益,或为要求〔约〕期约者,处三年以下徒刑。

第一百十一条　供与第一百零七条第一项及前二条之贿赂其他不正之利益,或为其要约期约者,处二年以下徒刑或一千圆以下罚金。

供与第一百零七条第二项以及第一百零八条之贿赂其他不正之利益,或为其要约期约者,处五年以下徒刑或三千圆以下罚金。

犯前二项之罪自首者,减轻或免除其刑。

第一百十二条　犯前五条之罪者之间所收受之贿赂,没收之。其全部或一部不能没收者,向享利者追缴其价额。

第六章　妨碍公务罪

第一百十三条　对于职务执行中之公务员加暴行或胁迫者,处十年以下之徒刑或禁锢或二千圆以下罚金。

为使公务员为某处分或不为某处分或为使其辞职而加暴行或胁迫者,亦与前项同。

第一百十四条　聚众犯前条之罪者,处一年以上有期之徒刑或禁锢。

第一百十五条　损坏公务员所施之封印或强制处分之标示或以其他方法使之无效者,处五年以下之徒刑或禁锢或一千圆以下罚金。

第一百十六条　损坏或毁弃或隐匿供公务所使用之建造物、文书或其他物品者,处十年以下之徒刑或禁锢或五千圆以下罚金。

第一百十七条　前四条以外,以伪计、威力或其他方法妨害公务之执行者,处三年以下之徒刑或禁锢或一千圆以下罚金。

第七章　逃逸及藏匿罪

第一百十八条　已决未决之囚人脱逃者,处三年以下徒刑。

于天灾、事变之际,依法令被解放之囚人违背投到命令者,亦与前项同。

第一百十九条　已决未决之囚人或受拘引票之执行者,为暴行胁迫或损坏拘禁处所而脱逃者,处七年以下徒刑。

二人以上共同犯前项之罪者,处一年以上有期徒刑。

第一百二十条　夺取依法令被拘禁者或使之逃脱者,处七年以下徒刑。

为暴行胁迫或损坏拘禁处所而犯前项之罪者,处一年以上、十年以下徒刑。

二人以上共同犯前项之罪者,处二年以上有期徒刑。

第一百二十一条　看守或护送被拘禁人使之逃脱者,处一年以上有期徒刑。

因重大过失犯前项之罪者,处三年以下禁锢或一千圆以下罚金。

第一百二十二条　以使被拘禁人脱逃之目的给与器具其他为使之

易于脱逃之行为者,处三年以下徒刑。

第一百二十三条 将重罪或轻罪之犯人、被告人或被疑人,或于拘禁中脱逃或被夺取者藏匿或使之藏匿者,处五年以下徒刑或一千圆以下罚金。

亲属为本人之利益犯前项之罪者,减轻或免除其刑。

第一百二十四条 第一百十九条第一项及第一百二十条第一项罪之未遂犯罚之。

第八章 伪证及湮灭证凭罪

第一百二十五条 依法律之证人为虚伪之供述者,处十年以下徒刑。

未宣誓之证人犯前项之罪者,减轻或免除其刑。

第一百二十六条 依法律被命鉴定、通译或翻译为虚伪之鉴定、通译或翻译者,区别宣誓之有无,依前条之例。

第一百二十七条 以陷人于重罪之目的犯前二条罪者,处一年以上有期徒刑。未宣誓者处七年以下徒刑。

第一百二十八条 关于他人刑事事件,湮灭、藏匿、伪造或变造证凭或使用伪造、变造之证凭者,处十年以下徒刑。

以陷人于重罪之目的犯前二项之罪者,处一年以上有期徒刑。

第一百二十九条 犯第一百二十五条或第一百二十六条之罪,于为证言、鉴定、通译或翻译之事件之裁判确定前自白者,得减轻或免除其刑。

第一百三十条 为免自己之刑事处分,犯本章之罪者,减轻或免除其刑。亲属为本人之利益犯本章之罪者亦同。

第九章 诬告罪

第一百三十一条 以使人有受刑事或惩戒处分之虞之虚伪事实,向该管公务所或公务员申告者,处十年以下徒刑。

前项申告事实合于重罪者,处一年以上有期徒刑。

第一百三十二条 犯前条之罪者,于所申告事件之裁判或惩戒处分确定前自白者,得减轻或免除其刑。

第十章 危害公安罪

第一百三十三条 聚众为暴行或胁迫者,处十年以下之徒刑或禁锢或一千圆以下罚金。

第一百三十四条 以暴行或胁迫之目的,聚众受该管公务员解散命令及于三次仍不解散者,处五年以下之徒刑或禁锢,或一千圆以下罚金。

第一百三十五条 以犯重罪之目的而团结者,处十年以下徒刑。

以犯长期七年以上徒刑之轻罪之目的而团结者,处五年以下徒刑。

第一百三十六条 对于群众奖励或煽动犯罪者,处五年以下之徒刑或禁锢或一千圆以下罚金。

第一百三十七条 以紊乱安宁秩序或搅乱金融之目的流布虚说或用伪计者,处七年以下徒刑或五千圆以下罚金。

于天灾、事变之际犯前项之罪者,处一年以上、十年以下之徒刑。

第十一章　危险物罪

第一百三十八条 以妨害治安或使生公共危险之目的使用爆发物者,处死刑或无期或六年以上之徒刑或禁锢。

第一百三十九条 以犯前条之罪之目的为其预备或阴谋者,处十年以下之徒刑或禁锢。

犯前项之罪,使用爆发物前自首者,减轻或免除其刑。

第一百四十条 使用爆发物或使汽罐或其他激发物,破裂而损坏建造物、船车或其他之物者,依放火之例。

第一百四十一条 使瓦斯、电气或蒸气漏逸或遮断之而妨害治安或使生公共危险者,处二年以上有期徒刑。

第一百四十二条 因过失犯第一百四十条之罪者,依失火之例。

因过失犯前条之罪者,处一千圆以下罚金。

因业务上过失或重大过失犯前项之罪者,处三年以下禁锢或二千圆以下罚金。

第十二章　放火及决水罪

第一百四十三条 放火烧毁现供人之住居或现有人之建造物、船车或矿坑者,处无期或五年以上徒刑。

放火烧毁前项以外之物使生公共危险者,处一年以上有期徒刑。

第一百四十四条 决水浸害现供人之住居或现有人之建造物、船车或矿坑者,处无期或五年以上之徒刑。

决水浸害前项以外之物使生公共危险者,处一年以上有期徒刑。

第一百四十五条 犯第一百四十三条第一项或前条第一项之罪而

致人于死者,处死刑或无期徒刑。

第一百四十六条　水火灾之际,隐匿或损坏供镇火或防水用之物或以他方法妨害镇火或防水者,处一年以上、十年以下徒刑。

第一百四十七条　犯第一百四十三条第一项或第一百四十四条第一项罪之预备犯者,处七年以下徒刑。

第一百四十八条　失火烧毁第一百四十三条第一项之物者或烧毁其他之物使生公共危险者,处一千圆以下罚金。

因过失溢水浸害第一百四十四条第一项之物者或浸害其他之物使生公共危险者,处一千圆以下罚金。

因业务上过失或重大过失犯前二项之罪者,处三年以下禁锢或二千圆以下罚金。

第一百四十九条　决溃堤防、破坏水闸或以其他方法妨害水利者,处五年以下徒刑或一千圆以下罚金。

前项罪之未遂犯,罚之。

第十三章　妨害交通罪

第一百五十条　损坏、壅塞陆路、水路或桥梁或以其他方法妨害交通者,处七年以下徒刑或一千圆以下罚金。

第一百五十一条　损坏轨道、灯台或标识或以其他方法使生船车或航空机交通之危险者,处二年以上有期徒刑。

犯前项之罪因而使船车或航空机覆没、脱轨、坠落或破坏者,处无期或三年以上之徒刑。

第一百五十二条　覆没、脱轨或坠落或破坏现有人之船车或航空机者,处无期或三年以上之徒刑。

犯前项之罪而致人于死者,处死刑、无期徒刑。

第一百五十三条　因过失犯第一百五十一条第一项或前条第一项之罪者,处二千圆以下罚金。因业务上过失或重大过失犯前项之罪者,处三年以下禁锢或三千圆以下罚金。

第十四章　污毒饮料水罪

第一百五十四条　污秽供人饮料之净水使至不能使用之者,处三年以下徒刑或五百圆以下罚金。

于前项净水混入毒物、其他能害健康之物者,处十年以下徒刑。

前二项罪之未遂犯,罚之。

第一百五十五条　污秽依水道供给公众之净水或其水源使至不能使用之者,处一年以上十年以下徒刑。

于前项净水或水源混入毒物、其他能害健康之物者,处无期或二年以上之徒刑。

犯前项之罪而致人于死者,处死刑或无期或五年以上之徒刑。杀人者处死刑或无期徒刑。

第一百五十六条　损坏或壅塞依水道供给公众净水之水源水路或其他之施设者,处一年以上有期徒刑。

第十五章　伪造通货罪

第一百五十七条　以行使之目的伪造或变造通用之货币、纸币或银行券者,处无期或五年以上之徒刑。对流通于帝国内之外国货币、纸币或银行券亦同。

行使伪造或变造之货币、纸币或银行券或以行使之目的交付于人或输入之者,亦与前项同。

第一百五十八条　以行使之目的收受伪造或变造之货币、纸币或银行券者,处十年以下徒刑。

前项罪之未遂犯,罚之。

第一百五十九条　收受货币、纸币或银行券后,知其伪造或变造而行使之,或以行使之目的交付于人者,处三年以下徒刑或一千圆以下罚金。

第一百六十条　犯第一百五十七条第一项罪之预备犯者,处七年以下徒刑。

第十六章　伪造有价证券罪

第一百六十一条　以行使之目的伪造或变造帝国或外国之公债、证书、公司股票或其他有价证券者,处一年以上有期徒刑。

以行使之目的于有价证券为虚伪之背书或其他之记入者,亦与前项同。

第一百六十二条　诈称为他人事务处理人之资格,以行使之目的作成有价证券或于有价证券为虚伪之背书或其他之记入者,亦与前条同。

第一百六十三条　行使前二条之有价证券或以行使之目的交付于人或输入之者,处一年以上有期徒刑。

第一百六十四条　以行使之目的伪造或变造收入印纸或由帝国政府或与帝国为交换邮件之外国政府所发行之邮票或其他表明邮费之证票者,处十年以下徒刑。

行使伪造或变造之前项印纸或证票或以行使之目的交付于人或输入之者,亦与前项同。

前项罪之未遂犯,罚之。

第一百六十五条　再使用已使用之前条印纸或证票,或以行使之目的交付于人者,处三年以下徒刑或五百圆以下罚金。

第一百六十六条　犯第一百六十一条或第一百六十二条罪之预备犯者,处三年以下徒刑。

第十七章　伪造文书罪

第一百六十七条　以行使之目的伪造或变造诏书或皇帝之其他文书者,处无期或三年以上之徒刑。

第一百六十八条　以行使之目的伪造或变造公文书者,处一年以上有期徒刑。

诈称资格以行使之目的作成公文书者,亦与前项同。

第一百六十九条　公务员以行使之目的关于其职务作成虚伪之文书或变造其所发出之文书者,处一年以上有期徒刑。

第一百七十条　对于公务员为虚伪之申述,使于公正证书之原本为不实之记载者,处十年以下徒刑或三千圆以下罚金。

对于公务员为虚伪之申述,使于免照旅券或其他证明书为不实之记载,受其交付者处三年以下徒刑或五百圆以下罚金。

前二项罪之未遂犯,罚之。

第一百七十一条　以行使之目的伪造或变造关于权利义务或准此事实之证明之私文书者,处七年以下徒刑或二千圆以下罚金。

诈称资格以行使之目的作成私文书者,亦与前项同。

第一百七十二条　以行使之目的变造自己所发出之私文书者,处五年以下徒刑或一千圆以下罚金。

第一百七十三条　以行使之目的于业务上作成之证明书或报告书为虚伪之记载者,处五年以下徒刑或一千圆以下罚金。

第一百七十四条　行使前七条之文书者,依伪造、变造或作成或使作成其文书者之例。

行使前四条文书罪之未遂犯,罚之。

第一百七十五条　本章规定,对于图画之行为亦适用之。

第十八章　伪造印文罪

第一百七十六条　以行使之目的伪造御玺、国玺或御名者,处二年以上有期徒刑。冒用御玺、国玺或御名者亦同。

行使伪造或冒用之御玺、国玺或御名者,亦与前项同。

第一百七十七条　以行使之目的伪造公之印章、记号、印文、署名或记名者,处十年以下徒刑。冒用公之印章、记号、印文、署名或记名者亦同。

行使伪造或冒用之公之印文、署名或记名者,亦与前项同。

第一百七十八条　以行使之目的伪造他人之印章、记号、印文、署名或记名者,处五年以下徒刑或一千圆以下罚金。冒用他人之印章、记号、印文、署名或记名者亦同。

行使伪造或冒用之他人之印文、署名或记名者,亦与前项同。

第十九章　亵渎礼拜处所及坟墓罪

第一百七十九条　对于神社、坛庙、寺观、墓所或其他礼拜处所公然为不敬之行为者,处三年以下之徒刑或禁锢或五百圆以下罚金。

妨害祭祀、葬礼、说教或礼拜者,亦与前项同。

第一百八十条　将尸体、遗骨、遗发或殓物损坏、遗弃、隐匿或收得者,处五年以下徒刑。

公然污辱尸体、遗骨或遗发者,处三年以下徒刑或五百圆以下罚金。

第一百八十一条　发掘坟墓者,处七年以下徒刑。

第一百八十二条　发掘坟墓而将尸体、遗骨、遗发或殓物损坏、遗弃、污辱或收得者,处一年以上有期徒刑。

第一百八十三条　第一百八十条第一项及第一百八十一条罪之未遂犯,罚之。

第二十章　风纪罪

第一百八十四条　有夫之妇与人通奸者,处二年以下徒刑,其相奸者亦同。

前项之罪,俟夫之告诉乃论。但夫纵容或有恕其通奸或以恶意遗弃其妻者,其告诉为无效。

第一百八十五条　有配偶而重为婚姻者,处二年以下徒刑。其相婚者亦同。

第一百八十六条　直系血亲或三亲等内之旁系血亲相奸者,处三年以下徒刑。

第一百八十七条　劝诱无淫行常习之妇女,使与人奸淫而图利者,处三年以下徒刑及一千圆以下罚金。

第一百八十八条　散布、贩卖或公然展示猥亵之文书、图画或其他之物者,处二年以下徒刑或二千圆以下罚金。

以散布、贩卖或公然展示之目的制造、持有或输入猥亵物者,亦与前项同。

第一百八十九条　公然为猥亵之行为者,处一年以下徒刑或五百圆以下罚金。

第二十一章　赌博罪

第一百九十条　以财物为赌博者,处二千圆以下罚金。但不超过娱乐之程度者不在此限。

以犯前项之罪为常习者,处三年以下徒刑。

第一百九十一条　开设赌博场所或结合赌徒而图利者,处五年以下徒刑及三千圆以下罚金。

第一百九十二条　发卖私彩票者,处五年以下徒刑及三千圆以下罚金。

为发卖私彩票之媒介者,处三年以下徒刑或二千圆以下罚金。

前二项以外,授受私彩票者,处一千圆以下罚金。

第二十二章　杀人罪

第一百九十三条　杀人者,处死刑或无期或六年以上之徒刑。

惨杀或毒杀人者,处死刑或无期徒刑。杀人后有残忍之所为者亦同。

第一百九十四条　杀自己或配偶者之直系尊亲属者,处死刑或无期徒刑。

第一百九十五条　分娩之际母杀其婴儿者,处一年以上、十年以下徒刑。

第一百九十六条　受人之嘱托或得其承诺而杀之者,处十年以下徒刑。

教唆或帮助人使之自杀者,亦与前项同。

前二项罪之未遂犯,罚之。

用伪计使为嘱托或承诺而杀人或使至自杀者,依第一百九十三条第一项之例。

第一百九十七条　犯第一百九十三条或第一百九十四条罪之预备犯者,处十年以下徒刑。

第二十三章　伤害及暴行罪

第一百九十八条　伤害人者,处十年以下徒刑或三千圆以下罚金。

犯前项之罪因而致人死者,处三年以上有期徒刑。第一项罪之未遂犯,罚之。

第一百九十九条　对自己或配偶者之直系尊亲属犯前条第一项之罪者,处一年以上有期徒刑。犯第二项罪者,处无期或五年以上之徒刑。

第二百条　加暴行与人者,处三年以下徒刑或一千圆以下罚金。

前项之罪,俟告诉乃论。

第二百零一条　犯前条之罪因而致人死伤者,依第一百九十八条及第一百九十九条之例。

第二百零二条　二人以上加暴行致人于死伤使生其结果者,不明时虽非共同者,依共犯之例。

第二百零三条　因过失伤害人者,处五百圆以下罚金。

因业务上过失或重大过失犯前项罪者,处一年以下禁锢或一千圆以下罚金。

第一项之罪,俟告诉乃论。

第二百零四条　因过失致人死者,处二千圆以下罚金。

因业务上过失或重大过失犯前项之罪者,处三年以下禁锢或三千圆以下罚金。

第二百零五条　对于生命或身体犯足以生危害之罪因而致人死伤者,除有特别规定外,比较其罪与伤害之罪,从重处断。

第二十四章　堕胎罪

第二百零六条　怀胎妇女用药物或以其他方法堕胎者,处一年以下之徒刑或三百圆以下罚金。

第二百零七条　受妇女之嘱托或得其承诺使之堕胎者,处二年以下徒刑或五百圆以下罚金。

以犯前项之罪为业者,处五年以下徒刑及二千圆以下罚金。

第二百零八条　医师、助产士、药师或药商受妇女之嘱托或得其承诺使之堕胎者,处五年以下徒刑及二千圆以下罚金。

第二百零九条　犯第二百零七条第一项之罪,或为使堕胎之行为因而致妇女死伤者,处五年以下徒刑。

犯第二百零七条第二项或前条之罪,或为使堕胎之行为因而致妇女死伤者,处七年以下徒刑及三千圆以下罚金。

第二百十条　未受妇女之嘱托或未得妇女之承诺使之堕胎者,处一年以上有期徒刑。

犯前项之罪因而致妇女死者,处无期或三年以上徒刑。

第二十五章　遗弃罪

第二百十一条　遗弃老幼残废或疾病需要扶助者,处二年以下徒刑。

犯前项之罪使生生命危险者,处五年以下徒刑。

第二百十二条　有保护责任而遗弃老幼残废或疾病需要扶助者,或不为其生存必要之保护者,处七年以下徒刑。

犯前项之罪使生生命危险者,处十年以下徒刑。

第二百十三条　虐待自己应监护者,处二年以下徒刑或五百圆以下罚金。

第二十六章　私捕及私禁罪

第二百十四条　私捕或私禁人者,处七年以下徒刑。

前项罪之未遂犯,罚之。

第二百十五条　因私捕或私禁而为暴行或凌虐之行为者,处十年以下徒刑。

第二十七章　略取及诱拐罪

第二百十六条　略取及诱拐人者,处十年以下徒刑或三千圆以下罚金。

第二百十七条　以猥亵之目的略取或诱拐人者,处一年以上有期徒刑。

以营利之目的略取或诱拐人者,处一年以上有期徒刑及三千圆以下罚金。

第二百十八条　以移送于帝国外之目的略取诱拐或买卖人者,处无期或三年以上之徒刑。

将被拐取者或被卖者移送于帝国外者,亦与前项同。

于前二项情形,得并科五千圆以下罚金。

第二百十九条　以猥亵之目的收受被拐取者或被卖者,处一年以上有期徒刑。

以营利之目的收受被拐取者或被卖者,处一年以上有期徒刑及三千圆以下罚金。

第二百二十条　以庇护犯第二百十六条罪者之目的藏匿被拐取者或使之隐避者,处七年以下徒刑或二千圆以下罚金。

以庇护犯前三条罪者之目的藏匿被拐取者或被卖者或使之隐避者,处一年以上有期徒刑。

第二百二十一条　第二百十六条及前条第一项罪之未遂犯,罚之。

第二百二十二条　第二百十六条及第二百二十条第一项罪并其未遂犯,俟告诉乃论。

〈第〉二十八章　奸淫罪

第二百二十三条　以暴行胁迫其他之方法,使妇女不能抗拒或乘其不能抗拒奸淫之者,处五年以上有期徒刑。

奸淫未满十四岁之妇女者,亦与前项同。

犯前二项罪因而致妇女死伤者,处死刑或无期或七年以上之徒刑。杀妇女者处死刑。

第二百二十四条　以暴行胁迫其他之方法,使人不能抗拒或乘其不能抗拒对之为猥亵行为者,处一年以上、十年以下徒刑。

对于未满十四岁之男女为猥亵行为者,亦与前项同。

犯前二项之罪因而致人死伤者,处无期或二年以上之徒刑。

第二百二十五条　用诈术欺罔无淫行常习之妇女而奸淫之者,处七年以下徒刑。

滥用业务雇佣其他之监护关系奸淫未成年之妇女者,亦与前项同。

第二百二十六条　本章之罪俟告诉乃论。但第二百二十三条第三项及第二百二十四条第三项之罪不在此限。

第二十九章　胁迫及强制罪

第二百二十七条　胁迫人者,处三年以下徒刑或一千圆以下罚金。

第二百二十八条　胁迫人使行无义务之事或妨害行使权利者,处七年以下徒刑或二千圆以下罚金。

前项罪之未遂犯,罚之。

第三十章　侵入住居罪

第二百二十九条　无故侵入人之住居或人所看守之邸宅、建造物、船舰或房室者,处三年以下徒刑或五百圆以下罚金。受要求而无故不退去者亦同。

第二百三十条　以暴行或胁迫犯前条之罪者,处五年以下徒刑。夜间犯前条之罪者亦同。

第二百三十一条　前二条罪之未遂犯,罚之。

第三十一章　毁损名誉罪

第二百三十二条　公然指摘足以毁损人之名誉之事实者,处五年以下之徒刑或禁锢或二千圆以下罚金。

依出版物犯前项之罪者,处七年以下之徒刑或禁锢或五千圆以下罚金。

于前二项情形,其行为为公益所为所指摘之事实专关于公共利害且非虚伪者,不罚。

第二百三十三条　公然指摘足以毁损死者之名誉之虚伪事实者,处三年以下徒刑或一千圆以下罚金。

依出版物犯前项之罪者,处五年以下徒刑或二千圆以下罚金。

第二百三十四条　公然侮辱人者,处二年以下之徒刑或禁锢或五百圆以下罚金。

第二百三十五条　第二百三十二条之罪,不得反被害人所明示之意思而论之。

前二条之罪,俟告诉乃论。

第三十二章　妨害信用及业务罪

第二百三十六条　流布足以毁损人之信用之虚说者,处五年以下徒刑或三千圆以下罚金。

以毁损人之信用为目的用伪计者,亦与前项同。

第二百三十七条　流布虚说或用伪计或威力妨害人之业务者,处五年以下徒刑或三千圆以下罚金。

第三十三章　侵害秘密罪

第二百三十八条　无故开拆封缄之书信、其他之文书或图画者,处三年以下徒刑或一千圆以下罚金。

第二百三十九条　医师、药师、药商、助产士、律师、辩护人、公证人、辨理士、会计士或曾在此等之职者，无故泄漏其业务上知悉之秘密者，处三年以下徒刑或三千圆以下罚金。

在宗教或祈祷之职或曾在此等之职者，无故泄漏其业务上知悉之秘密者，亦与前项同。

第二百四十条　因关与人之业务而知悉之企业上秘密无故泄漏者，处三年以下徒刑或三千圆以下罚金。

第二百四十一条　本章之罪，俟告诉乃论。

第三十四章　窃盗罪

第二百四十二条　窃取人之财物者，处七年以下徒刑。

携带凶器或夜间侵入人之住居或二人以上共同犯前项之罪者，处六月以上十年以下徒刑。

第二百四十三条　窃用他人财产上之利益者，处三年以下徒刑或一千圆以下罚金。

第二百四十四条　窃取他人占有之自己财物者，处五年以下徒刑或一千圆以下罚金。

第二百四十五条　本章罪之未遂犯，罚之。

第二百四十六条　于直系亲属或配偶者间犯本章罪者，免除其刑。

于其他亲属间犯本章罪者，俟告诉乃论。

第三十五章　强盗及勒赎罪

第二百四十七条　以暴行胁迫其他之方法抑制人之抵抗，强取财物或得财产上不法之利益者，处五年以上有期徒刑。

以前项方法使第三人得财物或财产上不法之利益者亦同。

第二百四十八条　以犯前条之罪为常习者，处无期或七年以上之徒刑。

第二百四十九条　强取他人占有之自己财物者，处二年以上、十年以下徒刑。

第二百五十条　窃盗为抗拒取还赃物避免逮捕或湮灭罪证为暴行或胁迫者，以强盗论。

第二百五十一条　强盗伤害人者，处死刑或无期或七年以上之徒刑。

强盗致人死者,处死刑或无期徒刑。杀人者处死刑。

第二百五十二条　强盗、放火或强奸者,处死刑或无期或十年以上之徒刑。因而致人死者处死刑。

第二百五十三条　掳人勒赎者,处死刑或无期或五年以上之徒刑。犯前项罪致人死伤或强奸者,处死刑或无期徒刑。杀人者处死刑。

第二百五十四条　犯第二百四十七条、第二百四十八条或第二百五十三条第一项罪之预备犯者,处十年以下徒刑。

第三十六章　诈欺及恐吓罪

第二百五十五条　欺罔人骗取财物或得财产上不法利益者,处十年以下徒刑。

以前项方法使第三人得财物或财产上不法利益者亦同。

第二百五十六条　胁迫人吓取财物或得财产上不法利益者,处十年以下徒刑。

以前项方法使第三人得财物或财产上不法利益者亦同。

第二百五十七条　骗取或吓取他人占有之自己财物者,处五年以下徒刑或一千圆以下罚金。

第二百五十八条　本章罪之未遂犯,罚之。

第二百五十九条　第二百四十六条之规定,于本章罪准用之。

第三十七章　侵占及背任罪

第二百六十条　侵占自己占有之他人财物或财产上之利益者,处五年以下徒刑或二千圆以下罚金。

第二百六十一条　侵占业务上自己所占有之他人财物或财产上利益者,处十年以下徒刑。

第二百六十二条　处理他人事务非专图本人之利益为违背其任务之行为,加财产上损害于本人者,处十年以下徒刑或五千圆以下罚金。

第二百六十三条　侵占遗失物、漂流物其他虽他人占有之财物者,处二年以下徒刑或五百圆以下罚金。

第二百六十四条　第二百六十条至第二百六十二条罪之未遂犯,罚之。

第二百六十五条　第二百四十六条之规定,于本章之罪准用之。

第三十八章　赃物罪

第二百六十六条　收受赃物者,处三年以下徒刑或一千圆以下罚金。

第二百六十七条　搬运、寄藏、故买或牙保赃物者，处十年以下徒刑及三千圆以下罚金。

前项罪之未遂犯，罚之。

第二百六十八条　于直系亲属或配偶者间犯前二条之罪者，减轻或免除其刑。

犯前二条之罪者，与本犯之被害人有前项身分关系时亦同。

第三十九章　损坏罪

第二百六十九条　损坏或毁弃他人之物或以其他方法害其效用者，处三年以下徒刑或一千圆以下罚金。

损坏他人建造物、船舰或航空机者，处七年以下徒刑或三千圆以下罚金。

第二百七十条　损坏、移动或除去标识，或以其他方法使土地之境界不能认识者，处五年以下徒刑或一千圆以下罚金。

第二百七十一条　损坏或毁弃属于他人占有或负担抵押权之自己之物，或以其他方法害其效用者，处三年以下徒刑或一千圆以下罚金。

以避免强制执行之目的，隐匿、让与或损坏财产者，亦与前项同。

第二百七十二条　第二百六十九条第一项及前条之罪，俟告诉乃论。

附则

本法施行日期以敕令定之。（依康德四年三月敕令第三十一号，自康德四年四月一日施行）

附则（康德六年八月敕令第二一二号）

本令自公布日施行。

《刑法》施行法

（康德四年三月十一日敕令第三〇号）

修正　康德四年五月敕令第一〇五号

第一条　本法称《旧刑法》者，谓依大同元年教令第三号援用之《刑法》。称他法令者，谓《刑法》施行前公布或援用之法令。

第二条　《旧刑法》第二编第十九章中关于吗啡、高根因、海洛因及其化合质料之规定,暂与《刑法》施行前有同一之效力。

本法中关于他法令之规定,于前项规定准用之。

第三条　关于《刑法》第八条但书之适用《旧刑法》所定之刑,从左列之例,视为依《刑法》之刑。

《旧刑法》之刑	《刑法》之刑
死刑	死刑
无期徒刑	无期徒刑
有期徒刑	有期徒刑
拘役	拘留
多额逾五十圆之罚金	罚金
多额五十圆以下之罚金	科料
没收	没收或毁灭效用

第四条　《刑法》施行前犯依《旧刑法》须告诉乃论之罪者,虽《刑法》施行后非有告诉,不论其罪。

第五条　就《刑法》施行前所犯之罪科罚金时,留置劳役场之期间不得逾一年。

第六条　《刑法》第四十二条之规定,就《刑法》施行前所犯之罪,亦适用之。

第七条　《刑法》施行前依《旧刑法》或他法令被科之刑或处分,从左列之例,视为依《刑法》之刑或处分。

依《旧刑法》或他法令之刑或处分	《刑法》之刑或处分
死刑	死刑
无期徒刑	无期徒刑
有期徒刑	有期徒刑
拘役	拘留
罚金	罚金
没收	没收或毁灭效用
追征	追征

第八条　《刑法》施行前所为之缓刑或假释,视为依《刑法》规定之刑之执行犹豫或假释放。

第九条　他法令所定之刑,准照第三条之例变更为《刑法》之刑。关于他法令所定之刑,不变更其期间或金额。但他法令中不特定长期短期或寡额之刑,从《刑法》关于期间或金额之规定。

第十条 他法令所引用《旧刑法》之规定,变更为刑法之相当规定。

第十一条 于他法令规定刑之减轻者,依《刑法》第六十一条之例。

第十二条 于他法令规定褫夺公权者,废止之。

第十三条 于他法令规定刑之加重者,废止之。

第十四条至第十七条 （删除康四・第一○五号）

第十八条 受刑人之释放,于刑期终了之翌日行之。

前项规定,于留置劳役场之执行准用之。

第十九条 《刑法》称亲属者谓左列之人。

一、直系血亲四亲等内之旁系血亲及此等人之配偶;

二、配偶;

三、三亲等内之姻亲。

附则

本法自《刑法》施行之日施行。（自康德四年四月一日施行）

暂行惩治叛徒法

（大同元年九月十二日教令第八○号）

修正 康德五年五月敕令第一○三号

兹经咨询参议府,制定《暂行惩治叛徒法》,著即公布此令。

第一条 意图紊乱国宪及危害或衰弱国家存立之基础而组织结社者,依左列各款分别处断。

一、首魁死刑;

二、干部及其他指导者,死刑或无期徒刑;

三、参与谋议或加入结社者,无期徒刑或十年以上有期徒刑。

第二条 以前条目的为骚扰、杀人、袭击、放火、胁迫及其他不法之行为者,处死刑或无期徒刑或十年以上之有期徒刑。犯前条之罪者又犯本条之罪时,加重本刑二分之一。

第三条 不问用出版、通信及任何方法,以第一条之目的宣传其目的事项者,处十年以上之有期徒刑。

第四条 以第一条之目的勾结外国或外国人者,处死刑或无期徒刑或十年以上之有期徒刑。

第五条　以第一条之目的煽惑军警者,处死刑或无期徒刑或十年以上之有期徒刑。

第六条　意图使犯前五条之罪而为煽动者,准照各本条处断之。

第七条　意图使犯第一条乃至第五条之罪而供与金品及其他财产上之利益或藏匿犯人者,及其他有帮助犯罪之行为者,处无期徒刑或十年以上之有期徒刑。

第八条　前各条之未遂罪,罚之。

第九条　意图犯第一条乃至第五条之罪而作预备或隐谋者,处无期徒刑或三年以上之有期徒刑。

第十条　犯本法之罪而于其未发觉前自首者,得减轻本刑三分之一或二分之一。

因自首人之告发查获本法之犯罪者或其证据时,对自首人得减轻或免除其本刑。

犯罪者犯本法之数罪已发觉期〔其〕一部分而自首其未发觉之罪时,得减轻其自首罪之刑三分之一或二分之一。

第十一条　犯本法之罪者,应褫夺其公权并得没收其财产。

第十二条　现任公务员犯本法之罪者,加重本刑三分之一或二分之一。

第十三条　法院对于犯本法之罪者,得按其情节定二年以上、五年以下之期间,使其誓约谨慎,得犹豫刑之宣告。

受犹豫宣告者,于其期间内违背其誓约时,加重本刑二分之一。

受犹豫宣告者,不违背誓约经过其期间时,公诉失其效力。

第十四条　(删除)

第十五条　本法不问何人,在本法施行区域外犯罪者,亦适用之。

第十六条　本法自公布之日施行。

暂行惩治盗匪法

（大同元年九月十二日教令第八一号）

修正　大同二年九月教令第七五号

兹经咨询参议府,制定《暂行惩治盗匪法》,著即公布此令。

第一条　意图以强暴或胁迫手段强取他人财物而聚众或结伙者,

为盗匪。

盗匪依左列各款,分别处断。

一、首魁或参与谋议或指挥众多者,死刑或无期徒刑;

二、其他者,无期徒刑或十年以上之有期徒刑。

帮助盗匪者以正犯论,只为盗匪执役或附和随行者,〈处〉七年以下之有期徒刑。

犯本条之罪者,褫夺公权。

第二条　盗匪犯左列各款之罪者,处死刑。

一、公共危险罪;

二、杀人罪;

二、强盗及海盗罪;

四、强奸罪;

五、恐吓罪;

六、脱逃罪。

第三条　盗匪除前条各号之罪外,犯《刑法》及其他刑罚法令所定之罪者,加重各本条本刑三分之一。

第四条　盗匪受缓刑之宣告,于其期间内再为盗匪者,处死刑。

第五条　关于盗匪案件不准上诉。但关于已为无罪判决之案件,检察官得上诉。

第六条　地方法院依本法为刑之宣告时,应即附具全案卷宗,呈报高等法院长,俟得核准后执行。但执行死刑者并应适用《刑法》第五十三条及《刑事诉讼法》第四百八十一条之规定。

高等法院长应对于前项之呈报特别认为有必要者,得命提审。

依前二项予核准或命提审之期间,不得逾十日。

司法部关于依据第一项但书规定之声请复准,认为特有必要时,得饬令再审或提交高等法院复审。

第七条　军队当剿讨肃清成股盗匪时,除得临阵格杀外,得由该军队司令官依其裁量斟酌措置。

第八条　高级警察官所指挥之警察队,当剿讨成股盗匪时,除得临阵格杀外,当场拿获盗匪。事态急迫有不能犹豫之情形时,得由该高级警察官依其裁量斟酌措置。

第九条　本法自公布之日施行。

《暂行惩治盗匪法》施行法

（大同二年一月二十日教令第四号）

修正　大同二年九月教令第七六号

兹经咨询参议府，制定《〈暂行惩治盗匪法〉施行法》，著即公布此令。

第一条　凡在《暂行惩治盗匪法》施行前之行为，有该法第一条至第三条之情形而未经确定判决者，依左列各款分别办理。

一、已经判决谕知而现尚系属于上诉审者，应为第二审或第三审之审判。但对于其第二审判决，不准上诉；

二、已经判决谕知尚未上诉而且在上诉期限内者，不准上诉；

三、未经判决谕知之案件，其行为系大同元年三月一日以前者，不适用《暂行惩治盗匪法》。

第二条　已经适用《暂行惩治盗匪法》而处断之案件，不得呈送复判。《暂行惩治盗匪法》施行时已经判决谕知而尚未呈送复判案件亦同。

第三条　凡在《暂行惩治盗匪法》施行前之行为，有该法第一条至第三条之情形而已呈送复判尚未经确定判决者，依左列各款分别办理。

一、现尚系属于复判审者，依《刑事诉讼法》所定之第一审诉讼程序审判；

二、于复判审经提审或指定推事莅审之裁定而现尚系属中者，亦与前款同；

三、于复判审经发回原审司法机关复审之裁定而现尚系属于原审司法机关者，依《刑事诉讼法》所定之第一审诉讼程序审判；

四、已经复判案件现尚系属于上诉审者，依《刑事诉讼法》所定之第二审或第三审诉讼程序审判。但对于其第二审判决，不准上诉。

第四条　高等法院长依《暂行惩治盗匪法》第六条第二项命提审者，应由高等法院依《刑事诉讼法》所定之第一审诉讼程序审判。

依《暂行惩治盗匪法》第六条第四项饬令再审或提交高等法院复审时，亦同前项。

第五条　有第三条第一款及第四条之情形者,其原判决视为业已撤销。

第五条之二　关于《暂行惩治盗匪法》所定犯罪之审判,得不指定依职权所应指定之辩护人。

第六条　对于《暂行惩治盗匪法》所定之犯罪,不适用《刑法》第二条但书之规定。

第七条　本法自公布之日施行。

关于处罚从前犯罪行为之件

（大同元年十一月九日教令第一〇七号）

兹经咨询参议府,制定《关于处罚从前犯罪行为之件》,著即公布此令。

大同元年三月九日以前之行为,依该行为时施行之法规成为犯罪者,限于该法规;依教令第三号受援用且其犯罪;依教令第十六号大赦令在不准赦免之列者,适用该援用法规或其代替之新法令处罚之。

关于处罚执行法人业务之社员及职员之件

（康德四年六月二十四日敕令第一三六号）

朕依《组织法》第四十一条,经咨询参议府,裁可《关于处罚执行法人业务之社员及职员之件》,著即公布。

执行法人业务之社员或职员,为使法人免处罚或刑之执行消灭法人时,处五年以下之徒刑或五千圆以下之罚金。

附则

本法自康德四年七月一日施行。

关于适用行政法规罚则之件

（康德五年九月十五日敕令第二二五号）

朕依《组织法》第三十六条,经咨询参议府,裁可《关于适用行政法规罚则之件》,著即公布。

（国务总理、治安部、民生部、司法部、产业部大臣、经济部大臣代理
经济部次长、交通部大臣副署）

第一条　本法于行政法规，就其罚则之适用规定，应依本法时适用之。

第二条　使用人及其他从业员关于本人之业务有抵触行政法规罚则之行为时，对于其行为人及本人，适用其罚则。

于前项情形，本人如系心神丧失人或未成年人时，对于其法定代理人适用其罚则。但未成年人关于营业具有与成年人同一之行为能力时，不在此限。

第三条　执行法人业务之社员或职员，关于法人之业务有抵触行政法规罚则之行为时，对于其人适用其罚则。

法人之使用人及其他从业员有前项之行为时，对于其行为人及执行法人业务之社员或职员，适用其罚则。

第四条　于第二条及前条第二项情形，应受处罚之本人、法定代理人、社员或职员证明其曾无法防止使用人及其他从业员所为之行为时，不罚之。

附则

本法自公布日施行。

关于处罚特殊团体职员之渎职之件

（康德六年九月一日敕令第二二八号）

朕依《组织法》第三十六条，经咨询参议府，裁可《关于处罚特殊团体职员之渎职之件》，著即公布。

（国务总理、治安部、民生部、司法部、产业部、经济部、交通部大臣副署）

第一条　本法所称特殊团体者，系指左列者而言。

一、会社及其他法人而对各该法人特制定法律或缔结条约者；

二、准于前款法人之法人及其他团体而系国务总理大臣时所指定者。

第二条　特殊团体之职员，关于其职务收受贿赂其他不正之利益，或使供与于他人者，处二年以下徒刑或三千圆以下罚金。为要求〔约〕

或期约者亦同。

　　受请托而犯前项之罪者,处五年以下徒刑。

　　第三条　犯前条之罪因而为不正之行为,或关于其所为之不正行为犯前条之罪者,处十年以下徒刑。

　　第四条　将为特殊团体之职员者,关于其应担当之职务受请托,收受贿赂其他不正之利益,或使供与于他人,或为要求〔约〕期约后为特殊团体之职员者,处三年以下徒刑或三千圆以下罚金。

　　第五条　曾为特殊团体之职员者,对于其在职中受请托之职务上行为,或对于职务之不正行为收受贿赂其他不正之利益,或为要求〔约〕期约者,处二年以下徒刑或三千圆以下罚金。

　　第六条　供与第二条第一项及前二条之贿赂其他不正之利益,或为其要约期约者,处　年以下徒刑或一千圆以下罚金。

　　供与第二条第二项及第三条之贿赂其他不正之利益,或为其要约期约者,处三年以下徒刑或三千圆以下罚金。

　　犯前二项之罪自首者,减轻或免除其刑。

　　第七条　犯前五条之罪者之间所收受之贿赂,没收之。其全部或一部不能没收者,向享利者追征其价额。

　　　　　　　　　附则

本法自康德六年九月一日施行。

关于指定《关于处罚特殊团体职员之
渎职之件》之团体之件

（康德六年九月一日院令第三七号）

　　兹将《关于指定康德六年敕令第二百二十八号〈关于处罚特殊团体职员之渎职之件〉第一条第二款之团体之件》制定如左。

（国务总理大臣副署）

　　康德六年敕令第二百二十八号《关于处罚特殊团体职员之渎职之件》第一条第二款之团体,指定如左。

　　一、满洲航空株式会社;

　　二、株式会社大兴公司;

三、满洲电业株式会社；

四、金融合作社（包含金融会及金融组合）；

五、金融合作社联合会（包含金融会联合会及金融组合联合会）；

六、株式会社本溪湖煤业公司；

七、日满商事株式会社；

八、社团法人满洲特产中央会；

九、满洲畜产株式会社；

十、满洲瓦斯株式会社；

十一、商工公会；

十二、省商工公会；

十三、社团法人满洲制粉联合会；

十四、满洲共同セメント①株式会社；

十五、社团法人满洲矿工技术员协会；

十六、满洲叶烟草株式会社；

十七、满洲生活必需品配给株式会社；

十八、满洲特殊制纸株式会社；

十九、社团法人满洲棉业联合会；

二十、米谷配给组合；

二十一、财团法人满洲空务协会；

二十二、满洲柞蚕株式会社；

二十三、丧事合作社（包含省丧事合作社联合会）。

附则

本令自康德六年敕令第二百二十八号《关于处罚特殊团体职员之渎职之件》施行之日施行。

特别刑事法

鸦片法

（大同元年十一月三十日教令第一——号）

修正　康德元年三月敕令第一——号（《基本法》□□论第二章第一

---

① 水泥。——整理者注

款参照）、二年十二月第一五五号、四年十二月第四八七号、六年十二月第三四〇号

　　兹经咨询参议府制定《鸦片法》，著即公布此令。

（国务总理、民政部、财政部总长副署）

　　第一条　本法所称之鸦片，系指生鸦片、鸦片烟膏及鸦片烟灰而言。

　　第二条　鸦片不得吸食之。但于康德五年一月十一日以前已达满二十五岁之鸦片瘾人，由政府认为治疗上有必要而许可者，吸食政府所出售之鸦片烟膏时不在此限。（康六・第三四〇号本条修正）

　　第三条　鸦片或鸦片吸食器具，不得输出或输入之。但政府输出或输入制药用或鸦片瘾人治疗用之生鸦片或鸦片烟膏时不在此限。（康六・第三四〇号本条修正）

　　第四条　鸦片除政府外不得制造之。但经罂粟栽种之许可者制造生鸦片时不在此限。（康六・第三四〇号本条修正）

　　第五条　鸦片吸食器具，非政府指定者，不得制造之。（康六・第三四〇号本条修正）

　　第六条　鸦片或鸦片吸食器具除政府外，不得买卖、授受、所有或持有之。但依民生部大臣所定，有左列各款情形之一时不在此限。

　　一、经鸦片烟膏吸食之许可者，买受、所有或持有鸦片烟膏或鸦片吸食器具时；

　　二、经鸦片烟膏吸食之许可者，所有或持有鸦片烟灰时；

　　三、经罂粟栽种之许可者，所有或持有生鸦片时；

　　四、经麻药制造之许可者，买受、所有或持有生鸦片时；

　　五、经鸦片吸食器具制造之指定者，所有或持有鸦片吸食器具时；

　　六、依前列各款之规定所有或持有鸦片或鸦片吸食器具者，致不能所有或持有，或致无人所有或持有而由本人、继承人或管理其财产者让与或持有时。（康六・第三四〇号本条修正）

　　第七条　不得意图营利而供与他人吸食鸦片之处所或设备。（康六・第三四〇号本条中修正）

　　第八条　非经政府之许可，不得以制造鸦片为目的而栽种罂粟。（康六・第三四〇号本条中修正）

第九条　不得以前条之目的买卖或授受罂粟种子。但对于经政府许可之罂粟栽种人贩卖或让与者,不在此限。(康六·第三四〇号本条中修正)

第十条　经政府许可之罂粟栽种人,应将其所制造之生鸦片缴纳于政府。

经政府指定之鸦片吸食器具制造人,应将其所制造之鸦片吸食器具缴纳于政府。

对于依前二项规定所缴纳之生鸦片吸食器具,依民生部大臣所定,交付补偿金。(康六·第三四〇号本条修正)

第十条之二　鸦片伪和物不得制造、买卖、授受、所有或持有之。(康二·第一五五本条追加)

第十条之三　经政府指定之鸦片吸食器具制造人或经政府许可之罂粟栽种人,违背本法或根据本法所发之命令,或根据本法或命令所为之处分时,政府得取消其指定或许可。(康六·第三四〇号本条追加)

第十一条　民生部大臣为矫正吸食鸦片之习癖起见,得对于鸦片瘾人为必要之处分。

前项处分所需费用之负担,依民生部大臣所定。(康四·第四八七号本条中修正)

第十二条　政府关于认为有必要之事项,得令第六条各款所列之人呈报。(康六·第三四〇号本条中修正)

第十三条　该管官吏得进入第六条各款所指者之罂粟栽种地、制造场、店铺或其他场所,检查罂粟、鸦片、机械、器具、账簿及其他文书物件,寻问关系人或为取缔上必要之处分。(康六·第三四〇号本条修正)

第十四条　有左列各款情形之一者,处七年以下徒刑或七千圆以下之罚金。

一、意图贩卖而关于鸦片违背第三条、第四条或第六条之规定者;

二、违背第七条或第八条之规定者。

前项之徒刑与罚金得并科之。(康四·第四八七号本条修正,六·第三四〇号本条中修正)

第十五条　意图贩卖而关于鸦片吸食器具,违背第四条或第五条之规定者,处五年以下之徒刑或五千圆以下之罚金。

前项之徒刑与罚金,得并科之。(康四·第四八七号本条修正)

第十五条之二　违背第二条、第六条或第九条之规定者,处三年以下之徒刑或三千圆以下之罚金。(康四·第四八七号本条修正,六·第三四○号本条中修正)

第十六条　前三条罪之未遂犯,罚之。(康四·第四八七号本条修正)

第十七条　有左列各款情形之一者,处一年以下徒刑或一千圆以下之罚金。

一、依第二条但书规定之鸦片瘾人,吸食政府所出售之鸦片烟膏以外之鸦片者;

二、非意图贩卖而违背第三条至第六条之规定者。(康四·第四八七号本条修正,六·第三四○号本条中修正)

第十八条　有左列各款情形之一者,处三月以下之徒刑或三百圆以下之罚金。

一、违背第十条之二之规定者;

二、不遵第十一条规定之处分者;

三、无正当之理由而懈怠第十二条规定之呈报或为虚伪之呈报者;

四、阻障第十三条规定之该管官吏之检查,或对于寻问不为答辩或为虚伪之答辩,或其他不遵该管官吏之处分者。(康四·第四八七号本条修正)

第十九条　于前六条情形,系犯罪之鸦片、鸦片吸食器具、罂粟、罂粟种子或鸦片伪和物,不问属于犯人与否,均没收之。不能没收其全部或一部时,则追征其价额。(康六·第三四○号本条修正)

第二十条　关于前七条规定之适用,依康德五年敕令第二百二十五号《关于适用行政法规罚则之件》。(康六·第三四○号本条修正)

第二十一条　(康六·第三四○号本条删除)

第二十二条　施行本法之期日,以敕令定之。(依据大同二年一月教令第一号,自大同二年一月十一日施行)

附则(康德二年十二月二十六日敕令第一五五号)

本法自康德三年四月一日施行。

本法施行之际,依从前规定受指定之批发鸦片人现有之鸦片,得于自本法施行之日起十五日以内,请求政府买回。

附则(康德四年十二月二十七日敕令第四八七号)

本法自康德五年一月一日施行。

　　附则(康德六年十二月二十八日敕令第三四〇号)

本法自康德七年一月一日施行。

《鸦片法》施行规则

　　　　　　(康德六年十二月二十八日民生部令第六十二号)

兹将《〈鸦片法〉施行规则》制定如左。

　　第一条　依《鸦片法》第二条但书之规定,鸦片瘾者吸食之许可,由警察官署为之。

　　第二条　警察官署欲为吸食之许可时,应审查其本籍、住居地、职业、姓名、年龄及一日之吸食量。限于认为救疗上有必要者,依第一号格式,登录于鸦片瘾者登录簿,而将依第二号格式之鸦片瘾者,登录证明书(以下称登录证明书)及依第三号样式之鸦片烟膏购买账(以下称购买帐)发给之。

　　第三条　登录瘾者于旅行地有买受鸦片烟膏之必要时,应呈请住居地之警察官署,发给旅行证明书。

　　警察官署受前项之呈请时,应确认其事实后依第四号格式发给鸦片瘾者旅行证明书(以下称旅行证明书)。

　　第四条　登录瘾者不得将登录证明书、购买账或旅行证明书让与或借与他人。

　　第五条　登录瘾者欲买受鸦片烟膏时,应将登录证明书及购买账提示于受指定之管烟所。但于旅行地欲买受鸦片烟膏时应将登录证明书、购买帐及旅行证明书提示于旅行地之管烟所。

　　第六条　管烟所欲为鸦片烟膏之售与时,应审查依前条之规定所受提示之登录证明书、购买账及旅行证明书,限于认为正当者,将所定事项记入于购买账而售与之。

　　第七条　登录瘾者欲买受鸦片吸食器具时,应将登录证明书提示于受指定之管烟所。

　　第八条　管烟所欲为鸦片吸食器具之售与时,审查依前条之规定所受提示之登录证明书,限于认为正当者,应售与之。

　　第九条　管烟所时常留意登录瘾者之动静,关于其吸食状况附以意见,依第五号样式于每月十五日以前,应通报于登录瘾者之该当警察官署。

第十条　登录瘾者不得购买或持有超过吸食定量十日分之鸦片烟膏。但因地方之情形及其他不得已事由,受该管警察官署之许可时不在此限。

第十一条　登录瘾者应将因吸食鸦片烟膏所生出之鸦片烟灰,缴纳于指定管烟所。

第十二条　登录瘾者将登录证明书或购买账遗失或毁损、或购买账之纸数用尽时,应即时呈报该管警察官署领受补发。

第十三条　登录瘾者变更住居时,应于十日以内检同登录证明书及购买账,呈报于新住居地之警察官署。

接受前项报告之警察官署,准于第二条之规定,应为登录,通报于旧住居地之警察官署。

第十四条　警察官署考查登录瘾者之年龄及中瘾状态,由认有急速矫治之必要者,应顺次命入康生院,使受治疗。

第十五条　康生院长对登录瘾者有希望治疗者时,应使其入院。

康生院长依前项使登录瘾者入院时,应于五日以内通报于瘾者之该管警察官署。

第十六条　于前二条时,入院者之治疗费用为康生院负担。但就有资力者,得征收实费。

依前项但书之规定征收实费额,另定之。

第十七条　康生院长使登录瘾者入院时,应将其登录证明书及购买账使提出而保管之。

第十八条　康生院长于入院之登录瘾者治疗或死亡时,应于五日以内检同登录证明书及购买账,通报于瘾者之该管警察官署。

第十九条　未入院于康生院之登录瘾者,治愈后应检同康生院或警察官署指定之医师所发给之治愈证明书、登录证明书及购买账;死亡时应检同登录证明书及购买账,于十日以内将其意旨呈报于该管警察官署。

于前项死亡时之呈报,应由其家族或同居者为之。

第二十条　警察官署认为必要时,对于登录瘾者得禁止管烟所外之吸食,或命其他鸦片瘾者管理上必要之事项。

第二十一条　警察官署调查鸦片瘾者登录数,依第六号样式,应将前月分于每月五日以前报告于省长或警察总监。

省长或警察总监应根据前项之报告，依第七号格式，将前月分于每月十五日以前通报于禁烟总局长。

第二十二条　栽种罂粟之地域及其面积，每年经民生部大臣之认可，由禁烟总局长定之。

第二十三条　欲栽种罂粟者，应开具左列事项，每年呈请该管省长，受许可。其欲变更或废止栽种时亦同。

一、住所、姓名及生年月日；

二、栽种地址及面积。

第二十四条　受前条之许可，应于每栽种地树立记载其地址、面积、栽种人住所、姓名之标本。

第二十五条　栽种罂粟人应将其制造之生鸦片，于该管省长指定之期间及处所，缴纳于省长。

依前项之规定，对于受缴纳之生鸦片，该管省长依其品味交付补偿金。

第二十六条　生鸦片之补偿价格，每年经民生部大臣之认可，由禁烟总局长定之。

第二十七条　省长应将受缴纳之生鸦片送交于禁烟总局长。

第二十八条　鸦片吸食器具制造人，由禁烟总局长指定之。

第二十九条　鸦片吸食器具制造人，应将其制造之鸦片吸食器具缴纳于禁烟总局长。

依前项之规定，对于受缴纳之鸦片吸食器具，禁烟总局长交付补偿金。

第三十条　鸦片吸食器具之补偿价格，经民生部大臣之认可，由禁烟总局长定之。

第三十一条　受麻药制造之许可者，因制药需用生鸦片时，应呈请禁烟总局长售与。

第三十二条　违反第二十五条第一项或第二十九条第一项之规定者，处二百圆以下之罚金或拘留。

第三十三条　违反第四条、第十条、第十一条或第二十四条之规定者，处拘留或科料。

第三十四条　不为第十二条、第十三条或第十九条之呈报或不遵依第二十条规定之命令者,处二十圆以下科料。

附则

本令自康德七年一月一日施行。

《鸦片瘾者管理规则》废止之。

麻药法

（康德四年七月二十二日敕令第二一五号）

修正　康德五年十一月敕令第二六六号、六年十二月第三三九号

朕依《组织法》第三十六条,经咨询参议府,裁可《麻药法》,著即公布。

（国务总理、民生部、经济部大臣副署）

第一条　本法所称麻药者,系指左列各款之一之物而言。

一、药用鸦片;

二、"莫儿西涅（吗啡）"及"吉阿塞气儿莫儿西涅（安洛因）"其他之"莫儿西涅爱斯的儿"并其各药类;

三、"爱苦哥宁"(不论比旋光度如何)及"可卡因（高根）"其他之"爱苦哥宁爱斯的儿"并其各药类;

四、"吉西豆洛欧气细古帝因"、"吉西豆洛古帝因"、"吉西豆洛莫儿西涅"、"阿塞气儿吉西豆古帝因"、"吉西豆洛莫儿西涅"其及各"爱斯的儿"并其各药类;

五、"古帝因"、"爱气儿莫儿西涅"、"漏吉儿莫儿西涅"其他之"莫儿西涅依的儿"及其各药类;

六、"莫儿西涅野奴欧气细豆"其他之五价窒素"莫儿西涅"（吗啡）及其诱导体;

七、"吉西豆洛古帝因"及"的巴因"并其各药类;

八、检出"莫儿西涅"（吗啡）、"莫儿西涅爱斯的儿"或"莫儿西涅依的儿"之物,但除受《药品法》第七条许可所制造或输入之成药;

九、检出"吉西豆洛欧气细古帝因"、"吉西豆洛古帝因"、"吉西豆洛莫儿西涅"、"阿塞气儿吉西豆洛古帝因"、"吉西豆洛莫儿西涅"或其各"爱斯的儿"或五价窒素"莫儿西涅（吗啡）"或其诱导体之物,但除受《药品法》第七条许可所制造或输入之成药;

十、检出"爱苦哥宁"或"可卡因（高根）"其他之"爱苦哥宁爱斯的儿"之物，但除受《药品法》第七条许可所制造或输入之成药；

十一、印度大麻草、其树脂及含有此类之物。（康五·第二六六号，六·第三三九号本条中修正）

第二条　前条第一款及第二款所载之麻药之制造、输入及售与，由政府行之。

关于前项麻药之制造、输入及售与必要之事项，以敕令定之。（康六·第三三九号本条中修正）

第三条　凡欲制造第一条第三款至第十款所载之麻药者，应填具左列各款之事项，受主管部大臣之许可。

一、制造所之所在地；

二、品名；

三、制造或贮藏使用之建筑物之位置、构造及设备。

受前项之许可后，欲变更前项各款之事项时，应就其事项再受许可。（康六·第三三九号本条中修正）

第四条　受前条第一项之许可者，每年应填具左列各款之事项，受主管部大臣之许可。

一、制造数量；

二、原料之种类、数量及其取得方法；

受前项之许可后，欲变更前项各款之事项时，应就其事项再受许可。

第五条　受第三条第一项及前条第一项之许可者，应将于其年度之左列各款事项至翌年一月末日止，呈报于主管部大臣。

一、原料之受入数量、使用数量及现在数量；

二、麻药之制造数量、贩卖其他之支出数量及现在数量。

前项之规定，以麻药为原料而制造非麻药之物者准用之。

第六条　凡欲输入第一条第三款至第十一款所载之麻药者，应填具左列各款之事项，受主管部大臣之许可。

一、品名及数量；

二、输入之目的；

三、发货人之姓名或商号及业务所之所在地；

四、输入之期间；

五、送货之方法；

六、输入地（依邮便时其邮局名）。

受前项之许可后欲变更前项各款之事项时，应就其事项再受许可。

主管部大臣为前二项之许可时，应发给输入许可证及输入许可证明书。（康六·第三三九号本条中修正）

第七条　凡欲输出麻药者，应填具左列各款之事项，添附由受货地该管官署所发给之输入许可证明书或保税仓库搬入许可证明书，受主管部大臣之许可。

一、品名及数量；

二、受货人之姓名或商号及业务所之所在地；

三、输出之期间；

四、送货之方法；

五、输出地（依邮便时其邮局名）。

受前项之许可后欲变更前项各款之事项时，应就其事项再受许可。

主管部大臣为前二项之许可时，应发给输出许可证及输出许可证之誊本。

前项之输出许可证之誊本，应添送于其发货。

第八条　凡输入或输出麻药者，应添附输入许可证及添送于发货之输出许可证之誊本或输出许可证，于十日以内将其旨呈报于主管部大臣。

第九条　凡受麻药之输入或输出之许可者，不为输入或输出时，应于受许可之期间满了后十日以内，添附输入许可证及输入许可证明书或输出许可证及输出许可证之誊本，将其旨呈报于主管部大臣。

第十条　以通过帝国之目的输送麻药时，关于本法之适用，视为输入或输出。

前项之规定，依邮便输送时不适用之。

第十一条　麻药不得让渡或让受之。但依令之所定有左列各款情形之一时不在此限。

一、依第三条、第六条或第七条之规定受麻药之制造、输入或输出之许可时；

二、医师、齿科医师、兽医师、药剂师或依《药品法》第八条之规定而受许可者，于业务上有必要时；

三、依医师、齿科医师或兽医师之处方笺时；

四、供学术用时。

第十二条　麻药除有左列各款情形之一者外，不得以吸食、注射其他之方法供使用。

一、医师、齿科医师、兽医师或药剂师于业务上有必要时；

二、依医师、齿科医师或兽医师之处方笺时；

三、供学术用时。

第十三条　医师于诊疗之际发见麻药瘾者时，应将其姓名、年龄、性别、住居及中毒麻药之种类，于十日以内呈报于管辖诊疗所所在地之警察官署。

第十四条　主管部大臣为矫正麻药之吸食或注射之习癖，得对于麻药瘾者必要之处分。

前项处分所要费用之负担，依主管部大臣之所定。

第十五条　主管部大臣得对于办理麻药者，为取缔上必要之处分。

第十六条　该管官吏得进入办理麻药者之制造所、店铺、其他之场所，检查原料、制品、机械、器具、账簿、书类其他之物件，或寻问关系人。

第十七条　办理麻药者废药或死亡时，关于现存之麻药及原料之处分，以命令定之。

第十八条　依第三条、第六条或第七条之规定而受许可者，或以麻药为原料制造非麻药之物者，违反本法或关于麻药或鸦片为犯罪其他不正之行为时，主管部大臣得取消其许可或禁止或停止其制造。

第十九条　私制造输入或贩卖第一条第一款或第二款所载之麻药者，处七年以下之徒刑或七千圆以下之罚金。

前项之徒刑与罚金得并科之。（康六·第三三九号本条中修正）

第二十条　未受依第三条第一项或第六条第一项规定之许可而制造或输入第一条第三款至第十一款所载之麻药者，处五年以下之徒刑或五千圆以下之罚金。

未受依第七条第一项规定之许可而输出麻药者，亦与前项同。（康六·第三三九号本条中修正）

第二十一条　前二条之罪未遂犯，罚之。

第二十二条　为第十九条之罪之预备者，处二年以下之徒刑或二千圆以下之罚金。

第二十三条　违反第十一条或第十二条之规定者,处三年以下之徒刑或三千圆以下之罚金。

第二十四条　违反第三条第二项、第四条、第六条第二项或第七条第二项之规定者,处六月以下之徒刑或五百圆以下之罚金。

第二十五条　不服第十四条第一项之处分者,处三月以下之徒刑或三百圆以下之罚金。

第二十六条　有左列各款情形之一者,处三百圆以下之罚金。

一、不服依第十五条规定之处分者;

二、阻碍依第十六条规定之该管官吏之检查,或对于讯问不为答辩或为虚伪之答辩者。

第二十七条　违反第五条、第七条第四项、第八条、第九条或第十二条之规定者,处拘留或科料。

第二十八条　为违反本法规定者之犯罪物件之麻药,不属于犯人以外者时,没收之。犯人消费或让渡之时则追征其价额。

第二十九条　为违反本法规定者之犯罪物件之麻药,属于犯人以外者时,得以行政处分没收之。

第三十条　使用人其他之从业员关于本人之业务有触犯本法罚则之行为时,除罚该行为人外,并处罚本人。但本人如系心神丧失人或关于营业未具有与成年人同一能力之未成年人时,则处罚其法定代理人。

第三十一条　法人之使用人其他之从业员关于法人之业务有触犯本法罚则之行为时,除罚该行为人外,并处罚执行业务之社员或职员。

第三十二条　于第三十条或前条第一项之情形,本人、法定代理人、社员或职员证明其对于违反行为无法防止时,则不罚之。

附则

本法施行期日以敕令定之。(以康德四年九月敕令第二七一号,自四年九月十五日施行)

本法施行之际,现为麻药瘾者有救疗上之必要者,依命令之所定,暂时发给证明为瘾者之票。

前项之证明票,视为第十一条第三款及第十二条第二款之处方笺。

本法所称兽医师者,系指受官之许可为兽医之业务者而言。

附则(康德五年十一月二十四日敕令第二六六号)

本法自公布日施行。

　　附则（康德六年十二月二十八日敕令第三三九号）
本法自康德七年一月一日施行。

《麻药法》施行规则

　　　　　　　　　　（康德六年十二月二十八日民生部令第六三号）
　　兹将《〈麻药法〉施行规则》修正如左。

　　第一条　据《麻药法》第六条或第七条之规定，受麻药之输入或输出许可者，欲输入或输出其麻药时，应将输入或输出许可证在输入或输出申报时，提示于税关长。

　　第二条　据《麻药法》第十条之规定，以通过帝国之目的欲将麻药卸货、换装、退回或运送者，应经由税关长呈请民生部大臣。

　　前项之呈请于办理税关手续时，应将发货添送之输出许可证明书或转向证明书提示于税关长，将其誊本添附于呈请书为之。

　　第一项之麻药，不得输送于与输出许可证明书或转向证明书所载输送地相异之处所，或未受税关长之许可，施行包装之变更或其他之操作。

　　第三条　制造或输入麻药而贩卖者或零分贩卖者，除在麻药之容器或被包上记入业务所之所在地、姓名或商号外，并应记载左列之事项。

　　一、"麻"字；

　　二、除合于《麻药法》第一条第一款至第四款之麻药，在五瓦以下之内容者外，将其制造、输入或零分年月日及年别连接号数；

　　三、在合于《麻药法》第一条第八款至第十款之麻药（除满洲国药局方记载之药品），将其含有麻药"植物碱质"之量。

　　输入之麻药，在载有合于前项各款之事项者，得将其事项之记载省略之。

　　第四条　药品营业者对于他之药品营业者、医师、齿科医师、兽医师其他在业务上有麻药之必要者移让麻药时，关于业务上有麻药之必要情形，应请求警察官署长之证明。但于业务上有麻药之必要者为自己之知人时不在此限。

　　第五条　药品营业者应备具第一号格式之麻药受拂簿，对于麻药之收支,将其品名、种类、数量、年月日并纳入处或付出处之住所或及业务所之所在地、职业及姓名或商号记入之。但据医师、齿科医师或兽医师之药方而移让麻药不在此限。

在第三条第二款之麻药则应于前项外,记入同款规定之容器或被包之记载事项。

第六条　因业务上之必要,所有麻药者死亡、废业,或受许可之取消或失踪之宣告时,应在三十日以内将其现存麻药之品名及数量,向住所地或营业所所在地之警察官署长呈报,并在其指示期间内施行麻药之处分。

在前项时规存之麻药,受警察官署长之许可,得让与在业务上有麻药之必要者。

第一项者死亡时之呈报及前项之处分,应由其继承人或财产管理者为之。

第七条　依《麻药法》附则第二项之规定证明麻药瘾者之票,由警察官署发给之。

第八条　警察官署依前条之规定,欲行麻药瘾者之证明时,应审查其本籍、居住地、职业、姓名、性别、年龄及一日之使用量,限于认为救疗上有必要者,指定其使用定量及管烟所,并依第二号格式登录于麻药瘾者登录簿,将依第三号格式之麻药瘾者登录证明书(以下称登录证明书)及依第四号格式之麻药购买账(以下称购买账)发给之。

第九条　登录瘾者于旅行地有买受麻药之必要时,应呈请居住地之警察官署,发给旅行证明书。

警察官署受前项之呈请时,应确认其事实后,依第五号格式发给麻药瘾者旅行证明书(以下称旅行证明书)。

第十条　登录瘾者不得将登录证明书、购买账或旅行证明书让与或借与他人。

第十一条　登录瘾者欲买受麻药时,应将登录证明书及购买账提示于受指定之管烟所。但于旅行地欲买受麻药时,应将登录证明书、购买账及旅行证明书提示于旅行地之管烟所。

第十二条　管烟所欲为麻药之售与时,应审查依前条之规定所受提示之登录证明书、购买账及旅行证明书,限于认为正当者,将所定事项记入于购买账而售与之。

第十三条　管烟所应时常留意登录瘾者之动静,关于其使用麻药状况附以意见,依第六号格式于每月十五日以前,通报于登录瘾者之该管警察官署。

第十四条　登录瘾者不得购买或持有超过使用定量五日分之麻药。但因地方之情形及其他不得已事由受该管警察官署之许可时不在此限。

第十五条　登录瘾者将登录证明书或购买账遗失或毁损,或购买账之纸数用尽时,应即时呈报该管警察官署领受补发。

第十六条　登录瘾者变更居住时,应于十日以内检同登录证明书及购买账,呈报于新居住地之警察官署。

接受前项呈报之警察官署,应准于第八条之规定为登录,并通报于旧居住地之警察官署。

第十七条　警察官署应考查登录瘾者之年龄及中毒状态,由认为有急速矫治之必要者,顺次命入康生院使受治疗。

第十八条　康生院长对登录瘾者有希望受治疗者时,应使其入院。康生院长依前项使登录瘾者入院时,应于五日以内通报于瘾者之该管警察官署。

第十九条　于前二条时入院者之治疗费用,由康生院负担。但就有资力者,得征收实费。

依前项但书之规定征收实费额,另定之。

第二十条　康生院长使登录瘾者入院时,应使其提出登录证明书及购买账而保管之。

第二十一条　康生院长于入院之登录瘾者治愈或死亡时,应于五日以内检同登录证明书及购买账,通报于瘾者之该管警察官署。

第二十二条　未入院于康生院之登录瘾者,治愈后应检同康生院或警察官署指定之医师所发给之治愈证明书、登录证明书及购买账;死亡时应检同登录证明书及购买账,于十日以内将其意旨呈报于该管警察官署。

于前项死亡时之呈报,应由其家族或同居者为之。

第二十三条　警察官署对于登录瘾者,得命管理上有必要之事项。

第二十四条　警察官署应调查麻药瘾者登录数,依第七号格式,将前月分于每月五日以前报告于省长或警察总监。

省长或警察总监应根据前项之报告,依第八号格式,将前月分于每月十五日以前通报于禁烟总局长。

第二十五条　违反第四条之规定者,处二百圆以下之罚金或科料。

第二十六条　违反第五条之规定者,处一百圆以下之罚金或科料。

第二十七条　违反第十条或第十四条之规定者,处拘留或科料。

第二十八条　违反第一条、第二条第三项、第三条、第六条、第十五条或第十六条之规定或不遵第二十三条规定之命令者,处二十圆以下之科料。

附则

本令自康德七年一月一日施行。

《麻药瘾者管理规则》废止之。

出版法

(大同元年十月二十四日教令第一〇三号)

修正　康德元年三月敕令第一一号

兹经咨询参议府,制定《出版法》,著即公布此令。

第一章　通则

第一条　本法所称出版物,指以出售散布之目的,用机械或化学方法所复制之文书、图画而言。

第二条　出版物分为左列三种。

一、新闻纸:用一定名称于七日以内之期间,定期或不定期继续发行者;

二、杂志:用一定名称于四月以内之期间,定期或不定期继续发行而非前款之新闻纸类者;

三、普通出版物:非前二款新闻纸及杂志类者。

与新闻纸或杂志用同一名称临时发行之出版物,视为该新闻纸或杂志。

同一名称之新闻纸或杂志,于他处地方发行时,各视为别种之新闻纸或杂志。

第三条　出版关系人分为左列四种。

一、发行人:管理出版物之出售散布者;

二、著作人：著述或制作文书图画者；

三、编辑人：管理新闻纸或杂志之编辑者；

四、印刷人：管理出版物之印刷者。

出版关系人不得兼充。

笔记他人之演述，登载于出版物或使人登载者，其笔记人视为著作人；若演述人关于其登载特与允许者，演述人亦负著作人之责任。

关于著作物之编纂，其编纂人视为著作人。原著作人关于其编纂特与允许者，原著作人亦负著作人之责任。关于著作物之翻译，其翻译人视为著作人。关于学校、公司、协会及其他团体为出版关系人之出版物，必须各定其代表人。

第四条　出版物不得揭载左列事项。

一、不法变革国家组织大纲或危害国家存立之基础事项；

二、关于外交或军事之机密事项；

三、恐有波及国交上重大影响之事项；

四、煽动曲庇犯罪或赏恤、陷害刑事被告人或犯人之事项；

五、不公开之诉讼辩论；

六、恐有惑乱民心，扰乱财界之事项；

七、由检察官或执行警察职务人员所禁止之事项；

八、其他淆乱安宁秩序或败坏风俗之事项。

第五条　出版物对于官公署或依法令组织之议会所未公示之文书及不公开会议之议事，非受各该官公署之准许，不得揭载。

第六条　民政部大臣、军政部大臣或外交部大臣关于外交、军事或财政上认为有障碍，或于治安维持上认为有必要之事项，得将该事项特别指明，禁止或制限揭载于新闻纸及杂志。

第七条　对于官署发行之出版物，不适用本法。但与发行同时，应送装订本二部于民政部大臣。

第八条　本法关于编辑人责任之规定，对于左列各类人员准用之。

一、临时编辑人；

二、编辑人之外实际编辑者；

三、对于揭载事项署名人；

四、关于正误或辩驳请求揭载者。

本法关于发行人责任之规定，对于临时发行人准用之。

第二章 新闻纸及杂志

第九条 发行新闻纸或杂志者,应开具左列事项,由发行人及编辑人连署并附履历书,呈请民政部大臣准许。

第一款乃至第五款事项,变更时亦同:

一、名称;

二、揭载事项之种类;

三、关于时事事项有无揭载;

四、发行之时期;

五、发行所及印刷所之名称及所在地;

六、发行人、编辑人及印刷人之原籍、住所、姓名及生年月日。

揭载关于时事事项之新闻纸或杂志之印刷所,不得设于本法施行地域外。因大灾及其他不得已之事由,拟变更发行所或印刷所时,应开具其事由,呈报民政部大臣备案。

第十条 变更新闻纸或杂志之发行人时,其欲为新发行人者,应开具履历书与发行人连署,呈请民政部大臣准许。

新闻纸或杂志之发行人死亡时,欲为新发行人者,应于该事由发生后二十日以内开具履历书,呈请民政部大臣准许。

在未经前项准许前,得先定临时发行人,限于事由发生后二月以内继续发行其新闻纸及杂志,并应由临时发行人将其情事即速呈报民政部大臣备案。

第十一条 变更新闻纸或杂志之编辑人时,发行人应开具欲为新编辑人者之履历书,呈请民政部大臣准许。

新闻纸或杂志之编辑人死亡时,发行人应新定编辑人,开具其履历书,于事由发生后十日以内呈请民政部大臣准许。

在未经前项准许前,得先定临时编辑人,限于事由发生后二月以内继续发行其新闻纸或杂志,并应由发行人即速呈报民政部大臣备案。

第十二条 发行新闻纸或杂志业经准许者,自该准日起逾二月尚未发行时,得撤销其准许。

第十三条 新闻纸或杂志废止发行者,应由原发行人即速呈报民政部大臣备案。

新闻纸逾所定刊期已满二月或杂志逾所定刊期已满四月尚未发行时,即视为发行之。

废止发行时,准许即失其效力。

第十四条　新闻纸或杂志拟休止或延期发行者,发行人应定其期间,呈报民政部大臣备案。

第十五条　新闻纸或杂志之发行人应将从事其事务人员之原籍、住所、姓名、生年月日、从事年月日及担任事务,自从事之时日起十日以内呈报民政部大臣备案。其呈报事项有变动亦同。

第十六条　新闻纸或杂志应记载发行人、编辑人及印刷人之姓名、发行所及印刷所之名称、所在地及其发行年月日。

第十七条　新闻纸或杂志发行人,新闻纸应于每发行时在出售或散布之前,杂志应于发行三日前,各以二份呈送民政部警务司,并以一份呈送该管警察官署及地方检察厅备案。

第十八条　新闻纸或杂志所揭载事项有错误,由关于其事项之本人或直接关系人请求正误或正误书或辩驳书之揭载者,日刊新闻纸接受其请求后,三日以内应为其正误或刊登正误书或辩驳书全文。

其他新闻纸或杂志应于接受请求后次回发行时办理。但其正误或辩驳之内容显与本法及其他法令相违背或请求人姓名、住所未经记明或自揭载日起逾六月而始行请求者,不在此限。正误或辩驳刊登地位及文字大小应与原文相当。

正误或正误书或辩驳书之字数超过原文之二倍者,对于其超过字数得向请求刊登人请求,与以新闻纸或杂志所定普通广告费同一之代价。

第十九条　原系由公报或他新闻纸或杂志所抄录之事项,而该公报或新闻纸或杂志已为正误或刊登正误书或辩驳书者,虽无本人或直接关系人请求,应于该公报新闻纸或杂志入手后,依照前条之例正误或刊登正误书或辩驳书。但不得请求付费。

第二十条　在外国或本法施行地域外发行之新闻纸或杂志,以本法施行区域内出售散布之目的拟输入或移入者,其代售人应开具左列事项,呈报民政部大臣备案。但无代售人者,应由发行人办其手续,其呈报事项有变更时亦同。

一、名称;

二、发行所之名称及所在地;

三、发行人及编辑人之住所及姓名;

四、关于时事事项有无揭载；

五、发行之时期；

六、输入或移入开始之年月日；

七、输入或移入之经过路线及出售散布之区域；

八、代售人之住所、姓名、生年月日及职业；

九、代售处之名称及所在地。

第二十一条　依前条之规定输入或移入之新闻纸或杂志之发行人，每次出售散布前输入者则向其输入地，移入者则向其发行所就近之警察官署及地方检察厅分别各呈送一份，并呈送二份于民政部警务司备案。

第三章　普通出版物

第二十二条　发行普通出版物者，发行人应除到达所需日数外，自发行之日起三日以前以装订本二部呈送民政部警务司，并应与著作人连署呈报民政部大臣备案。其改订增补时亦同。

第二十三条　普通出版物应于其末尾记入发行人、著作人及印刷人之住所、姓名及发行所、印刷所之名称、所在地并发行及印刷之年月日。

第二十四条　书信、章程、营业报告书目录、传单、广告、戏单、秩序单、各种表格、证书、证券及照片，不适用前二条之规定。

第二十五条　印行有关系政治之传单或标语者，应由发行人连同原稿呈请该管警察官署准许。

第四章　对于出版物之行政处分

第二十六条　民政部大臣认为本法第四条至第六条所载禁止或限制之事项揭载于出版物者，得禁止其出售散布，并认为有必要时得扣押之；对于新闻纸或杂志并得停止其发行或撤销发行之准许。

民政部大臣于扣押出版物有必要时，得扣押其原版。

第二十七条　民政部大臣认〈为〉在外国或本法施行地域外发行之出版物有揭载第四条至第六条禁止或限制事项者，得禁止其出售散布；倘认为再继续揭载其事项者，得禁止其输入或移入，有必要时并得扣押之。

第二十八条　有左列各款之一者，该管警察官署长应扣押该出版物。

一、业经禁止出售散布之出版物，以出售散布之目的再行印刷者；

二、业经禁止输入或移入之出版物输入或移入者；

三、未经准许而发行新闻纸或杂志者；

四、发行停止期间内发行新闻纸或杂志者。

第二十九条　依本法所扣押之出版物或原版六月以上未经解除其扣押者，得由执行扣押之官署处分之。

第三十条　新闻纸或杂志之发行人违反本法受罚至二次以上者，民政部大臣得停止其新闻纸或杂志之发行或撤销发行之准许。

第五章　罚则

第三十一条　违反第三条第二项或第五项者，处百圆以下罚金。

第三十二条　揭载第四条第一款至第八款事项于出版物者时，处发行人、编辑人及著作人一年以下有期徒刑或三百圆以下罚金。

第三十三条　印刷第四条第一款事项者，处印刷人六月以下有期徒刑。

第三十四条　违反第五条之规定者，处发行人、编辑人及著作人六月以下有期徒刑或二百圆以下罚金。

第三十五条　违反依第六条之规定之禁止或制限时，处发行人及编辑人一年以下有期徒刑或三百圆以下罚金。

第三十六条　有左列各款之一者，处发行人二百圆以下罚金。

一、违反第九条、第十条、第十一条之规定，发行新闻纸或杂志者；

二、不依照第二十二条规定呈报或为虚伪之呈报，发行普通出版物者。

第三十七条　违反第十三条第一项、第十四条或第十五条之规定者，处发行人五十圆以下罚金。

第三十八条　有左列各款之一者，处发行人百圆以下罚金。

一、违反第十六条、第十七条、第二十一条或第二十三条之规定者；

二、违反第二十二条之规定不呈送装订本者。

第三十九条　违反第十八条第一项、第二项或第十九条者，处编辑人五十圆以下罚金。

第四十条　违反第二十条之规定输入或移入新闻纸或杂志者，处百圆以下罚金。

第四十一条　违反第二十五条之规定者，处发行人百圆以下罚金。

第四十二条 违反第二十六条或第三十条规定之处分发行出版物者,处发行人一年以下有期徒刑或三百圆以下罚金。

第四十三条 有左列各款之一者,处一年以下有期徒刑。

一、违反第二十七条规定之处分,出售、散布或输入、移入出版物者;

二、依第二十六条及第二十七条之规定,业经禁止出售、散布或输入、移入之出版物,知情出售、散布或输入、移入者。

附则

第四十四条 本法自大同元年十一月一日施行。

第四十五条 本法施行以前,现已发行新闻纸或杂志或输入或移入者,自本法施行之日起二月以内应遵本法程序办理。

关于暴利取缔之件

(康德五年四月十二日经济部令第一九号、治安部令第二六号、产业部令第二五号)

第一条 对于左列物品以引起急激之市价变动因而获得暴利之手段,将其专买或居奇或企图为之者,处六月以下之徒刑或三百圆以下之罚金或拘留或科料。

米;

小麦及小麦粉;

燕麦;

高粱;

包米;

粟;

蓖麻子;

饮食料品及调味料;

嗜好品;

饲料;

牲畜;

被服卧具类及其材料;

麻制品;

皮革及皮革制品;

纸制品及其他卫生材料；

自动车及其他运搬具；

防寒具及其材料；

木柴及木炭；

金属及建筑材料。

第二条 以取得暴利之目的，依不正当之对价或条件，贩卖前条所列之物品及其他日常生活上必要之物品企图为之者，处以拘留或科料。

以得暴利之目的，依不正当之对价或条件，租赁家屋、房间、车马及其他运搬具或提供劳力者，亦同前项处罚。

第三条 主管部大臣认为于取缔上有必要时，得指定期间及物品，公示标准价格。关于家屋、房间、车马及其他运搬具之对价或条件亦同。

主管部大臣得将前项权限之一部委任省长或新京特别市长。

第四条 警察官署认为于取缔上有必要时，对于贩卖第一条所列之物品及其他日常生活上必要之物品者，得指定物品及方法，令其表示其贩卖价格。

第五条 依前条之规定被命表示贩卖价格者，若怠于表示或不遵指定之方法时，处以三十日以内之拘留或三十圆以下之科料。

第六条 主管部大臣认为必要时，对于以经营第一条所列之物品及其他日常生活上必要之物品为业者，或租赁家屋、房间、车马及其他运搬具或提供劳力者，得征取其关于买卖价格、买卖数量、贮藏数量、租赁价格、劳银等之报告，或令该管官吏临检其住所、营业所、店铺、仓库、工场及其他场所，检查金库账簿及其他各种文书物件或询问关系者，或发端于暴利取缔上必要之命令。

该管官吏执行前项规定之职务时，应携带证明其身份之文件。

第七条 对于不为依前条第一项之规定所命之报告或为虚伪之报告，或阻碍前条第一项之该管官吏之检查或不答询问，抑或为虚伪之答辩其他或违背本令或根据本令所为之处分者，处三月以下之徒刑或一百圆以下之罚金或拘留或科料。

第八条 使用人或其他之从业员关于本人之业务有触犯本令罚则之行为时，除处罚该行为者外并处罚本人。但本人为心神丧失者或关于营业未有与成年人同一能力之未成年人时，则处罚其法定代理人。

第九条　法人使用人或其他之从业员关于该法人业务有触犯本令罚则行为时，除处罚该行为者外，并处罚执行业务之社员或职员。

执行法人之业务社员或职员有前项之行为时，则处罚该社员或职员。

第十条　于第八条及前条第一项之场合，应受处罚之本人、法定代理人、社员或职员若证明其对于各该违背行为无法防止时，则不罚之。

附则

本令自公布日施行。

租税犯处罚法

（康德三年五月二十八日敕令第七四号）

修正　康德四年十月敕令第三〇五号，同十二月敕令第五〇四号

朕依《组织法》第三十六条，经咨询参议府，裁可《租税犯处罚法》，著即公布。

第一章　实体规定

第一条　本法称租税犯，谓违背依关于租税之法令所课义务之行为而应科以刑罚者。

第二条　关于租税犯罚则之适用，除其法令有特别规定外，依本法。

第三条　租税犯不适用《刑法》第十六条但书、第十九条第二项、第二十条后段、第四十八条、第五十条第一项但书、第五十二条第一款、第五十七条、第五十八条、第六十四条及第六十五条之规定。但妨害税务官吏执行职务之罪不在此限。

第四条　从业者关于业务主之业务为构成租税犯之行为时，对于从业者及业务主适用其罚则。但业务主如系心神丧失人或关于营业未具有与成年人同一能力之未成年人者，对于其法定代理人适用其罚则；若无法定代理人者，对于代业务主而主持其业务者适用之。

前项称业务主，谓依关于租税之法令课以纳税、申报及其他义务之人或法人；称从业者，谓从事业务主之业务之法定代理人、代理人、家长、家属、亲人及其他之人。

第五条　于前条情形，业务主或其法定代理人或业务主持者，证明

其附属无从防止从业者之犯则行为时,不罚之。

对于执行业务社员及其他执行法人业务者,有前项之证明时,不罚其法人。

第五条之二 因公诉权消灭而不得为没收之物,得没取之。

第二章 程序规定

第一节 总则

第六条 关于租税犯之案件,应按本法所定由管辖其犯罪地之税捐局长即决之。

第七条 受前条即决处分之人如有不服时,得请求正式审判。

第八条 关于租税犯之案件,除遇有对于即决处分请求正式审判者外,不属于法院。

第九条 犯则者如系法人时,代表人关于处罚程序代表之。

虽数人共同应代表法人时,对于前项之程序仍各自代表之。

第九条之二 依第五条之二规定之没取,由税捐局长或检察厅行之。

第二节 搜查

第十条 税务官吏知有租税犯之嫌疑者,应搜查犯则者及证据。

第十一条 税务官吏认为搜查上有必要时,得讯问嫌疑人或参考人。

第十二条 嫌疑人有左列各款情形之一时,税务官吏得拘置之。

一、无一定住址时;

二、有湮灭证据之虞时;

三、逃亡或有逃亡之虞时。

第十三条 拘置将嫌疑人拘禁于税捐局、警察官署或其他适当之处所而执行之。

第十四条 拘置不得逾十五日。

即决处分确定或已至无拘禁之必要时,应即解除拘置。

第十五条 税务官吏认为有证据物或可以没收之物时,得押收之。

第十六条 可以没收之押收物有灭失或损坏之虞者或不便保管者,税捐局长得因税务官吏之请求出卖之,并提存其价金。

前项出卖程序,准用《国税征收法》之规定。

第十七条 税务官吏搜查上认为有必要时,对于认为与案件有关系之处所、嫌疑人及其他关系人之居住或管理之处所，或认为藏匿证据物之处所，得搜索之。

对于认为隐匿证据物者之身体，亦与前项同。

第十八条　税务官吏认为有必要时，对于前条第一项所载处所得为检证。

第十九条　税务官吏当为前二条之处分认有必要时，处分中得禁止他人出入该处所或命在场之人退去。

第二十条　税务官吏为第十一条、第十二条、第十五条或第十七条至前条处分时，须携带证明其资格之证票，并遇有受该处分者之要求时，须示之。

税务官吏如不应前项要求时，受处分者得拒绝其处分。

第二十一条　税务官吏当为第十一条、第十二条、第十五条或第十七条至第十九条之处分，如有必要时得请警察官吏之协助。

第二十二条　税务官吏所为之嫌疑人之讯问，准用《刑事诉讼法》第一百二十四条至第一百二十九条之规定。于参考人之讯问，准用同法第一百二十七条、第一百六十五条、第一百七十条至第一百七十三条、第一百八十条及第一百八十一条之规定。于拘置，准用同法第九十八条及第九十九条之规定。于押收及搜索，准用同法第一百三十二条至第一百三十七条、第一百四十条、第一百四十三条、第一百四十五条、第一百四十六条、第一百四十八条、第一百五十条及第一百五十四条之规定。于检证，准用同法第一百三十六条、第一百三十七条、第一百四十三条、第一百四十五条及第一百五十八条之规定。于关于搜查书类之作成，准用同法第五十四条至第五十六条及第六十四条至第六十七条之规定。

第二十三条　税务官吏关于在其管辖区域内已经着手搜查之案件，如认有在管辖区域外为搜查之必要时，应嘱托管辖其地之税务监督署或税捐局之税务官吏。

第二十四条　于前条情形，税务官吏为发见事实起见认有必要时，得于管辖区域外自行搜查。

第二十五条　依税务官吏之搜查所搜集之证据，应由管辖犯罪地税捐局之税务官吏汇齐之。

第二十六条　税务官吏于搜查完毕后，应向所属税捐局长以书面报告其结果。

税务官吏为前项之报告时,应同时向税捐局长提出关系文件及证据物。

第三节　即决处分

第二十七条　税捐局长关于租税犯之案件接受税务官吏搜查结果之报告时,应调查文件及证据物,如认有犯罪证明,应以即决处分对于犯则者为刑之谕知。但因情节认为无处罚之必要时不在此限。

第二十八条　为即决处分时,得同时命犯则者担负处分费用。前项处分费用以因送达该案件之文件所需费用为限。

第二十九条　为即决处分时,应制作即决处分书。

即决处分书应分为主文与理由,记载左列事项,并由税捐局长署名盖印。

一、犯则者;

二、犯罪事项;

三、适用法令之条项;

四、刑及不能完纳罚金或科料时之留置劳役场之期间;

五、处分费用之负担;

六、请求正式审判之期间及程式;

七、即决处分之年月日。

第三十条　即决处分以即决处分书缮本送达犯则者而告知之。

第三十一条　即决处分书缮本之送达,得令该税捐局之职员或差役为之。

依前项为送达时,应向犯则者索取收据。

第三十二条　关于即决处分书缮本之送达,准用《刑事诉讼法》第六十九条、第七十一条、第七十二条第二项、第四项后段及第七十四条第一项之规定。

第三十三条　遇有即决处分书缮本之送达,即中断公诉时效。

第三十四条　对于即决处分请求正式审判,应于自接受送达即决处分书缮本之日起三十日以内,以书状向管辖犯罪地之区法院为之。

前项请求书应提出于为即决处分之税捐局长。

第三十五条　正式审判之请求权得舍弃之。

前项舍弃应以书状向为即决处分之税捐局长为之。

第三十六条　税捐局长接受正式审判请求书时,应与关系文件及证据物一并送交所辖区法院之对置检察厅。

依前项之规定收到正式审判请求书、关系文件及证据物之检察厅,应即送交对置法院。

第三十七条　正式审判之请求,于第一审之判决前得撤回之。

第三十八条　法院接受正式审判之请求,如其请求系违背程式或已经过请求期间后所为者,应征求检察官意见,以裁定驳回之。

对于前项之裁定,得为即时抗告。

第三十九条　法院除前条情形外,应按普通程式为审判。

于前项情形,于即决处分所命担负之处分费用,视为刑事诉讼费用。

第四十条　即决处分有左列各款情形之一时确定。

一、正式审判之请求期间内未经其请求时;

二、舍弃正式审判之请求权时;

三、撤回请求正式审判时;

四、驳回请求正式审判之裁判已经确定时。

确定之即决处分与确定判决有同一之效力。

第四十一条　税捐局长于即决处分确定后,如发见有错误时,为犯则者利益起见,得撤销或变更之。

第四十二条　受即决处分者或其承继人,得向税捐局长请求依前条规定为即决处分之撤销或变更。

税捐局长如认为前项请求无理由时,应以书面驳回之。

第四十三条　依前条第二项被驳回请求者,或对于依第四十一条税捐局长所为之变更有异议者,自受该处分之日起十日以内得向所辖税务监督署长请求变更该处分。

第四十四条　对于依前条税务监督署长所为之处分有异议者,自受该处分之日起二十日以内,得向财政部大臣请求变更该处分。

第四十五条　第四十二条第二项之规定,于前二条情形准用之。

第四十六条　即决处分确定后,税捐局长准照《国税征收法》之规定执行之。但留置劳役场之执行,应嘱托管辖受刑之谕知者现在地之区检察厅。

第四十七条　第四十二条至第四十四条之请求,不妨碍即决处分之执行。但税捐局长、税务监督署长或财政部大臣在对于请求之处分确定前,得以职权停止其执行或命停止执行。

第四十八条　撤销或变更即决处分时,应于其所撤销或变更之限度内,将所征收金钱或现存没收物发还于其权利人。

第四十八条之二　税捐局长因不明应受押收物之发还者所在,或因其他之事由而不能发还该物时,应公告其旨。

自前项公告之日起六月以内,未经正当权利人之发还请求时,该物归属于国库。

虽于前项期间内无价值之物得废弃之,不便保管之物得准于第十六条之规定出卖之,并提存其价金。

附则

第四十九条　本法自康德三年七月一日施行。

第五十条　本法之规定,对于租税犯中关于关税、吨税及盐税者不适用之。

第五十一条　如以课征地税或契税之税捐局长之职务令特于涉及地税或契税之租税犯,由该特别市长、市长、市政管理处长、县长或旗长代行本法所定税捐局长之职务。

于前项情形,服务特别市、市、乡、县或旗而从事于课征地税或契税事务之官吏,对于涉及地税或契税之租税犯,代行本法所规定税务官吏职务。

附则(康德四年敕令第三〇五号)

本法自公布日施行。

附则(康德四年敕令第五〇四号)

本法自公布日施行。

军机保护法

（康德四年十二月十三日敕令第四五三号）

修正　康德五年二月敕令第一七号

朕依《组织法》第三十六条,经咨询参议府,裁可《军机保护法》,著即公布。

第一条　本法称军事上机密者,谓作战、用兵、动员、出师、防卫及其他军事或国防上需机密之事项或图书物件。

前项之事项及图书物件之种类范围,治安部大臣以命令定之。

第二条 探知或收集军事上机密者,处一年以上有期徒刑。

以泄漏之目的为前项所定之行为者,处无期或三年以上徒刑。

第三条 泄漏军事上机密于他人者,处无期或三年以上徒刑。

将军事上之机密公开或泄漏于外国、为外国而行动之人或匪属者,处死刑或无期或四年以上徒刑。

第四条 因业务知得或领有军事上之机密者泄漏之时,处无期或四年以上徒刑。

因业务知得或领有军事上之机密者将此公开或泄漏于外国、为外国而行动之人或匪属时,处死刑或无期或七年以上徒刑。

第五条 以犯第二条至第四条之罪为目的而为其预备或阴谋者,处六月以上十年以下徒刑。

为使犯第二条至第四条之罪而诱惑或煽动他人者,亦与前项同。

第六条 以探知、收集或泄漏军事上之机密为目的而组织团体或从事于其团体指导人之任务者,处死刑或无期或三年以上徒刑。

知情而加入于前项之团体者,处一年以上十年以下徒刑。

第七条 因业务知得或领有军事上机密者,因过失泄漏之时,处二千圆以下罚金。

第八条 左列营造物、施设、物件或区域,治安部大臣为保护军事上之机密以命令指定者,为军事机密物件或军事机密地域。

一、军用港湾;

二、堡垒、炮台、防备卫所及其他为国防而建设之防御营造物;

三、军用舰船、军用列车、军用车站、军用航空机、军用飞行场、电气通信所、军需品工场、军需品贮藏所、军需资源产出地及其他军事施设或物件;

四、前三款所列者之周围或军事上特需秘密之区域。

第九条 治安部大臣就军事机密物件或军事机密地域,得以命令禁止或限制左列之行为之一部或全部。

一、航空、航行;

二、测量、观测、调查、视察、工作或使用;

三、摄影、模写、模造、录取或其复写或复制;

四、居住及其他出入。

第十条　该管官吏为保护军事上之机密认为有必要时,得依命令之所定进入必要场所为调查或将图书及其他物件暂时领置或对关系人为寻问。

第十一条　因偶然之原由而领有属于军事上之机密之图书物件者,从命令之所定,应速送交于该管官署。

第十二条　不得正当许可或违反附于许可之条件而为第九条各款所规定之行为者,处七年以下徒刑或三千圆以下罚金。

将由前项之违反行为所生之图书物件交付于他人者,处十年以下徒刑或五千圆以下罚金。

将由第一项之违反行为所生之图书物件公开或交付于外国、为外国而行动之人或匪属者,处一年以上有期徒刑。

第一项及第二项之未遂犯,罚之。

于第八条第四款之地域以治安部大臣之命令指定之地域内关于测量所犯之罪,俟治安部大臣、军管区司令官、兴安各地区警备司令或同盟国军宪之请求乃论之。

第十三条　合于左列各款之一者,处五百圆以下罚金或拘留或科料。

一、阻碍依第十条规定之该管官吏执行职务者;

二、对于依第十条规定之该管官吏寻问,不为答辩或为虚伪之答辩者。

第十四条　违反第十一条之规定者,处一年以下徒刑或五百圆以下罚金。但依情状得减轻或免除其刑。

于前项之情形,湮没或隐匿属于军事上机密之图书物件者,处三年以下徒刑或一千圆以下罚金。

第十五条　以使犯第六条或第十二条第一项至第三项之罪为目的而诱惑或煽动他人者,处二年以下徒刑或一千圆以下罚金。

第十六条　因犯本法之罪所得之财物,限于不属于犯人以外之人时,没收之。其财物属于犯人以外之人,或因消费及其他事由不能没收其全部或一部时,追征其价额。

第十七条　供或拟供于本法所规定之犯罪用之物或由其犯罪行为所生之物,除依裁判没收者外,不问属于何人,依治安部大臣之所定,得没收之。

第十八条　犯第二条、第五条第一项、第六条或第十二条第一项之罪者，未经官发觉以前而自首时，减轻或免除其刑。

前项之规定，于第二条至第四条、第六条及第十二条之未遂犯亦适用之。

第十九条　本法之罪依《刑法》第四条之例。

第二十条　就本法之罪，攻守同盟国之军事上之机密视为帝国之军事上之机密，攻守同盟国以外之外国人之团体视为外国。

附则

本法自公布日施行。

《国境地带法》及《测量限制法》废止之。

附则（康德五年二月二十三日敕令第一七号）

本法自公布日施行。

刑事手续法

刑事诉讼法

（康德四年三月八日敕令第二三号）

改正　康德四年六月敕令第一四一号、十二月第四二二号、第四七八号、五年十二月第二九四号、七年四月第六〇号

朕依《组织法》第四十一条，经咨询参议府，裁可《刑事诉讼法》，著即公布。

第一编　总则
第一章　法院之管辖

第一条　法院之土地管辖，依犯罪地或被告人之住所、居所或现在地。

对于在帝国外之帝国舰船内所犯之罪，于前项规定之地外，依舰船之根据地或船籍地或犯罪后其舰船停泊之地。

对于在航空机内所犯之罪，于第一项规定之地外，依航空机之发着地。

第二条　不属于同级法院管辖之数个事件牵连者，上级法院得合并管辖之。

前项规定之牵连事件,各别系属于上级法院及下级法院者,上级法院咨询检察厅之意见,得以裁定合并审判属于下级法院之事件。

第三条 前条规定之牵连事件系属于上级法院时,依诉讼之状况有以分离审判为相当者,上级法院咨询检察厅之意见,得以裁定移送于有管辖权之下级法院。

第四条 属于同级法院管辖之数个事件牵连者,就一个事件有管辖权之法院,得合并管辖他事件。

前项规定之牵连事件各别系属于数个法院时,各法院因检察厅之请求,得以裁定合并于一法院。

前项情形各法院之裁定不一致时,各法院共通之直近上级法院因检察厅之请求,得以裁定合并于一法院。

第五条 前条规定之牵连事件系属于同一法院时,依诉讼之状况有以分离审判为相当者,该法院咨询检察厅之意见,得以裁定移送于有管辖权之他法院。

第六条 数个事件于左列各款情形为牵连事件。

一、一人犯数罪者;

二、共犯或应用共犯之例者;

三、数人所犯之罪,于其事实关系有关联者。

第七条 同一事件系属于上级法院及下级法院者,由上级法院审判之。

上级法院应检察厅之请求,得以裁定使有管辖权之下级法院审判其事件。

第八条 同一事件系属于数个同级法院者,由最初受理公诉之法院审判之。

各法院共通之直近上级法院因检察厅之请求,得以裁定使后受理公诉之法院审判其事件。

第九条 检察厅于左列各款情形,应向有关系之第一审法院共通之直近上级法院,为指定管辖之请求。

一、无依法律之管辖法院或不能知之者;

二、因法院之管辖区域不明确致管辖法院不定者;

三、就因管辖错误之理由有却下公诉之确定判决之事件无他管辖法院者。

第十条　检察厅于左列各款情形,应向直近上级法院为移转管辖之请求。

一、管辖法院及依《法院组织法》第九十一条所定之法院,因法律上理由或特别情事不能行使裁判权者;

二、因犯罪之性质、被告人之地位、地方之民心或其他之情事,于管辖法院为审判时有害公安或不能维持裁判公平之虞者。

第十一条　检察厅为指定或移转管辖之请求,应将附理由之请求书提出于管辖法院。

提出前项请求书应经由管辖法院对置之检察厅。

检察厅提起公诉后,为移转管辖之请求时,应速将其旨通知于法院。

第十二条　有移转管辖之请求时至有裁定时止,应停止诉讼手续。但有急速情形者不在此限。

第十三条　受理指定或移转管辖请求之法院,应咨询检察厅之意见为裁定。

第十四条　法院为发见事实有必要时,得于管辖区域外执行职务。前项规定,于受命审判官准用之。

第十五条　诉讼手续不因法院无管辖权之理由失其效力。

法院虽无管辖权时,如有急速情形者,为发见事实得为必要之处分。

前项规定,于受命审判官准用之。

第二章　法院职员之除斥、忌避及回避

第十六条　审判官于左列各款情形,法律上被除斥职务之执行。但为判决之宣告不在此限。

一、审判官为被害人者;

二、审判官为被告人、被害人或私诉当事人之配偶、四亲等内之血亲或三亲等内之姻亲或家长或家属者,亲属关系停止后亦同;

三、审判官为被告人、被害人或私诉当事人之法定代理人者;

四、审判官就事件曾为证人或鉴定人者;

五、审判官就事件曾为被告人之代理人、辩护人、辅佐人或私诉当事人之代理人者;

六、审判官就事件曾执行检察官或司法警察官之职务者;

七、审判官就事件曾参与前审之裁判者，但仅参与其宣告者不在此限。

第十七条　检察厅被告人或私诉当事人于左列各款情形，得忌避审判官。

一、审判官法律上被除斥职务之执行者；

二、审判官有妨碍裁判公正之情事者。

辩护人为被告人，得为忌避之声明。但不得反于被告人所明示之意思。

第十八条　本于前条第一项第二款事由之忌避声明，就事件已为陈述或请求后不得为之。但不知有忌避之原由或忌避之原由发生在后者，不在此限。

第十九条　对于组织合议庭之审判官声明忌避，应向其庭为之；对于单独审判官或受命审判官声明忌避，应向该审判官为之。

声明忌避应以书面或言词为之，并开示其原由。

忌避之原由及前条但书之事实，应自为声明之日起三日以内，以书面疏明之。

被忌避之审判官除第二十一条及第二十二条情形外，对于忌避之声明应提出意见书。

第二十条　组织合议庭之审判官被忌避者，应由该法院之庭为裁定。

地方法院之单独审判官被忌避者，应由该法院之庭为裁定区法院；审判官被忌避者，应由管辖地方法院之庭为裁定。

被忌避之审判官不得参与本条之裁定。

法院因被忌避审判官之退去不能为裁定时，应由直近上级法院为裁定。

第二十一条　忌避之声明关系仅以使诉讼迟延为目的者，应以裁定却下之。

前项情形不适用前条第三项之规定，被忌避之单独审判官或受命审判官得自为其裁定。

第二十二条　却下违反第十八条或第十九条第二项、第三项规定之忌避之声明者，依前条第二项之例。

第二十三条　有忌避之声明者，除前二条情形外，应停止诉讼手续。但有急速情形者不在此限。

第二十四条　对于却下忌避声明之裁定,得为即时抗告。

第二十五条　就忌避之声明应为裁定之法院,认为有合于第十六条各款之一者,应以职权为除斥之裁定。

前项情形准用第十九条第四项及第二十条第三项、第四项之规定。

第一项之裁定,不送达之。

第二十六条　审判官思料有应被忌避之原由者,应经有监督权之审判官之许可回避。

第二十七条　本章规定除第十六条第七款之规定外,于法院书记官准用之。

对于附属于单独审判官或受命审判官之书记官声明忌避,应向其所附属之审判官为之。

裁定应由书记官所附属之庭或审判官为之。

第三章　辩护辅佐及代表

第二十八条　被告人于提起公诉后,得选任辩护人。

被告人之法定代理人、直系血亲、配偶及家长得独立选任辩护人。

第二十九条　辩护人应由律师中选任之。但经法院之许可者,得选任非律师为辩护人。

第三十条　选任辩护人应于每一审级提出,与辩护人连署之书面为之。

第三十一条　辩护人于被告人一人,不得逾三人。

第三十二条　死刑或无期或短期五年以上徒刑或禁锢之事件,无选任辩护人或辩护人于公判期日不到庭时,审判长应以职权选附辩护人。但为判决之宣告时不在此限。

第三十三条　因被告人之精神障碍或其他之事由,认为有选附辩护人之必要之事件,无选任辩护人或辩护人于公判期日不到庭时,法院咨询检察厅之意见,得选附辩护人。

第三十四条　依前二条规定选附之辩护人,应由在法院所在地之律师或高等官试补中选任;如难得律师或高等官试补时,得选任其他有学识德望之人为辩护人。

被告人之利害不相反者,对于数名被告人得选任同一辩护人。

第三十五条　辩护人得于法院阅览诉讼记录及证据物,并誊写诉讼记录。

辩护人受审判长之许可，得誊写证据物。

第三十六条　辩护人限于另有规定者，得独立为诉讼行为。

第三十七条　法院对于依第三十四条规定所选任之辩护人，得支给酬劳费及费用。

依前项规定应支给辩护人之金额，以命令定之。

第三十八条　被告人之法定代理人于提起公诉后，得为辅佐人。

拟为辅佐人者，应于每一审级以书面呈明其旨。

辅佐人得独立为被告人所得为之诉讼行为。但关于行为之性质上非被告人不得为者及抛弃上诉权撤回上诉，不在此限。

第三十九条　被告人系法人者，其代表人就诉讼行为代表之。

数人共同代表法人者，就诉讼行为各自代表之。

第四十条　无依前条规定代表被告人之人者，法院因检察厅之请求或以职权，应选任特别代理人。

选任特别代理人后，至有依前条规定代表被告人之人时，应即取消其选任。

第四章　裁判及处分

第四十一条　裁判以判决或裁定行之。

第四十二条　判决应本于公判之审理为之。但另有规定者不在此限。

裁定于公判庭因声明为之者，应经诉讼关系人之陈述。于其他情形，得不经诉讼关系人之陈述为之。但另有规定者不在此限。

法院为裁定，得为事实之调查。

于前项调查有必要时，得使组织员为之，或向区法院审判官嘱托之。

第四十三条　裁判应附理由。但不许上诉之裁定不在此限。

第四十四条　裁判之告知应于公判庭依宣告。于其他情形，依送达裁判书之誊本为之。但另有规定者不在此限。

第四十五条　裁判之宣告，应由审判长为之。但审判长得使陪席审判官为之。

为判决之宣告，应本于判决原本朗读主文及理由，或与朗读主文同时告知理由之要旨。

第四十六条　为裁判时应由审判官作成裁判书。但宣告裁定时得不作成裁判书，使记载于调书。

第四十七条　裁判书除另有规定外，应记载受裁判者之姓名、年龄、性别、职业及住居。受裁判者系法人时，应记载其名称及事务所。

判决书除前项规定之事项外，应记载关与公判检察官之官名、姓名。

第四十八条　裁判书应由为裁判之审判官署名盖章。审判长不能署名盖章时，应由资深审判官附记其事由，署名盖章；陪席审判官不能署名盖章时，应由审判长附记其事由，署名盖章。

第四十九条　为须检察厅指挥执行之裁判时，应速将裁判书或记载裁判之调书之誊本或节本送交于检察厅。但另有规定者不在此限。

第五十条　被告人或其他诉讼关系人，得以其费用请求发给裁判书或记载裁判之调书之誊本或节本。

第五十一条　检察厅或司法警察官为准于裁定之处分者，准用关于裁定之规定。

第五章　书类

第五十二条　依本法作成之书类，除另有规定外，应由书记官作成之。

第五十三条　关于诉讼之书类，于公判开庭前不得公开之。

第五十四条　对于被告人、被疑人、证人、参考人、鉴定人、通事或翻译人之讯问，应作成调书。

调书应记载左列事项。

一、被告人、被疑人、证人、参考人、鉴定人、通事或翻译人之讯问及其供述；

二、不使证人、鉴定人、通事或翻译人为宣誓时其事由。

调书应使书记官向供述者朗读或使供述者阅览，并问其记载有无错误。

供述者为增减变更之请求时，应记载其供述于调书。

调书应使供述者署名盖章。

第五十五条　检证、扣押或搜索，应作成调书。

检证调书为使检证标的物之现状明确，得添附图画或照片。

为扣押时，应记载其品目及数量于调书，或另作成目录添附于调书。

第五十六条　前二条调书应记载为调查或处分之年月日及场所。为其调查或处分者，应与书记官共同署名盖章。但于公判期日外，法院为调查或处分时，审判长应与书记官共同署名盖章。

前条调书为调查或处分之时刻，亦应记载。

第五十七条　无书记官之莅场为调查或处分时，书记官应行之职务，应由为其调查或处分者自行之。

第五十八条　公判应每一期日作成公判调书，并记载左列事项其他一切之诉讼手续。

一、为公判之法院及年月日；

二、审判官、检察官及书记官之官名、姓名并被告人、代表人、代理人、辩护人、辅佐人及通事之姓名；

三、被告人不到庭时，不到庭之旨；

四、禁止公开时，禁止公开之旨及理由；

五、公诉事实之陈述及于公判开庭中有以言词起诉时，其要旨；

六、第五十四条第二项所载之事项；

七、为证据调查之证据书类及证据物并证据调查之方法；

八、辩论之要旨；

九、于公判庭所为之检证及扣押；

十、由审判长命记载之事项及因诉讼关系人之请求命记载之事项；

十一、被告人或辩护人最终陈述之事项，或对之曾与以为最终陈述机会之旨；

十二、曾为判决及其他裁判宣告之旨。

第五十九条　公判调书无须为依第五十四条第三项至第五项规定之手续。

有供述者之请求时，应使书记官告知关于其供述部分之要旨，有增减变更之请求时，应使记载其供述。

第六十条　公判调书应自公判开庭之日起五日以内整理之。

第六十一条　公判调书审判长应与书记官共同署名盖章。

审判长有事故时，资深审判官应附记其事由，署名盖章。

审判官均有事故时，书记官应附记其事由，署名盖章。

书记官有事故时，审判长应附记其事由，署名盖章。

第六十二条　关于公判期日之诉讼手续,对于公判调书之记载,不许反证。

第六十三条　裁判书或记载裁判之调书之誊本或节本,应依原本或誊本作成之。关于作成准于裁定之处分之处分书或记载该处分之调书之誊本或节本亦同。

第六十四条　由公务员作成之书类,除另有规定外,应记载作成之年月日及其所属公务所,并署名盖章。

书类应于每页盖骑缝印。

第六十五条　由非公务员作成之书类,应记载作成之年月日,并署名盖章。

第六十六条　作成书类不得篡改文字,如为插入、削除或栏外记入时,应盖章其上并记载其字数。但削除部分应留存得以辨认之字体。

第六十七条　应由非公务员署名盖章时,其不能署名者,应使他人代书;不能盖章者,应施以花押或指印。

使他人代书时,应由为代书者记载其事由,并署名盖章。

第六章　送达

第六十八条　被告人私诉当事人、代表人、代理人、辩护人或辅佐人为受书类之送达,应以书面向法院呈明其住居或事务所于法院所在地。无住居或事务所者,应选任于其所在地有住居或事务所者为送达代收人,并应以与该人连署之书面呈明。

前项之呈明,对于在同一地之各审级法院有其效力。

前二项规定,对于在监者不适用之。

关于送达,送达代收人视为本人,其住居或事务所视为本人之住居。

第六十九条　应呈明住居事务所或送达代收人者,不为呈明时,书记官得将书类托邮便或依其他适当方法为其送达。

于将书类托邮便发送时,以通常可到达之时视为已送达。

第七十条　对于检察厅之送达,应将书类送交检察厅为之。

第七十一条　被告人之住居、事务所及现在地不明者,得为公示送达。

被告人在裁判权所不及之场所而不能以他方法为送者,亦与前项同。

第七十二条　公示送达限于有法院之命令时得为之。

公示送达应将书记官送达之书类或其节本公示于法院揭示场为之。

第一次公判期日召唤票之公示送达，应由书记官将送达之书类公示于法院揭示场，并将其誊本揭载于政府公报或新闻纸，或依其他适当方法公告之。

前项之公示送达，自揭载于政府公报或新闻纸或以其他方法为公告之日起经三十日，其他公示送达自开始公示于揭示场之日起，经七日生其效力。

第七十三条　前二条之规定，于检察厅对被疑人所为之送达准用之。

第七十四条　书类之送达除另有规定外，准用《民事诉讼法》关于送达之规定。

司法警察官所发书类之送达属于书记官之职务者，由司法警察官行之；属于送达吏之职务者，由司法警察吏行之。

第七章　期间

第七十五条　期间之计算以时表示者，即时起算之；以日月或年表示者，不算入其初日。但时效及拘禁期间之初日，不论时间，以一日计算之。

月及年从历计算之。

期间之末日为星期日或一般之休日时，不算入于期间。但时效及拘禁期间不在此限。

第七十六条　法院或检察厅得对于其所在地无住居或事务所者，斟酌距离远近、交通便否或其他情事，就法定期间定附加期间。

前项规定，对于宣告裁判之上诉提起期间不适用之；对于准于宣告裁定之处分之不服声明期间亦同。

第八章　被告人及被疑人之召唤、拘引及拘禁

第七十七条　法院得召唤被告人。

法院有必要时，得命被告人投到或偕往指定之场所。

第七十八条　被告人受召唤无正当事由而不到庭者，得拘引之。

被告人不遵前条第二项命令时，得拘引至其场所。

第七十九条　于左列各款情形，得径行拘引被告人。

一、被告人无一定住居者；

二、被告人有湮灭罪证之虞者；

三、被告人逃亡或有逃亡之虞者。

违警罪之事件，不得依前项第二款及第三款拘引。

第八十条　依前条之规定有得拘引被告人之原由时，得拘禁被告人。

被告人在监狱者，虽无前项原由得拘禁之。

被告人之拘禁，非于讯问被告人后不得为之。但被告人逃亡者不在此限。

第八十一条　审判长或受命审判官于有急速情形，得行使前四条所规定之权限。

第八十二条　被告人之召唤、拘引或拘禁，应发召唤票、拘引票或拘禁票为之。

第八十三条　审判长得向被告人现在地之区法院审判官、军法官署检察厅或司法警察官嘱托为被告人拘引。

受前项嘱托者，得转嘱于有受托之权限者。

受嘱托者，应发拘引票。

第八十四条　不能察知被告人之现在地时，审判长得将记载被告人之姓名、年龄、性别、容貌、体格、其他特征及被告事件之书面送交于高等检察厅，嘱托其搜查及拘引。

受托检察厅应发拘引票为搜查及拘引之手续，或使其管内检察厅为之。

第八十五条　召唤票、拘引票或拘禁票应记载被告事件、被告人之姓名、性别及住居，并由审判长或受命审判官记名盖章。但被告人之住居不明时，于拘引票或拘禁票无须记载之。姓名不明时，应以容貌、体格、其他之特征指示被告人。

召唤票应记载到庭之年月日、时、场所及无正当事由而不遵召唤时有被拘引之旨。

拘引票应记载引致之场所，拘禁票应记载拘禁之监狱。

审判长依第八十一条之规定，发召唤票、拘引票或拘禁票时，应记载其旨。

因嘱托发拘引票时，应于拘引票记载为嘱托之审判长姓名及因嘱托发票之旨,并由发拘引票者记名盖章。

　　第八十六条　召唤票应送达之。

　　由被告人提出于期日到场之旨之书面,或对于到场之被告人以言词命次回到场时,与送达召唤票有同一之效力;于以言词命到场时,应记载其旨于调书。

　　对于在近接受诉法院监狱之被告人,得通知监狱官吏召唤之。于此情形,以被告人由该管官吏受告知之时,视为已有召唤票之送达。

　　第八十七条　拘引票或拘禁票依检察厅之指挥,由司法警察官吏执行之。但有急速情形者,得由审判长受命审判官或受托审判官指挥其执行。

　　对于在监狱之被告人所发之拘禁票,由监狱官吏执行之。

　　依检察厅之指挥执行拘引票或拘禁票时,应由发票者送交其原本于检察厅。

　　第八十八条　拘引票作成数通,交付于数名司法警察官吏。

　　第八十九条　司法警察官吏有必要时,得于管辖区域外为拘引票之执行,或向其地之司法警察官吏嘱托其执行。

　　第九十条　执行拘引票应向被告人提示,引致被指定之法院或其他之场所。

　　于第八十三条第三项及第八十四条第二项之拘引票,应引致发票之官署。

　　执行拘禁票应向被告人提示,引致被指定之监狱。

　　第九十一条　第八十三条及第八十四条之情形,因嘱托发拘引票者,应自引到被告人之时起,于二十四时间内调查其人有无错误。被告人非错误之人时,应速送致于被指定之法院或其他之场所。于此情形,第九十七条之期间自受被告人送致之时起算之。

　　第九十二条　对于军用之厅舍或舰船内之人执行拘引票或拘禁票时,应向厅舍或舰船之长或其应代替者提示拘引票或拘禁票请求引渡。

　　第九十三条　受执行拘引票或拘禁票之被告人,于护送之际有必要时,得暂留置于最近之监狱或警察官署之留置场或其他适当之场所。

　　第九十四条　受执行拘引票之被告人,于引致之际有必要时,得留置于监狱或警察官署之留置场。

　　第九十五条　执行拘引票或拘禁票时,应记载执行之场所及年月日；不能执行者应记载其事由，并记名盖章。

审判长或其他人之收受受执行拘禁票之被告人时，应记载其年月日时于拘禁票。

监狱之长或其代理者收受受执行拘禁票之被告人时，应记载其年月日于拘禁票。

第九十六条　因召唤到场之被告人应速讯问之。被告人在法院内时，虽未为召唤亦得讯问之。

第九十七条　拘引之被告人应自引到被指定之法院或其他场所之时起，于四十八时间内讯问之。

于前项规定之时间内不发拘禁票时，应释放被告人。

第九十八条　被拘禁之被告人依法令所定，得与他人接见或为书类或物件之授受。

第九十九条　被拘禁之被告人有湮灭罪证或企图逃亡之虞者，法院得禁止该被告人与他人之接见，或检阅与他人所授受之书类或其他物件，禁止其授受或扣押之。

法院不能为前项规定之检阅时，得由检察厅为之。

第一百条　拘禁之期间为二月，于有继续之必要时，得以裁定更新之。

第一百零一条　检察厅经法院之同意，得将被拘禁之被告人移于他监狱。

第一百零二条　拘禁之原由消灭时，法院应以裁定取消拘禁。

第一百零三条　法院咨询检察厅之意见，得以裁定停止拘禁。

被拘禁之被告人或其法定代理人、直系血亲、配偶、被告人所属之家长或辩护人，得为停止拘禁之请求。

有停止拘禁之请求时，法院应咨询检察厅之意见为裁定。

第一百零四条　于停止拘禁时，应使纳付保证金或责付被告人于其亲属或其他之人或限制被告人之住居。

前项规定之处分，得合并其二以上行之。

将被告人责付于其亲属或其他之人而停止拘禁时，应令提出使被告人随时遵召唤到场之旨之书面。

第一百零五条　使纳付保证金停止拘禁之裁定，应于使纳付保证金后执行之。

检察厅得使非停止拘禁请求者纳付保证金。

检察厅得许以有价证券或保证书代保证金。

前项保证书须为由居住于该管内并足有纳付保证金之资产之人所提出者。

保证书应记载保证金额及随时纳付其保证金之旨。

第一百零六条　被告人逃亡者、有逃亡之虞者、受召唤无正当事由不到者、有湮灭罪证之虞者或违反住居之限制者，法院得咨询检察厅之意见，以裁定取消拘禁之停止。

前项情形，得没取保证金之全部或一部。

被停止拘禁之人于科刑之判决确定后，因其执行受召唤无正当事由不到或逃亡者，因检察厅之请求，应以裁定没取保证金之全部或一部。

第一百零七条　上诉期间内或上诉中之事件，诉讼记录在原法院时，拘禁期间之更新、拘禁之取消、拘禁之停止或拘禁停止之取消及第九十九条所规定之处分，应由原法院为之。

第一百零八条　取消拘禁或拘禁之停止或拘禁票效力消灭时，检察厅应发还未没取之保证金。

第一百零九条　讯问被告人后而不拘禁者，有必要时得以裁定使纳付保证金，或责付被告人于其亲属或其他之人，或限制被告人之住居。

前项规定之处分，得合并其二以上行之。

将被告人责付于其亲属或其他之人时，应令提出使被告人随时遵召唤到场之旨之书面。

第一百十条　审判长或受命审判官于有急速情形者，得行使前条规定之处分。

第一百一一条　前二条规定之处分之取消或保证金之纳付、没取或发还，准用第一百零二条、第一百零五条、一百零六条及一百零八条之规定。

第一百一二条　检察厅得召唤被疑人。

有第七十八条或第七十九条所规定之原由时，得拘引被疑人或命令司法警察官拘引被疑人。

有第八十条第一项或第二项所规定之原由时，得拘禁被疑人。

第七十七条第二项、第八十条第三项、第八十二条至第一百条、第一百零二条至第一百零六条、第一百零八条、第一百零九条及第一百十一条之规定,于检察厅所为之召唤、拘引、拘禁或其他之处分准用之。

第一百十三条　司法警察官限于事件送致前,得召唤被疑人。有第七十八条及第七十九条所规定之原由时,得拘引被疑人。

司法警察官所为之召唤或拘引,准用第七十七条第二项、第八十二条、第八十三条、第八十五条至第九十七条之规定。

第一百十四条　司法警察官于讯问被疑人后,有第八十一条第一项所规定之原由时,得于不逾二十日之期间留置被疑人于警察官署之留置场。

被疑人之留置,应发留置票为之。

留置准用第八十五条、第八十七条、第九十条、第九十二条、第九十三条、第九十五条、第九十八条、第九十九条、第一百零二条至第一百零四条及第一百零六条之规定。但留置之停止不得以保证金之纳付为条件。

留置被疑人经过期间后,有继续留置之必要时,应于期间满了前为将被疑人连同记录及证据物送致于管辖检察厅或相当官署之手续。

第一百十五条　检察厅依前条第四项之规定受被疑人之送致时,应于四十八时间内讯问之。于前项规定之时间内不发拘禁票时,应释放被疑人。

第一百十六条　于犯行中或犯行后即时发觉者,或于犯行后接近时间内发觉而犯迹显然者为现行犯。

因持有凶器赃物其他之物或被问即行逃走或被追呼为犯人,或于身体衣服显有犯罪之痕迹,可思料为犯人时,视为现行犯人在其场所。

第一百十七条　检察官或司法警察官吏当行其职务,知有现行犯而犯人在其场所者,应为左列处分。

一、检察官应命司法警察官吏逮捕;

二、司法警察官应径行逮捕犯人或命司法警察吏逮捕;

三、司法警察吏应不待命令径行逮捕犯人。

第一百十八条　现行犯人在其场所者,不论何人得逮捕之。

逮捕犯人时应速引渡于地方检察厅或区检察厅或司法警察官吏。

第一百十九条　司法警察吏逮捕或收受现行犯人时,应速引致于司法警察官。

司法警察吏收受犯人时应询明逮捕人之姓名、住居及逮捕之事由，有必要时得对于逮捕人要求偕往官署。

第一百二十条 司法警察官逮捕或收受现行犯人时，应于四十八时间内讯问之。

于前项规定之时间内，不为将被疑人连同记录及证据物送致于检察厅或相当官署之手续，或不发留置时应释放被疑人。

第一百二十一条 司法警察官吏因检察官或司法警察官之命令逮捕现行犯人时，不依前二条规定，应速引致于发命令之检察官或司法警察官。

第一百二十二条 检察厅收受现行犯人时，应于四十八时间内讯问之。

于前项规定之时间内不发拘禁票时，应释放被疑人。

第一百二十三条 违警罪之现行犯限于犯人之住居、姓名不明时或犯人有逃亡之虞时，准用第一百十七条至前条之规定。

第九章 被告人及被疑人之讯问

第一百二十四条 对于被告人应先讯问足以确知其人无错误之事项。

第一百二十五条 对于被告人应为关于公诉事实及情状所必要之讯问。

对于被告人应与以陈述有利益之事实之机会。

第一百二十六条 被告人对于讯问不得无故拒绝供述，或曲庇事实而为供述。

第一百二十七条 被告人为聋人时，得以书面讯问；为哑人时，得使以书面答复。

第一百二十八条 讯问被告人之际于后行讯问之证人在庭者，得使退庭。

第一百二十九条 为发见事实有必要时，得使被告人与他被告人或证人对质。

第一百三十条 讯问被告人时应使书记官莅场。

第一百三十一条 检察厅所为被疑人之讯问，准用第一百二十四条至前条之规定。

司法警察官所为被疑人之讯问，准用第一百二十四条至第一百二十九条之规定。

第十章　扣押及搜索

第一百三十二条　法院除另有规定外,于有思料为证据物或可为没收或毁灭效用之物时,应扣押之。

法院指定扣押之物,得命所有人、持有人或保管人提出其物。

第一百三十三条　由被告人所发或向被告人所发之邮件并关于电信之书类而为办理通信事务之官署或其他者所保管或持有者,或足以思料有关系于被告事件之状况之物,法院得扣押或使提出之。

依前项之规定为处分时,应通知其旨于发信人或受信人。但因通知有妨碍审理之虞时不在此限。

第一百三十四条　由被告人或其他之人所遗留之物,或由所有人、持有人或保管人任意所提出之物,得扣押之。

第一百三十五条　法院有必要时,得就被告人之身体物件、住居或其他之场所为搜索。

非被告人之身体物件、住居或其他之场所,限于有足以认知可扣押物之存在之状况时,得为搜索。

搜索妇女之身体时,应使成年妇女在场。但有急速情形者不在此限。

第一百三十六条　军事上须秘密之场所,非有其长或其应代替者之承诺,不得为扣押或搜索。

第一百三十七条公务员或曾为公务员者,所保管或持有之物,由本人或该管公务所陈述;系关于职务上秘密时,非有该管监督官署之承诺,不得为扣押。但该管监督官署除有害帝国之重大利益外,不得拒绝承诺。

国务总理大臣、宫内府大臣、尚书府大臣、参议监察院长、将军或曾居此等之职者,对于其保管或持有之物为前项陈述时,非经敕许不得为扣押。军政部大臣或曾居其职者,对于其保管或持有关于军之统率之物为前项述陈时亦同。

第一百三十八条　法院得发扣押票或搜索票,使司法警察官为扣押或搜索。

扣押票或搜索票应记载扣押之物或搜索之场所、身体或物件及为扣押或搜索之事由,由审判长记名盖章。

司法警察官当依扣押票或搜索票为扣押或搜索，发见关于被告事件之他证据物时，得扣押之。

第一百三十九条 司法警察官当依前条规定为扣押或搜索有受处分者之请求时，应示以扣押票或搜索票。

司法警察官为扣押或搜索时，应经由检察厅提出关于扣押、搜索之书类及扣押物于法院。

第一百四十条 法院或受其命令之司法警察官当为扣押或搜索发见关于他犯罪之显著证据物时，得暂行扣押而送交于检察厅。检察厅就依前项规定扣押之物思料无留置之必要时，应发还之。

第一百四十一条 扣押或搜索得使组织员或嘱托为扣押搜索地之区法院审判官，或军法官署为之。

受前项嘱托者，得转嘱于有受托之权限者。

受命审判官或受托审判官所为之扣押或搜索，准用关于法院为扣押或搜索之规定。但第一百三十三条第二项之通知应由法院为之。

第一百四十二条 法院为扣押或搜索时，应使书记官莅场。

司法警察官因法院之命令为扣押或搜索时，应使司法警察吏莅场。

第一百四十三条 于公务所或军用之厅舍或舰船内为扣押或搜索时，应通知于其长或其应代替者使于其处分在场。

依除前项规定外，于有人看守之邸宅、建造物或船舶内为扣押或搜索时，应使住居主或看守人或其应代替者在场；不能使此等人在场时，应使邻人或其他适当之人在场。

第一百四十四条 检察官得于扣押或搜索莅场，为扣押或搜索有必要时，得使被告人在场。

为扣押、搜索之日时及场所应先通知检察官。但有急速情形者不在此限。

第一百四十五条 法院为扣押或搜索有左列之权限。

一、开拆锁钥或封缄，或为其他必要之处分；

二、禁止出入于实施扣押或搜索中之场所；

三、不遵前款之禁止者，使其退去或留置至处分终了止；

四、暂时中止扣押或搜索之实施时，闭锁其场所或置看守人。

第一百四十六条 于为扣押之际有所有人、持有人或保管人或其应代替者之请求时，应交付记载品目及数量之调书，或目录之誊本或节本。

第一百四十七条　为扣押或搜索有必要时,得使司法警察官吏为补助。

第一百四十八条　为防止扣押物之丧失或毁损,应为相当之处置。不便发还或保管之物,得置看守人或使所有人或其他之人保管之。

有生危险之虞之扣押物,得废弃之或为其他适当之处分。

第一百四十九条　得没收之扣押物,有灭失或损毁之虞或不便保管者,得变卖之而保管其代价。

第一百五十条　扣押物无留置之必要者,应不待被告事件之终结,咨询检察厅之意见以裁定发还之。

扣押物因所有人、持有人、保管人或提出人之请求,咨询检察厅之意见,得以裁定暂行发达。

扣押之赃物发还于被害人之理由显明者,咨询检察厅之意见,得以裁定发还被害人或暂行发还之。就赃物之对价所得之物亦同。

前项处分,不妨由利害关系人依民事诉讼手续主张其权利。

第一百五十一条　应科罚金或追征之事件有保全刑之执行之必要时,法院因检察厅之请求或依职权得以裁定暂行扣押被告人之财产。科罚金或追征之判决未至确定时亦同。

前项之裁定应表示被保全金额之限度。

第一项扣押,准用强制执行法关于假扣押之规定。

扣押之理由消灭时,应以裁定取消扣押。

就上诉期间内或上诉中之事件为扣押或取消扣押之际,诉讼记录在原法院时,应由原法院为其裁定。

第一百五十二条　检察厅限于提起公诉前,得为扣押物及搜索。

前项情形准用第一百三十二条至第一百三十七条、第一百四十二条第一项、第一百四十三条至第一百四十六条及第一百四十八条至第一百五十条之规定。

检察厅得嘱托或命令他检察厅或司法警察官为扣押或搜索。

受托检察厅得转嘱于有受托权限之检察厅。

第一百五十三条　司法警察官于有第八十条第一项所规定之原由时,限于事件送致前,得为扣押或搜索或向他司法警察官嘱托之。

于人之住居或有人看守之邸宅、建造物或舰船内有现行犯时,得入其场所为扣押或搜索。

司法警察官所为之扣押或搜索,准用第一百三十二条至第一百三十七条、第一百四十条、第一百四十二条第二项、第一百四十三条至第一百四十六条及第一百四十八条至第一百五十条之规定。

第一百五十四条　检察官或司法警察官吏知有现行犯在人之住居或有人看守之邸宅、建造物或舰船内时,为逮捕犯人得入其场所为搜索。为逮捕现行犯人而追逐之际,犯人逃入于人之住居或有人看守之邸宅、建造物或舰船内时亦同。

第一百五十五条　司法警察官吏于执行拘引票、拘禁票或留置票之际有必要时,得入于人之住居或有人看守之邸宅、建造物或舰船内为搜索。

第一百五十六条　前二条之搜索准用第一百三十六条、第一百四十三条及第一百四十五条第一款至第三款之规定。

为第一百五十四条之搜索时,无须依第一百四十三条第二项之规定。

第十一章　检证

第一百五十七条　法院得为检证。

第一百五十八条　检证得为身体之检查、尸体之解剖、坟墓之发掘、物之毁坏或其他必要之处分。

非被告人身体之检查,限于确认一定证迹之存否,有必要时得为之。

检查妇女身体之时,应使医师或成年妇女莅场。

解剖尸体或发掘坟墓时,须注意不失礼意,如有遗族,应预先通知之。

第一百五十九条　检察官、被告人或辩护人得于检证莅场。但对拘禁之被告人不在此限。

为检证有必要时,得使被告人莅场。

为检证之日时及场所,应预先向得莅场于检证者通知之。但有急速情形者不在此限。

第一百六十条　检证准用第一百三十六条、第一百三十七条、第一百四十一条、第一百四十二条第一项、第一百四十三条、第一百四十五条及第一百四十七条之规定。

第一百六十一条　检察厅限于提起公诉前得为检证。

前项情形准用第一百三十六条、第一百三十七条、第一百四十二条第一项、第一百四十三条、第一百四十五条、第一百五十八条及第一百五十九条之规定。

检察厅得嘱托或命令他检察厅或司法警察官为检证。

第一百六十二条　司法警察官于第一百五十三条第一项及第二项情形，限于事件送致前，得为检证或向他司法警察官嘱托之。

第一百六十三条　有变死尸体时，应由管辖其所在地之地方检察厅或区检察厅为检视。

检察厅得使司法警察官为检视。

前二项情形，得使医师莅视并征其意见。

司法警察官因检视发见有犯罪时得续行检证。

第一百六十四条　司法警察官所为之检证，准用第一百三十六条、第一百三十七条、第一百四十二条第二项、第一百四十三条、第一百四十五条、第一百五十八条及第一百五十九条之规定。

第十二章　证人讯问

第一百六十五条　法院除另有规定外，不论何人得以为证人讯问之。

第一百六十六条　证人之召唤，准用第八十二条及第八十六条之规定。

第一百六十七条　受召唤之证人无正当事由而不到者，咨询检察厅之意见，得以裁定处三百圆以下过料并命赔偿因不到所生之费用。

对于前项裁定，得为即时抗告。

第一百六十八条　证人无正当事由不到者，得拘引之。

证人之拘引，准用第八十二条、第八十七条至第九十条、第九十二条及第九十五条之规定。

第一百六十九条　召唤票或拘引票应记载证人之姓名、性别及住居，被告人之姓名并被告事件，由审判长记名盖章。

召唤票应记载应到之年月日时、场所及无正当事由不到时，处三百圆以下过料并命赔偿因不到所生之费用，及有发拘引票之旨，并记载因其请求得受支给旅费、酬劳费及膳宿费之旨。

拘引票应记载应引致之场所。

第一百七十条　公务员或曾为公务员者所得知之事项,由本人或该管公务所有关于职务上秘密之旨之陈述时,非有该管监督官署之承诺,不得以为证人讯问。但该管监督官署除有害帝国之重大利益外,不得拒绝承诺。

国务总理大臣、宫内府大臣、尚书府大臣、参议监察院长、将军或曾居此等之职者,为前项陈述时,非经敕许不得以为证人讯问之。军政部大臣或曾居其职者,就其得知关于军之统率之事项为前项陈述时亦同。

第一百七十一条　左列各款之人,得拒绝证言。

一、被告人之配偶、四亲等内之血亲或三亲等内之姻亲;

二、被告人之法定代理人或以被告人为法定代理人者,虽对于共同被告人之一人或数人有前项关系者,就仅关于他共同被告人之事项,不得拒绝证言。

第一百七十二条　拒绝证言者应疏明其事由。

拒绝证言者不能疏明其事由时,应以裁定却下其声明。

第一百七十三条　对于证人,应先调查足以确知其人无错误之事项及是否系第一百七十一条第一项之人。

对于第一百七十一条第一项之人,应告知得拒绝证言之旨。

第一百七十四条　对于证人应使宣誓后为讯问。但应否使为宣誓有疑义时,得于讯问后使为宣誓。

第一百七十五条　左列各项之证人,应不使宣誓而讯问之。

一、未满十六岁者;

二、不了解宣誓之意义者;

三、因为证言致自己或与自己或有第一百七十一条第一项规定关系之人有受刑事诉追之虞者;

四、与现为供述事件之被告人有共犯关系或有其嫌疑者;

五、有第一百七十一条第一项规定关系之人而不拒绝证言者;

六、被告人之佣人或同居人。

藏匿罪伪证及湮灭证凭罪及赃物罪之犯人,于前项第四款规定之适用,视为其本犯之共犯。

前二项规定之人,虽为宣誓,其供述仍有为证言之效力。

第一百七十六条　证人之供述致证人或与证人有第一百七十一条第一项规定关系之人,不名誉或财产上有生重大损害之虞时,得不使宣誓而讯问之。

第一百七十七条　宣誓依宣誓书为之。

审判长应使证人朗读宣誓书并署名盖章，证人不能朗读宣誓书者，应使书记官代读。

宣誓书应记载从良心供述真实之旨。但于讯问后为宣誓者，应记载已誓从良心供述之旨。

第一百七十八条　对于证人应于讯问前，谕示伪证之罚。

第一百七十九条　证人应各别讯问之。

后行讯问之证人在庭时，应使之退庭。

第一百八十条　为发见事实有必要时，得使证人与他证人或被告人对质。

第　百八十一条　对于证人，应使供述其所实验之事实。但不妨使供述因实验事实所推测之事项。

前项但书之供述，不以属于鉴定之故致妨其为证言之效力。

第一百八十二条　证人之讯问，准用第九十六条、第一百二十七条及第一百三十条之规定。

第一百八十三条　法院有必要时，得召唤证人于法院外或就其所在讯问之。

第一百八十四条　法院有必要时，得命证人偕往指定之场所。证人无正当事由而不肯偕往者，得拘引之。

第一百八十五条　以特任官或受其往遇者为证人而讯问者，应于管辖其现在地之法院为之。

第一百八十六条　证人无正当事由拒绝宣誓或证言者，咨询检察厅之意见，以裁定处三百圆以下过料。

对于前项裁定，得为即时抗告。

第一百八十七条　于法院外讯问证人时，得使组织员为之或向管辖证人现在地之区法院审判官或军法官署嘱托之。

受嘱托者得转嘱于有受托之权限者。

受命审判官及受托审判官关于证人之讯问，得行使属于法院或审判长之权限。但第一百六十七条或前条之裁定，法院亦得为之。

第一百八十八条　检察厅限于提起公诉前，得讯问证人。

前项情形准用第一百六十五条至第一百八十六条之规定。

检察厅得嘱托或命令他检察厅或司法警察官讯问证人或参考人。

受托检察厅得转嘱于有受托权限之检察厅。

第一百八十九条　司法警察官限于事件送致前，得讯问参考人或向他司法警察官嘱托其讯问。

司法警察官所为之讯问参考人，准用第九十六条、第一百二十七条、第一百六十五条至第一百七十三条、第一百七十九条至第一百八十一条及第一百八十三条至第一百八十六条之规定。司法警察官拟处参考人过料或命为赔偿时，应请求管辖参考人现在地之区检察厅为其处分。

第一百九十条　证人或参考人得请求旅费、酬劳费及膳宿费。但无正当事由拒绝宣誓证书或供述者不在此限。

前项请求于搜查手续所生者，非于起诉或不起诉之处分前，于审判手续所生者非于裁判前为之，不支给之。

第一百九十一条　前条规定之酬劳费或其他金额，以命令定之。

第十三章　鉴定

第一百九十二条　法院得命有学识经验者为鉴定。

第一百九十三条　对于鉴定人应使于鉴定前为宣誓。

宣誓依宣誓书为之。

宣誓书应记载誓从良心为公正之鉴定之旨。

第一百九十四条　鉴定之经过及结果应使鉴定人依鉴定书或以言词报告之。

鉴定人有数人时得使共同为报告。

于提出鉴定书之际有必要时，得使以言词为其说明。

第一百九十五条　法院于有必要时，得使鉴定人于法院外为鉴定。前项情形，得将关于鉴定之物交付于鉴定人。

使为鉴定关于被告人之精神或身体有必要时，法院得定期间留置被告人于病院或其他适当之场所。

第一百九十六条　鉴定人就鉴定有必要时，受法院之许可，得检查身体、解剖尸体或毁坏物件。

前项情形，准用第一百五十八条第二项至第四项之规定。

第一百九十七条　鉴定人就鉴定有必要时，受审判长之许可得阅览或誊写诉讼记录及证据物，或于被告人或证人之讯问莅场。

鉴定人得请求讯问被告人或证人，或受审判长之许可对于此等人直接发问。

第一百九十八条　法院得使组织员就鉴定为必要之处分。但第一百九十五条第三项规定之处分不在此限。

第一百九十九条　检察官及辩护人得于鉴定莅场。

前项情形，准用第一百五十九条第三项之规定。

第二百条　法院得嘱托公务所为鉴定。

前项情形，准用第一百九十四条至第一百九十六条之规定。但依第一百九十四条第三项规定之鉴定书之说明，应使公务所指定之人为之。

第二百零一条　检察厅限于提起公诉前，得命鉴定。

前项情形，准用第一百九十二条至第一百九十七条及前条之规定。

第二百零二条　司法警察官限于事件送致前，得命鉴定。

前项情形，准用第一百九十二条、第一百九十四条、第一百九十五条第一项第二项、第一百九十六条、第一百九十七条及第二百条之规定。

第二百零三条　鉴定人得请求旅费、酬劳费、膳宿费及鉴定费。

第二百零四条　鉴定除关于拘引之规定外，准用第十二章之规定。

第十四章　通译

第二百零五条　讯问被告人或被疑人或其他有必要时，得使书记官或通事为通译。

第二百零六条　文字或符号得使书记官或翻译人为翻译。

翻译得向公务所嘱托之。

第二百零七条　关于通事及翻译人，准用第十三章之规定。

第十五章　诉讼费用

第二百零八条　左列各费为诉讼费用。

一、对于搜查或公判所召唤之证人、鉴定人、通事及翻译人支给之酬劳费、旅费及膳宿费；

二、支给于鉴定人、通事及翻译人之鉴定费、通译费及翻译费。

第二百零九条　为科刑之判决时，应使被告人负担诉讼费用之全部或一部。

因应归责于被告人之事由所生之费用，虽为科刑以外之裁判时，得使被告人负担之。

第二百十条　共犯之诉讼费用，得使共犯人连带负担之。

第二百十一条　命负担诉讼费用之裁判，应与终结事件之裁判同时以职权为之。

对于前项裁判，限于对终结事件之裁判有上诉时，得声明不服。

第二编　第一审

第一章　搜查

第二百十二条　检察厅思料有犯罪时，应搜查犯人犯罪事实及证据。

第二百十三条　省警察厅、县旗海上警察队、国境警察队及铁道警护总队之警察官（除第二百十五条规定者）、宪兵之军官、准尉官及军士为检察官之辅佐，应从其指挥为司法警察官搜查犯罪。

第二百十四条　非现行犯之事件限于警察署长、海上警察队长、国境警察队长、铁道警护队长、宪兵军官或专管司法警察事务之司法警察官，得拘引或留置被疑人。

第二百十五条　警尉补警长、警士及行此等职务之文官、试补铁道警护总队之巡监补巡长、巡警及行此等职务之文官、试补并宪兵上等兵，应受检察官或司法警察之命令，为司法警察吏而为搜查之补助。

第二百十六条　关于森林铁道或其他特别事项，应行司法警察官吏之职务之人及其职务之范围，以敕令定之。

第二百十七条　警察厅及司法警察官吏所为之搜查，准用第十四条第一项及第十五条第一项、第二项之规定。

第二百十八条　搜查须注意保持秘密，并勿毁损被疑人及其他者之名誉，于为强制之处分时，对于被疑人及其他者之利益须留意，勿加不当之侵害。

第二百十九条　搜查为达其目的，得为必要之调查。

搜查对于公务所，得请求为必要事项之报告。

第二百二十条　检察厅为搜查有紧急之必要时，得向最近之军管区司令官、警备司令官或江防舰队司令官请求派遣军队。但无暇向军管区司令官、警备司令官或江防舰队司令官请求时，得向隶属团长以上之部队长或舰长为其请求。

第二百二十一条　检察官或司法警察官有必要时,得就其所在讯问被疑人。

第二百二十二条　被疑人得请求警察官为必要之处分。

第二百二十三条　因犯罪而被害者得为告诉。

第二百二十四条　被害人之法定代理人或夫得独立为告诉。

被害人死亡时,其配偶、继承人、直系亲属或兄弟姊妹得为告诉。但不得反于被害人所明示之意思。

通奸之罪不适用前二项之规定。

第二百二十五条　毁损死者名誉之罪,死者之亲属得为告诉。

第二百二十六条　被害人之法定代理人为被疑人者,或法定代理人之配偶、四亲等内之血亲、三亲等内之姻亲、家长或家属为被疑人者,被害人之亲属得独立为告诉。

第二百二十七条　亲告罪无得为告诉之人者,管辖检察厅因利害关系人之请求,得指定得为告诉之人。

第二百二十八条　亲告罪之告诉自知悉犯人之日起,经过六月者不得为之。

第二百二十九条　亲告罪之告诉于有第一审之判决以前,得撤回之。

撤回告诉者,不得再为告诉。

前二项规定,于俟请求乃论之罪之请求,准用之。

第二百三十条　亲告罪对于共犯之一人或数人所为之告诉或其撤回,对于其他共犯亦生其效力。

前项规定,于俟请求乃论之罪之请求或其撤回,准用之。

通奸之罪对于相奸者之一人有告诉或其撤回时,对于他方亦生其效力。

第二百三十一条　前二条之规定,于反于被害人所明示之意思不得论之罪之意思表示,准用之。

第二百三十二条　无论何人,思料有犯罪者得为告发。

公务员因行其职务,思料有犯罪者应为告发。

第二百三十三条　告诉得依代理人为之,告诉之撤回亦同。

第二百三十四条　告诉或告发应以书面或言词向检察厅或司法警察官为之。

第二百三十五条　告诉或告发应示以犯罪事实并表明对于犯人要求处罚之意思。

因犯人与被害人有亲属关系而为亲告罪之告诉者，并应指定犯人。

第二百三十六条　检察官或司法警察官受言词之告诉或告发时，应作成调书。

前项调书，准用第五十四条第三项至第五项之规定。

第二百三十七条　告诉或告发之撤回，准用第二百三十四条及前条之规定。

第二百三十八条　自首准用第二百三十四条及第二百三十六条之规定。

第二章　公诉

第二百三十九条　公诉由检察厅行之。

第二百四十条　左列各款情形，应为不起诉处分。

一、就被疑事件无裁判权者；

二、欠缺诉追条件者；

三、被疑人死亡或为被疑人之法人至不存续者；

四、曾经确定判决者；

五、曾经大赦者；

六、时效完成者；

七、犯罪后之法令废止其刑者；

八、被疑事件不为罪或不罚被疑人者；

九、法令免除其刑者；

十、无犯罪之嫌疑者。

第二百四十一条　搜查之结果有足以维持公诉之犯罪嫌疑时，应提起公诉。但斟酌犯人之性行、年龄、境遇，并犯罪之性质、动机、结果，犯罪后之情况或其他情形，以诉追为不必要者，得为不起诉处分。

第二百四十二条　就事件无管辖权时，应将其事件连同记录及证据物送致于管辖检察厅或相当官署。

前项情形拘禁被疑人时，应同时为移监之手续。如思料无继续拘禁之必要者，应释放之。

第二百四十三条　公诉之时效，因经过左列期间完成。

一、死刑之罪二十年；

二、无期之徒刑或禁锢之罪十五年；

三、长期十年以上之徒刑或禁锢之罪十年；

四、长期十年未满之徒刑或禁锢之罪七年；

五、长期五年未满之徒刑或禁锢或罚金之罪五年；

六、违警罪一年。

并科二以上之主刑或二以上之主刑中选科其一之罪，从其重者适用前项之规定。

依《刑法》加重或减轻者，从未加重或减轻之刑适用第一项之规定。

第二百四十四条　时效自犯罪完成时起进行。

第二百四十五条　时效因检察厅对于被疑人之召唤、拘引或拘禁或第一百零九条之处分、公诉之提起及公判之处分中断。

对于共犯一人所为手续之时效中断，对于他共犯亦生其效力。

第二百四十六条　时效自中断事由终了之时起更进行。

第二百四十七条　时效于停止公判手续之期间内不进行。

第二百四十八条　公诉之提起应以书面为之。

于公判开庭中发见被告人有他犯罪而提起公诉者，得以言词为之。

提起公诉应同时将记录送交法院。

第二百四十九条　提起公诉应指定被告人，并示以犯罪事实及罪名。

被告人指定应以姓名，姓名不明者，应以容貌、体格及其他之特征为之。

第二百五十条　公诉仅就检察厅所指定之被告人及犯罪事实，生其效力。

就一罪之一部有公诉之提起者，对于其全部生公诉之效力。

第二百五十一条　公诉于有第一审之判决以前，得撤回之。

撤回公诉应以记载理由之书面为之。

第二百五十二条　为不起诉处分者，检察官应作成处分书并记载其理由。

第二百五十三条　为不起诉处分时，拘禁之被疑人应释放之，第一百零九条之处分应解除之。

第二百五十四条　为不起诉处分时,除有抗诉之声明或为第四百十四条之请求外,应发还扣押物。

扣押之赃物发还被害人之理由显明者应发还。被害人就赃物之对价所得之物亦同。

暂行发还之物另无处分者,视为有发还之处分。

扣押物之发还,准用第四百十三条之规定。

第二项及第三项之规定,不妨由利害关系人依民事诉讼手续主张其权利。

第二百五十五条　为不起诉处分时,应速将其旨通知被疑人。

告诉或告发之事件提起公诉或为不起诉处分时,应速将其旨通知告诉人或告发人。

撤回公诉或将事件送致于他检察厅或相当官署时亦与前项同。

第二百五十六条　告诉人受不起诉处分之通知时,得于十日以内向为其处分之检察厅之直近上级检察厅为抗诉。

抗诉应提出声明书于原检察厅。

原检察厅认为抗诉之声明无理由时,具附意见书连同记录及证据物送交直近上级检察厅。

第二百五十七条　受理抗诉之检察厅应审查抗诉之趣旨,依左列区别为处分。

一、以抗诉为无理由者应弃却之;

二、抗诉有理由者,应命令原检察厅续行搜查或为起诉处分。

第三章　公判

第一节　公判准备

第二百五十八条　法院受公诉之提起时,应速将起诉状之誊本送达被告人。

对于区法院不适用前项规定。

第二百五十九条　审判长应指定公判期日。

公判期日应召唤被告人、辩护人及辅佐人。

辩护人及辅佐人之召唤,准用第八十二条及第八十六条之规定。公判期日应向检察厅通知之。

第二百六十条　审判长得变更公判期日。

第二百六十一条　第一次之公判期日与起诉状誊本之送达及对于

被告人召唤票之送达之间,至少应留三日之犹豫期间。

被告人无异议时,不留前项之犹豫期间。

第二百六十二条　法院依诉讼之状况,得将数个事件合并审判之,或将所合并之数个事件分离审判之。

第二百六十三条　法院为公判期日之调查准备,得于公判期日前为被告人或证人之讯问、扣押、搜索或检证,或使为鉴定或翻译。

前项所定被告人之讯问,得使组织员为之。

检察官及辩护人,得于前二项所定被告人或证人之讯问莅场。

讯问之日时及场所,应先通知检察官及辩护人。但有急速情形者不在此限。

第二百六十四条　法院为公判期日之调查准备,得于公判期日前命为证据物或证据书类之提出,或对于证人、鉴定人、通事或翻译人发召唤票。

已发召唤票之证人、鉴定人、通事或翻译人之姓名,应即向诉讼关系人通知之。

第二百六十五条　检察官、被告人或辩护人得于公判期日前,向法院提出证据物、证据书类或请求为必要之处分。

却下前项之请求者应为裁定。

第二百六十六条　法院得于公判期日前请求公务所为必要事项之报告。

第二节　公判手续

第二百六十七条　公判期日之调查,应于公判庭为之。

公判庭审判官、检察官及书记官应列席。

第二百六十八条　公判期日以被告事件之点呼开始之。

第二百六十九条　被告人于公判期日不到庭时,除另有规定外,不得就被告事件为审判。

第二百七十条　被告人无正当事由于公判期日不到庭连续及于二次时,得不讯问被告人并不待其陈述意见而为审判。

第二百七十一条　罚金以下刑之事件之被告人得使代理人到庭。但法院得命本人到庭。

第二百七十二条　罚金以下刑之事件或认为应处罚金以下刑之事件被告人不到庭者,除因其后之调查认为有应处禁锢以上刑之情形外,得不讯问被告人并不待其陈述意见而为审判。

第二百七十三条　被告人无故拒绝供述或不受许可而退庭，或为维持公判庭之秩序经审判长命令退庭者，得不讯问被告人并不待其陈述意见而为审判。

第二百七十四条　公判庭不得拘束被告人之身体。但审判长为预防暴行之危险或其他有必要时，得加以拘束或附看守人。

第二百七十五条　法院为发见真实，应依职权为必要之调查。

第二百七十六条　事实之认定，须依证据。

第二百七十七条　证据之证明力，任审判官之判断。

第二百七十八条　录取被告人或其他之人供述之书类而就搜查或审判无权限者，作成者不得以之为证据。

第二百七十九条　诉讼关系人得请求法院为必要之证据调查或其他处分。

第二百八十条　被告人、共同被告人、代表人及代理人之供述，得以之为证据。

第二百八十一条　被告人讯问及证据调查，应由审判长为之。

陪席审判官得告于审判长而讯问被告人、证人、鉴定人、通事或翻译人。

检察官或辩护人得受审判长之许可，讯问被告人、证人、鉴定人、通事或翻译人。

被告人就必要事项，得请求审判长讯问共同被告人、证人、鉴定人、通事或翻译人。

第二百八十二条　审判长对于被告人确知其人无错误后，检察官应陈述公诉事实之要旨。

前项陈述终了时，应为被告人讯问及证据调查。

第二百八十三条　审判长预料证人或其他之人于被告人或某旁听人面前不能为充分之供述者，得于其供述中使之退庭。预料被告人于他被告人面前不能为充分之供述者亦同。

依前项规定使被告人退庭之际，共同被告人、证人或其他之人之供述终了时，应使被告人入庭，告知供述之要旨。

第二百八十四条　就证据书类为证据调查者，应由审判长朗读之，或告知其要旨，或使书记官朗读之。

事件之合并前,就他事件所作成之书类,现出于公判庭之他民刑事记录中所存之书类,或由公务所调取之书类中之记载为证据者,依前项之例。

第二百八十五条 就证据物为证据调查者,审判长应以之示被告人。证据物中以书面之意义为证据而被告人不解文字者,应告知其内容。

第二百八十六条 却下证据调查之请求者,应以裁定为之。

新期日之指定或其他以特别手续为必要之证据调查者,应以裁定为之。

第二百八十七条 审判长为证据调查后,应问被告人有无意见,并告知得提出于其有利益之证据之旨。

第二百八十八条 被告人讯问及证据调查终了后,检察官应就事实之认定、法律之适用及刑之量定陈述意见。

被告人及辩护人得陈述意见。

对于被告人或辩护人应与以最终陈述之机会。

第二百八十九条 被告人在心神丧失之状态时,咨询检察厅之意见,应以裁定于其状态继续之间停止公判手续。

被告人因疾病不能到庭者,咨询检察厅之意见,得以裁定至能到庭时止,停止公判手续。

有前二项事由而应为无罪、免诉、刑之免除或却下公诉之裁判之事由显明者,得不俟被告人之到庭即为裁判。

许用代理人之事件已有委任之代理人者,不适用第一项及第二项之规定。

第二百九十条 开庭后有审判官之更迭者,应更新公判手续。但为判决之宣告不在此限。

开庭后因被告人之心神丧失停止公判手续,或因其他事由继续三十日以上不开庭者,亦与前项同。

第二百九十一条 检察官、被告人或辩护人对于审判长所为诉讼指挥之违法处分,得为异议之声明。

法院就前项声明应为裁定。

第二百九十二条 法院于有必要时,得以裁定再开已终结之审理。

第三节 公判之裁判

第二百九十三条 左列各款情形应以判决却下公诉。

一、就被告事件无裁判权者；

二、就被告事件无管辖权者；

三、提起公诉之方式有重大之瑕疵者；

四、就因撤回公判已经裁定却下公诉之事件，更提起公诉者；

五、就已提起公诉之事件，更向同一法院提起公诉者；

六、就俟告诉或请求乃论之罪有告诉或请求之撤回者，或就反于被害人明示之意思不得论之罪至反于其所明示之意思者。

第二百九十四条　地方法院就属于其管内区法院管辖之事件，不得因无管辖权之理由却下公诉。但咨询检察厅之意见，得以裁定将事件移送于有管辖权之区法院。

第二百九十五条　区法院就禁锢以上刑之轻罪事件，不得以情节繁杂为无管辖权之理由却下公诉。

第二百九十六条　法院非因被告人之声明，不得以无土地管辖权之理由却下公诉。但咨询检察厅之意见，得以裁定将事件移送于有管辖权之法院。

前项情形，却下公诉之声明就被告事件为供述后不得为之。

第二百九十七条　左列各款情形，应以裁定却下公诉。

一、撤回公诉者；

二、被告人死亡或为被告人之法人至不存续者；

三、依第七条或第八条之规定不得为审判者。

对于前项裁定，得为即时抗告。

第二百九十八条　左列各款情形，应为免诉之判决。

一、曾经确定判决者；

二、犯罪后之法令废止其刑者；

三、曾经大赦者；

四、时效完成者。

第二百九十九条　被告事件有犯罪之证明者，除第三百条之情形外，应为科刑之判决。

刑之执行犹豫、刑之执行免除、裁判确定前之拘禁日数之算入及留置劳役场期间之裁判，应与科刑同时为之。

第三百条　被告事件免除其刑者，应为免刑之判决。

第三百零一条　为有罪之判决，应表明犯罪事实及证据并法令之适用。

主张法律上阻却犯罪成立之原由或刑之加重、减免之原由之事实者，应表明对该主张之判断。

第三百零二条　左列各款情形，应为无罪之判决。

一、被告事件不为罪或不罚被告人者；

二、被告事件无犯罪之证明者。

第三百零三条　判决之宣告，被告人虽不到庭亦得为之。

第三百零四条　告知有罪之判决时，对于被告人应告知上诉期间及提出上诉声明书之法院。

第三百零五条　审判长告知判决后，对于被告人为戒其将来，得为适当之训谕。

第三百零六条　却下公诉之裁判，法院得存续拘禁之效力。

存续拘禁效力之事件，于三日以内不提起公诉或将事件不送致于管辖检察厅者，检察官应即释放被告人。受送致被告事件之检察厅于五日以内不提起公诉者亦同。

前二项规定，于扣押准用之。

第三百零七条　就依第一百五十一条规定为扣押之事件，应执行罚金或追征之裁判确定时，至其执行终了止，扣押存续其效力。

第三百零八条　扣押之赃物发还被害人之经由显明者，应为发还被害人之裁判。就赃物之对价所得之物亦同。

暂行发还之物另无裁判者，视为有发还之裁判。

前二项规定，不妨由利害关系人依民事诉讼手续主张其权利。

第三编　上诉

第一章　通则

第三百零九条　检察厅及被告人得为上诉。

非检察厅或被告人而受裁定者得为抗告。

第三百十条　被告人之法定代理人或夫得为被告人独立上诉。但第三百十七条第二项但书情形不在此限。

第三百十一条　原审之代理人或辩护人得为被告人上诉。但不得反于被告人明示之意思。

第三百十二条　上诉得对于裁判之一部为之。其未限定部分者，视为对于裁判之全部为之。

第三百十三条　上诉之提起期间,自裁判告知之日起进行。

第三百十四条　上诉之提起期间,除即时抗告外为十日。

即时抗告之提起期间为五日。

第三百十五条　控诉或上告应提出声明书于原法院。

抗告应提出声明书于原法院或为原裁定之审判官。

在监狱之被告人为上诉者,应经由监狱之长或其代理者提出声明书。于此情形,上诉之提起期间内已提出声明书于监狱之长或其代理者时,视为于上诉之提起期间内为其声明。

被告人不能自作声明书者,监狱之长或其代理者应代书之或使所属官吏代书之。

监狱之长或其代理者应送交声明书于原法院或为原裁定之审判官,并通知收受之年月日时。

第三百十六条　上诉声明书应表示原裁判,并记载对之声明不服之旨。

第三百十七条　检察厅、被告人或第三百零九条第二项规定之人得为上诉之抛弃或撤回。

有法定代理人或夫之被告人,非得其同意不得为抛弃或撤回。但因所在不明或其他事由,于上诉期间相当之期间内不能征求其意见时不在此限。

第三百十八条　得为被告人独立上诉之人,经被告人之同意得为上诉之撤回。

第三百十九条　抛弃上诉之声明,应向原法院或为原裁定之审判官为之。

撤回上诉之声明,应向上诉法院为之。

诉讼记录在原法院或其对置检察厅时,得提出前项声明书于原法院或为原裁定之审判官。

第三百二十条　上诉之抛弃或撤回之声明,应以书面之。但于公判庭得以言词为之。于此情形,应记载其声明于调书。

第三百二十一条　为上诉之抛弃或撤回者,不得就其事件再为上诉。

第三百二十二条　因不可归责于自己或代表人或代理人之事由,不能于上诉之提起期间内为上诉者,得为回复上诉权之请求。

第三百二十三条　回复上诉权之请求,自事由停止之日起,于上诉提起期间相当之期间内,应以书面向原法院或为原裁定之审判官为之。

回复上诉权之原由之事实,应疏明之。

为回复上诉权之请求者,应与其请求同时提出上诉之声明书于原法院或为原裁定之审判官。

第三百二十四条　受理回复上诉权请求之法院或审判官,咨询检察厅之意见,应就其请求之许否为裁定。

对于前项裁定,得为即时抗告。

第三百二十五条　就回复上诉权之请求应为裁定之法院或审判官至为裁定时止,得为停止裁判之执行之裁定。

法院为前项裁定时,得对于被告人发拘禁票。

第三百二十六条　在监狱之被告人为上诉之抛弃或撤回或回复上诉权之请求者,准用第三百十五条第三项至第五项之规定。

第三百二十七条　有上诉之抛弃或撤回或回复上诉权之请求时,法院书记官应速通知于对手人。

第二章　控诉

第三百二十八条　控诉得对于区法院或地方法院所为第一审判决为之。

第三百二十九条　控诉之声明于其方式有重大之瑕疵者,或于控诉权消灭后为之者,第一审法院咨询检察厅之意见,应以裁定却下之。

对于前项裁定,得为即时抗告。

第三百三十条　除前条情形外,第一审法院应将诉讼记录送交于其法院对置之检察厅,检察厅应将诉讼记录连同证据送交于控诉法院对置之检察厅。

控诉法院对置之检察厅应将诉讼记录送交于控诉法院。

被告人在监狱时,第一审法院对置之检察厅应移送被告人于控诉法院所在地之监狱。

第三百三十一条　控诉之声明于其方式有重大之瑕疵者,或于控诉权消灭后为之者,控诉法院咨询检察厅之意见,应以裁定却下之。

对于前项裁定,得为即时抗告。

第三百三十二条　第一审法院不法却下公诉者,应以判决发回事件于第一审法院。

第一审法院不法受理公诉者,应以判决却下公诉。

第三百三十三条　有第二百九十七条之事由者,应以裁定却下公诉。

对于前项裁定,得为即时抗告。

第三百三十四条　控诉法院除前三条情形外,应就被告事件更为审判。

第三百三十五条　第二编中关于公判之规定,除另有规定外,于控诉之审判准用之。

第三章　上告

第三百三十六条　上告得对于第二审判决或高等法院所为第一审判决为之。

第三百三十七条　上告除第三百四十条情形外,限于以违反法令为理由者始得为之。

第三百三十八条　左列各款情形,当然为有上告之理由。

一、法院之组织违反法律之规定或无检察官或书记官之列席而为审判者;

二、不得执行职务之审判官参与判决者;

三、未经参与审理之审判官参与判决者;

四、不法受理或却下公诉者;

五、不法不公开审判者;

六、除另有规定外,无被告人之到庭而为审判者;

七、于依法律须要辩护人之事件或依裁定选附辩护人之事件,无辩护人之到庭而为审判者;

八、不法限制辩护权之行使者;

九、未经检察官陈述公诉事实而为审判者;

十、依法律有应停止或更新公判手续之事由之际,未经停止或更新而为审判者;

十一、未与被告人或辩护人以最终陈述之机会者;

十二、已受请求审判之事件未为判决或未受请求审判之事件而为判决者;

十三、判决不附理由或理由有龃龉者；

十四、判决书欠缺审判官之署名或盖章者。

第三百三十九条　于前条以外之法令违反显然不及影响于判决者，不得以为上告之理由。

第三百四十条　判决后有刑之废止或变更或大赦者，得以之为上告之理由。

第三百四十一条　左列各款情形，得对于区法院或地方法院所为第一审判决为上告。但有控诉之声明者不在此限。

一、就依判决所定之事实以不适用法令或适用法令不当为理由者；

二、以判决后有刑之废止或变更或大赦为理由者。

第三百四十二条　对于第一审判决之上告，于有控诉之声明时失其效力。但有控诉之撤回或却下控诉之裁判者不在此限。

第三百四十三条　上告声明于其方式有重大之瑕疵者，或于上告权消灭后为之者，原法院咨询检察厅之意见，应以裁定却下之。

对于前项裁定，得为即时抗告。

第三百四十四条　除前条情形外，原法院应将诉讼记录送交于其法院对置之检察厅，检察厅应将诉讼记录连同证据物送交于上告法院对置之检察厅。

上告法院对置之检察厅应将诉讼记录送交于上告法院。

第三百四十五条　上告声明于其方式有重大之瑕疵者，或于上告权消灭后为之者，上告法院咨询检察厅之意见，应以裁定却下上告。

第三百四十六条　上告法院受诉讼记录之送交时，应速通知其旨于上告声明人及对手人。

于前项通知前有辩护人之选任者，前项通知应向辩护人为之。

第三百四十七条　上告声明人应于受前条通知之日起二十日以内，提出上告趣旨书于上告法院。

上告法院得延长前项期间。

上告趣旨书应按对手人数添附副本。

上告声明书记载第三百四十八条规定之事项者，视为与上告声明同时已有上告趣旨书之提出。

第三百四十八条　上告趣旨书应明示上告之理由。

以诉讼手续违反法令为理由者，应表示关于违反之事实。

第三百四十九条　上告法院收受上告趣旨书时,应速送达其副本或誉本于对手人。

第三百五十条　上告声明人于第三百四十七条规定之期间内不提出上告趣旨书者,上告法院应咨询检察厅之意见,以裁定却下上告。

第三百五十一条　上告对手人于受上告趣旨书副本或誉本送达之日起十日以内,得提出答辩书。

第三百五十二条　审判长得使组织员查阅上告声明书、上告趣旨书及答辩书而为报告。

第三百五十三条　上告审于上告无理由显明者,得不开庭公判而为判决。显应破毁原判决者亦同。

第三百五十四条　上告审不得选任非律师为辩护人。

于上告审为被告人所为之辩论,非辩护人不得为之。

第三百五十五条　公判期日,检察官及辩护人应本于上告趣旨书及答辩书而为辩论。

第三百五十六条　无辩护人之选任或辩护人不到者,应经检察官之陈述后而为判决。

第三百五十七条　上告法院应限于上告趣旨书,得所包含之事项为调查。

就公诉之受理及对于依判决所定之事实适用法令之当否,得以职权为调查。就判决后有刑之废止或变更或大赦亦同。

第三百五十八条　上告法院关于公诉之受理及诉讼手续,得为事实之调查。

前项调查有必要时得使组织员为之,或向地方法院或区法院之审判官嘱托之。于此情形,受命审判官及受托审判官有与法院同一之权限。

受命审判官或受托审判官认为必要时,得于前项调查使检察官及辩护人莅场。

第三百五十九条　有第二百九十七条之事由者,应以裁定却下公诉。

第三百六十条　上告无理由者,应以判决弃却之。

第三百六十一条　上告有理由者,应以判决破毁原判决。

第三百六十二条　以不法受理或却下公诉为理由而破毁原判决

者,应不调查其他事项,依左列区别径为判决。

一、以不法受理公诉为理由者,应却下公诉;

二、以不法却下公诉为理由者,应发回事件于原法院或第一审法院。

第三百六十三条　因前条以外之情形而破毁原判决者,得以判决发回事件于原法院或移送于与原法院同等之他法院。

第三百六十四条　以不及影响于事实之确定之法令违反为理由而破毁原判决者,上告法院得就被告事件自为判决。

因前项以外之理由而破毁原判决者,上告法院认自为判决为适当者亦同。

第三百六十五条　上告法院自为判决时,得为事实之审理。

前项审理有必要时,得使组织员为之或向原法院或其他法院之审判官嘱托之。于此情形,受命审判官及受托审判官有与法院同一之权限。

前项情形,准用第三百五十八条第三项之规定。

第三百六十六条　为被告人之利益破毁原判决时,破毁之理由共通于为上告之共同被告人者,亦应为该共同被告人破毁原判决。

第三百六十七条　判决书应记载上告理由之要旨。

第三百六十八条　第二编中关于公判之规定,除另有规定外,于上告之审判准用之。

第四章　抗告

第三百六十九条　抗告除特定得为即时抗告外,得对关于拘禁、拘禁之停止、保证金之没取、扣押或扣押物之发还之裁定及关于鉴定所为被告人留置之裁定为之。

第三百七十条　对于终审法院之裁定,不得抗告。

第三百七十一条　抗告之声明于其方式有重大之瑕疵者,或于抗告权消灭后为之者,原法院或为原裁定之审判官咨询检察厅之意见,应以裁定却下抗告。

对于前项裁定,得为即时抗告。

第三百七十二条　原法院或为原裁定之审判官以抗告为有理由者,应以裁定更正原裁定。

以抗告之全部或一部为无理由者,应自收受声明书之日起三日以内附具意见书,送交于抗告法院。

第三百七十三条　抗告除即时抗告外,无停止裁判之执行之效力。抗告法院或原法院或为原裁定之审判官咨询检察厅之意见,得以裁定至抗告有裁定时止,停止原裁判之执行。

第三百七十四条　原法院或为原裁定之审判官认为必要时,应将诉讼记录及证据物送交于抗告法院。

抗告法院得请求送交诉讼记录或证据物。

第三百七十五条　抗告法院咨询检察厅之意见,应为裁定。

第三百七十六条　抗告之声明于其方式有重大之瑕疵者,或于抗告权消灭后为之者,抗告法院应却下抗告。

抗告无理由者,应弃却抗告;抗告有理由者,应取消原裁定,有必要时更为裁定。

第三百七十七条　抗告法院之裁定,应向原法院或为原裁定之审判官通知之。

第三百七十八条　对于抗告法院之裁定,不得为抗告。但对于就左列各款抗告所为之裁定,得为即时抗告。

一、对于却下公诉之裁定之抗告;

二、对于却下声明控诉之裁定或对请求回复上诉权之裁定之抗告;

三、对于声明再审之裁定之抗告;

四、对于依《刑法》第四十六条或第五十三条规定定刑之裁定之抗告;

五、对于就判决之疑义或刑之执行之异议之裁定之抗告。

第三百七十九条　对于检察厅所为关于拘禁、拘禁之停止、保证金之没取、扣押或扣押物之发还之处分及关于鉴定所为被疑人之留置之处分有不服者,得向直近上级检察厅声明取消或变更其处分。

对于由司法警察官所为关于留置或其停止,或扣押或扣押物之发还之处分有不服者,得向管辖司法警察官职务执行地之区检察厅声明取消或变更其处分。

第三百八十条　对于检察厅或司法警察官所为之处分声明不服,准用第三百十三条至第三百十六条、第三百二十二条至第三百二十六条及第三百七十一条至第三百七十七条之规定。

对于前项声明所为处分,不得更行声明不服。

第四编 非常手段

第一章 再审

第三百八十一条 再审之声明得于左列各款情形,对于确定判决为之。

一、发见明确证据对于受无罪或免诉之判决者应为有罪之判决,对于受免刑之判决者应为科刑之判决,或对于受有罪判决者应认较原判决所认之罪为重之罪者;

二、发见明确证据对于受有罪之判决者应为无罪或免诉之判决,对于受科刑之判决者应为免刑之判决,或对于受有罪判决者应认较原判决所认之罪为轻之罪者;

三、参与原判决或为其基础之调查之审判官,或参与提起公诉或为其基础之搜查之检查官,就被告事件犯关于职务之罪,经确定判决证明者,但于为原判决前对于审判官或检察官已提起公诉时,以原判决之法院不知其事实为限。

第三百八十二条 依前条第三款规定应以确定判决证明犯罪为再审原由之际,而不能得其确定判决者,得证明其事实为再审之声明。但因无证据之理由不能得其确定判决者不在此限。

第三百八十三条 再审之声明,由为原判决之法院管辖之。

第三百八十四条 再审之声明,得由合于左列各款之一者为之。

一、管辖法院对置之检查厅;

二、受有罪之判决者;

三、受有罪判决者之法定代理人及夫;

四、于受有罪之判决者死亡或在心神丧失之状态时,其配偶、继承人、直系亲属及兄弟姐妹。

第三百八十五条 非检察厅为再审之声明者,得选任辩护人。

依前项规定,辩护人之选任至有再审之判决时,止其效力。

第三百八十六条 再审之声明,于刑之执行终了或至不受其执行时亦得为之。

第三百八十七条 再审之声明无停止刑之执行之效力。但管辖法院对置之检察厅得至有就再审声明之裁定时止,停止刑之执行。

第三百八十八条 再审之声明应于其趣旨书添附原判决之誉本、证据书类及证据物提出于管辖法院。

第三百八十九条 再审之声明于有再审之判决以前,得撤回之。

撤回再审之声明者,不得以同一原由更为再审之声明。

第三百九十条 再审之声明或其撤回,准用第三百十五条第三项至第五项、第三百二十条及第三百二十七条之规定。

第三百九十一条 对于第一审或第二审之确定判决与弃却上告之判决有再审之声明者,上告法院应以裁定至第一审法院或控诉法院之手续终了时止,停止其手续。

第三百九十二条 受理再审声明之法院有必要时,得使组织员就再审原由为事实之调查或向区法院审判官嘱托之。于此情形,受命审判官或受托审判官有与法院同一之权限。

受命审判官或受托审判官认为必要时,得使检察官及辩护人于前项之调查莅场。

第三百九十三条 再审之声明于其方式有重大之瑕疵者,咨询检察厅之意见,应以裁定却下之。

第三百九十四条 以再审之声明为无理由者,应以裁定弃却之。

有前项裁定者,不得以同一原由更为再审之声明。

第三百九十五条 以再审之声明为有理由者,应为再审开始之裁定。

为再审开始之裁定者,得以裁定停止刑之执行。

第三百九十六条 就再审之声明为裁定者,应询声明者及其对手人之意见。第三百八十四条第三款之人为声明者,应更询受有罪判决者之意见。

第三百九十七条 对于第三百九十三条及第三百九十四条第一项之裁定,得为即时抗告。

第三百九十八条 第三百九十一条之情形,第一审法院或控诉法院为再审之判决者,上告法院应以裁定弃却再审之声明。

第三百九十九条 法院就有再审开始裁定之事件,应从其审级以通常之规定为审判。

第四百条 受有罪判决者死亡或在心神丧失之状态时,得不为讯问并不待其陈述意见而为审判。

第四百零一条 再审无罪之判决确定时,应速由为其判决之法院揭载于政府公报公示其判决。

第二章　非常上告

第四百零二条　判决确定后，发见其事件之审判违反法令者，最高检察厅得向最高法院为非常上告。

第四百零三条　为非常上告，应将记载其理由之声明书提出于最高法院。

第四百零四条　公判期日，检察官应本于声明书为陈述。

第四百零五条　以非常上告为无理由者，应以判决弃却之。

第四百零六条　以非常上告为有理由者，应依左列区别而为判决。

一、原判决违反法令者，破毁其违反之部分，但原判决不利益于被告人者，破毁之，并就被告事件更为判决；

二、诉讼手续违反法令者，破毁其违反之手续。

第四百零七条　非常上告之判决，除依前条第一款但书之规定所为者外，其效力不及于被告人。

第四百零八条　第三百五十七条第一项及第三百五十八条之规定，于非常上告准用之。

第五编　特殊手续

第一章　略式手续

第四百零九条　区检查厅于思料应处罚金、拘留或科料之事件提起公诉者，得请求依略式手续科刑。

为前项请求，应于起诉状表示其旨并关于量定刑之意见。

第四百十条　有前条之请求时，法院得不依公判审理之手续为科刑之判决。但思料事件不得为略式判决或为之不相当者，应依通常之手续为审判。

第四百十一条　略式判决应示以犯罪事实、法令之适用、上诉期间及提出上诉声明书之法院。

第四百十二条　略式判决之告知，应送达裁判书之誊本为之。

第四百十三条　略式判决除另有规定外，准用关于公判裁判之规定。

第二章　专科从刑之手续

第四百十四条　检察厅于不提起公诉之际而思料应仅科从刑者，得请求管辖法院为其处分。

第四百十五条　为前条规定之请求，应提出请求书于管辖法院并同时送交书类。

请求书应记载受处分者之姓名、住居、年龄、请求之理由及标的物。

第四百十六条　有第四百十四条之请求者，法院应为裁定。

对于前项裁定，得为即时抗告。

第三章　执行犹豫之取消及刑之更定手续

第四百十七条　刑之执行犹豫应取消者，应由管辖受科刑判决者之现在地或最后住所地之区检察厅，向其对置法院为请求。

有前项请求时，法院应询被请求人之意见为裁定。

对于前项裁定，得为即时抗告。

第四百十八条　依《刑法》第四十六条或第五十三条规定应更定其刑者，应由就其犯罪事实为最终判决法院对置之检察厅，向其法院为请求。

有前项请求时，法院应询被请求人之意见为裁定。

对于前项裁定，得为即时抗告。

第六编　裁判之执行

第四百十九条　裁判于确定后执行之。但另有规定者不在此限。

第四百二十条　裁判之执行，由为其裁判法院对置之检察厅指挥之。但证据裁定或其他性质上应由法院或审判长、受命审判官或受托审判官为之者，不在此限。

上诉之裁判或因上诉之撤回应执行下级法院之裁判者，由上诉法院对置之检察厅指挥其执行。但诉讼记录在下级法院者，由其法院对置之检察厅指挥之。

第四百二十一条　裁判执行之指挥应以书面为之，并添附裁判书或记载裁判之调书之誊本或节本。但除指挥刑之执行外，得盖章于裁判书之原本、誊本或节本，或调书之誊本或节本为之。

第四百二十二条　二以上主刑之执行，除罚金及科料外，以其重者为先。但检察厅得停止重刑之执行，使为他刑之执行。

第四百二十三条　受死刑之判决者，至其执行时止，于监狱拘置之。

第四百二十四条　死刑依司法部大臣之命令执行之。

第四百二十五条　死刑之判决确定时，检察厅应速提出诉讼记录于司法部大臣。

第四百二十六条　司法部大臣命死刑之执行时,应于五日以内执行之。

第四百二十七条　检察官及检察厅书记官应于死刑之执行莅场。于死刑之执行莅场之书记官应作成执行调书,与检察官及监狱之长共同署名盖章。

第四百二十八条　受死刑之判决者,在心神丧失之状态或为怀胎之妇女时,依司法部大臣之命令停止执行。

依前项规定停止死刑之执行者,于痊愈或分娩后依司法部大臣之命令执行之。

第四百二十九条　受徒刑、禁锢或拘留之判决者,在心神丧失之状态时,依科刑判决法院对置之检察厅或管辖受科刑判决者现在地之地方检察厅之指挥,至其痊愈叫止,停止执行。

第四百三十条　依前条规定停止刑之执行者,检察厅得将受科刑判决者送入病院或其他适当之场所,或交于配偶、亲属或其他适当之人。

第四百三十一条　受徒刑、禁锢或拘留之判决者,有左列各款之一之事由时,得依科刑判决法院对置之检察厅或管辖受科刑判决者现在地之地方检察厅之指挥,停止刑之执行。

一、因刑之执行显害健康或有不能保持生命之虞者;

二、受胎后一百五十日以上或分娩后未经过六十日者;

三、因刑之执行有生不可回复之不利益之虞者;

四、有其他重大事由者。

第四百三十二条　受死刑、徒刑、禁锢或拘留之判决者不在拘禁中时,检察厅为执行应速召唤之。不遵召唤者应发捕票。

第四百三十三条　受死刑、徒刑、禁锢或拘留之判决者逃亡或有逃亡之虞时,检察厅得即发捕票或使司法警察官发之。

第四百三十四条　不能察知受死刑、徒刑、禁锢或拘留判决者之现在地时,检察厅得将记载受科刑判决者之姓名、住居、年龄、性别、容貌、体格或其他特征及刑名、刑期之书面,送交于高等检察厅,嘱托其搜查及逮捕。

受托检察厅应发捕票,为其搜查及逮捕之手续或使其管内检察厅为之。

第四百三十五条　捕票应记载受科刑判决者之姓名、住居、年龄、性别及刑名、刑期,由检察官或司法警察官记名盖章。

有必要时应添附记载受科刑判决者之容貌、体格或其他特征之书面。

第四百三十六条　捕票与拘引票有同一之效力。

第四百三十七条　捕票之执行,准用关于执行拘引票之规定。

第四百三十八条　罚金、科料、从刑、过料、没取、诉讼费用或费用赔偿之裁判,依检察厅之命令执行之。其命令与有执行力之债务名义有同一之效力。

前项裁判之执行,准用《强制执行法》之规定。但于执行前无须为裁判之送达。

第四百三十九条　受罚金、科料、从刑或过科之裁判者,于裁判确定后死亡时,得就继承财产执行之。

非因受裁判者死亡之事由开始继承时,亦与前项同。

第四百四十条　对于法人科罚金、科料或从刑者,于判决确定后因合并而法人消灭时,得对于合并后存续之法人,或因合并而设立之法人为执行。

第四百四十一条　没收物应由检察厅处分之。

第四百四十二条　毁灭效用应由检察厅依适当之方法为之。

第四百四十三条　因应受扣押物发还者之所在不明或其他事由不能发还其物者,检察厅应公告其旨。

自为公告之时起,于六月以内无请求发还者,其物归属于国库。

虽于前项期间内,无价值之物得废弃之,不便保管之物得公卖之而保管其代价。

第四百四十四条　受科刑之判决者,就判决之解释有疑义者,得向为判决之法院声明疑义。

第四百四十五条　受裁判之执行者或其法定代理人或夫,关于执行以检察厅所为之处分为不当者,得向为裁判之法院声明异议。

第四百四十六条　疑义或异议之声明,应以书面为之。

疑义或异议之声明,至有裁定时止,得撤回之。

疑义或异议之撤回,应以书面为之。

第三百十五条第三项至第五项之规定,于疑义或异议之声明及其撤回准用之。

第四百四十七条　受理疑义或异议之声明之法院,咨询检察厅之意见,应为裁定。

对于前项裁定,得为即时抗告。

第四百四十八条　因不能完纳罚金或科料所为劳役场留置之执行,准用关于执行自由刑之规定。

第四百四十九条　执行第四百三十八条第一项裁判之费用,应为受执行者之负担,准照《强制执行法》之规定,与执行同时征收之。

第七编　私诉

第一章　通则

第四百五十条　因犯罪被侵害身体、自由、名誉、财产或其他利益者,就以其损害为原因之请求,得附带于公诉,对于公诉之被告人提起私诉。

第四百五十一条　私诉于公诉至第一审之审理终结时止,得提起之。但应为略式判决者不在此限。

第四百五十二条公诉有第二条第二项、第三条、第四条第二项、第三项、第五条、第七条第二项、第八条第二项、第十三条、第二百九十四条但书或第二百九十六条第一项但书之裁定者,于私诉视为有同一之裁定。

第四百五十三条　私诉之判决,应本于公诉判决所认之事实为之。

第四百五十四条　关于私诉之书类,无须贴用印纸。但发回或移送于民事庭者不在此限。

第四百五十五条　《民事诉讼法》中关于左列事项之规定,于私诉准用之。

一、诉讼能力;

二、共同诉讼;

三、诉讼参加;

四、诉讼代理及辅佐;

五、诉讼费用;

六、诉讼上之担保;

七、诉讼上之救助;

八、诉讼手续之中断及中止;

九、当事人本人之到场；

十、和解；

十一、请求之抛弃；

十二、诉或上诉之撤回。

私诉之强制执行，准用《强制执行法》之规定。

第四百五十六条　当事人得受法院许可，使非律师为诉讼之代理。

第四百五十七条　辩护人于私诉得为被告人之代理人为诉讼行为。

第四百五十八条　当事人及其诉讼代理人得受审判长之许可，阅览诉讼记录及证据物并誊写之。

第四百五十九条　对于私诉判决之再审之诉，应依《民事诉讼法》之规定，向为原判决法院之民事庭为之。

第四百六十条　私诉从其审级，准用关于公诉之规定。

检察官于私诉之审判，无须莅场。

检察官于私诉之审判莅场时，得于当事人之辩论终了后陈述意见。

第二章　第一审

第四百六十一条　提起私诉，应提出诉讼状于法院。

诉状应记载左列事项，由当事人或代理人署名盖章。

一、当事人之姓名、名称或商号、职业及住所；

二、法定代理人及诉讼代理人之姓名、职业及住所；

三、事件之表示；

四、请求之趣旨及原因；

五、附属书类之表示；

六、年月日；

七、法院之表示。

第四百六十二条　诉状其他应交付对手人之书类，除提出于法院者外，应按对手人数提出副本。

第四百六十三条　法院收受诉状时，应速送达其副本于被告。

第四百六十四条　公诉之公判期日，应召唤私诉关系人。

第四百六十五条　私诉之调查，应于公诉之审判终了后为之。但审判长得于公诉之审理中以职权就私诉为调查。

第四百六十六条　原告应陈述请求之趣旨及原因。

被告应为答辩。

第四百六十七条 法院对于不能为相当陈述之当事人、诉讼代理人或辅佐人，得以裁定禁止其以后之陈述。于此情形，应定新期日并命其以律师或有相当之学识经验者为诉讼代理。

第四百六十八条 公诉所调查之证据，于私诉视为已调查者。

第四百六十九条 法院于请求趣旨之范围内，不受原告关于请求原因陈述之拘束。

第四百七十条 法院不问诉讼在如何程度，认为私诉之审理非多费时日难以终结者，应以裁定移送私诉于其法院之民事庭。

对于前项裁定，不得声明不服。

第四百七十一条 公诉有无罪、免诉或却下公诉之判决者，应以判决却下私诉。

公诉有却下公诉之裁定者，应以裁定却下私诉。

对于依前二项规定却下私诉之判决或裁定，非于公诉有上诉者，不得为上诉。

第四百七十二条 法院应与公诉判决同时为私诉判决。

第四百七十三条 当事人受召唤于期日不到庭，或到庭而不为辩论，或为维持秩序经命其退庭者，得不待其陈述而为判决。

第三章 上诉

第四百七十四条 就私诉对于区法院或地方法院所为第一审判决，得为控诉。

第四百七十五条 对于公诉之第一审判决有上告之声明者，对于私诉之判决不得为控诉。

对于公诉之第一审判决有上告之声明者，对于私诉之判决所为之控诉失其效力。

前二项规定于有上告之撤回时，依第三百四十二条规定上告失其效力时，或依第三百四十三条、第三百四十五条或第三百五十条规定有却下上告之裁判时，不适用之。

第四百七十六条 对于公诉之第一审判决有上告之声明者，法院应向就私诉为控诉之当事人通知其旨。

为控诉人之当事人得于受前项通知之日起十日以内为上告。其上告于控诉有前条第三项之适用时，失其效力。

第四百七十七条 左列各款情形，得对于私诉所为第二审判决或高等法院所为第一审判决为上告。

一、对于公诉之判决有上告者；

二、以法令之违反为理由者。

第四百七十八条　左列各款情形，得对于私诉所为第一审判决为上告。但已有控诉之声明者不在此限。

一、对于公诉之判决有上告者；

二、就依判决所定之事实不适用法令或适用法令不当者。

第四百七十九条　对于公诉之第一审判决有控诉之声明者，对于私讼之判决不得为上告。

对于公诉之第一审判决有控诉之声明者，对于私讼之判决所为之上告失其效力。

前二项规定，于有控诉之撤回或有却下控诉之裁判时，不适用之。

第四百八十条　对于公诉之第一审判决有控诉之声明者，法院应向就私诉为上告之当事人通知其旨。

为上告之当事人，得于受前项通知之日起十日以内为控诉。其控诉于上告有前条第三项规定之适用时，失其效力。

第四百八十一条　以对于公诉之判决已有上告为理由就私诉为上告者，得不提出上告趣旨书。

第四百八十二条　上告法院之辩论非为律师之诉讼代理人，不得为之。

第四百八十三条　当事人未选任诉讼代理人或诉讼代理人不到庭者，得不经辩论而为判决。

第四百八十四条　公诉依第三百六十条之规定为弃却上告之判决者，应依左列区别就私诉为判决。

一、私诉无足为上告理由之法令之违反者，弃却上告；

二、私诉有足为上告理由之法令之违反者，以判决破毁原判决就事件更为判决，但为判决以事实之审理为必要时，发回事件于原法院民事庭或移送于与原法院同等之他法院民事庭。

第四百八十五条　公诉破毁原判决就被告事件更为判决者，应依左列区别就私诉为判决。

一、公诉之判决未为足及影响于私诉之变更，并于私诉无足为上告理由之法令违反者，弃却上告；

二、公诉之判决为足及影响于私诉之变更，或于私诉有足为上告理由之法令违反者，破毁原判决就事件更为判决，但为判决仅就私诉以事实之审理为必要时，发回事件于原法院民事庭或移送于与原法院同等之他法院民事庭。

第四百八十六条　公诉破毁原判决为发回或移送之判决者，应就私诉为同一之判决。

第四百八十七条　上诉法院仅就私诉应为审判者，应以裁定移送事件于其法院民事庭。

对于前项裁定，不得声明不服。

第四百八十八条　本编第二章之规定，除另有规定外，于上诉之审判准用之。

附则

本法施行期日以敕令定之。（依康德四年五月敕令第一百〇六号，自康德四年六月一日施行）

附则（康德四年敕令第四七八号）

本法自公布日施行。

附则（康德五年敕令第二九四号）

本法自公布日施行。

附则（康德七年敕令第六〇号）

本令自公布日施行。

《刑事诉讼法》施行法

（康德四年五月二十七日敕令第一〇五号）

朕依《组织法》第四十一条，经咨询参议府，裁可《〈刑事诉讼法〉施行法》，著即公布。

第一条　本法称新法者，谓康德四年敕令第二十三号《刑事诉讼〈法〉》；称旧法者，谓依大同元年教令第三号援用之《刑事诉讼法》。

第二条　新法于新法施行前发生之事件亦适用之。

前项规定无妨于新法施行前，依旧法所为之诉讼手续之效力。

新法施行前依旧法所为之诉讼手续，于新法有相当规定者，视为依新法所有者。

第三条　新法施行前自诉人或被告人所为之指定或移转管辖之请求，自新法施行之日起失其效力。

第四条　新法施行前审判官所为之回避声请，应由有监督权之审判官决定其准否。

新法施行前对于检察官或检察厅书记官所为之回避声请，自新法施行之日起失其效力。

第五条　新法施行前开始之法定期间及其计算，仍依从前之例。

第六条　对于新法施行前所为裁判之上诉或抗告之提起期间，自裁判书送达之日起算之。

第七条　新法施行前所为之通缉，仍有从前之效力。

旧法第五十三条之情形，应将被告人或被疑人引致于命令拘引或逮捕之官署。

依前项之规定受引致之官署应为新法第九十一条所规定之手续，因通缉将被告人或被疑人引致于指定之场所时，应依新法第九十七条或第一百二十二条第四项之规定讯问之。

第八条　新法施行前所为拘禁之期间，仍依从前之例。

第九条　新法施行前所召唤之证人、鉴定人、通事或翻译人无正当事由而不到者，应科之过料不得超过五十圆。

第十条　新法施行前对于鉴定人、通事或翻译人所为之拒却声请，自新法施行之日起失其效力。

第十一条　自诉及反诉，自新法施行之日起视为公诉。

新法施行前，对于自诉或反诉所为之判决尚未确定者，视为公诉之判决。

第十二条　对于新法施行前有声请上告之事件，原审法院依旧法第三百九十四条之规定命令应提出上告理由书时，依旧法第三百九十五条至第三百九十九条之例。依旧法第三百九十五条之规定将上告声请书之誊本送达对手人时亦同。

第十三条　证人、鉴定人、通事、翻译人及其他非被告之人，对于新法施行前抗告法院所为之裁定，仍得依旧法为抗告。

前项所列之人对于新法施行前抗告法院所为之裁定为抗告时，法院应依旧法为裁定。

第十四条　对于受命审判官或受托审判官所为之处分，新法施行前有取消或变更请求时,法院应依旧法为裁定。

第十五条　对于检察厅之羁押、保证、扣押及发还扣押物件之处分,新法施行前有取消或变更请求时,法院应依旧法为裁定。

第十六条　对于新法施行前再审开始之裁定所为之抗告,自新法施行之日起失其效力。

第十七条　新法施行前所为处刑命令之请求,视为依新法所为略式判决之请求。

第十八条　对于新法施行前法院所为之处刑命令,仍依旧法第四百六十七条第二项、第四百六十八条至第四百七十五条之规定。但对于原状回复之请求,依新法第三百二十二条至第三百二十七条之规定。

第十九条　新法施行前受请求取消刑之执行犹豫之地方法院,应依新法第四百十七条之规定为裁定。

第二十条　新法施行前对于非被告之人有提起附带民事诉讼时,法院应以裁定将事件移送其法院之民事庭。

第二十一条　新法称亲属者,谓《刑法施行法》第十九条所列之人。

第二十二条　新法称监狱者,谓监狱及看守所。

第二十三条　(康德二年敕令第十三号《刑事诉讼费用法》废止之)

第二十四条　(《刑法施行法》第十四条至第十七条删除之)

附则

本法自《刑事诉讼法》施行之日施行。(自康德四年六月一日施行)

关于支给官选辩护人酬劳费及费用之件

(康德四年五月十九日司法部令第八号)

兹制定《关于支给官选辩护人酬劳费及费用之件》如左。

第一条　对于依《刑事诉讼法》第三十二条及第三十三条之规定,所选附之辩护人应支付之酬劳费及费用,依本令之所定。

第二条　酬劳费一日为五圆以下。

第三条　费用为诉讼记录誊写费、旅费及膳宿费。但旅费及膳宿费非辩护人于法院所在地外为调查证据莅场,则不支给。

第四条　诉讼记录誊写费,一张为五分以下。但如书面、绘画等需要特别手续者,一张为一角以下。

旅费为二等车船票价,膳宿费每一夜为五圆以下。

依前项规定不能等出旅费时,每一千米支给五分。但一千米未满之零数舍去之。

第五条　依第二条及前条之规定应支给之金额,由选附辩护人之法院定之。

第六条　酬劳费及费用非于该事件裁判告知后五日内为请求时,则不支给。

附则

本令自《刑事诉讼法》施行之日施行。

本令对于本令施行前审判长所指定之辩护人,自本令施行之日适用之。

关于支给证人、参考人、鉴定人、通事及翻译人之酬劳费其他金额之件

(康德四年五月十九日司法部令第九号)

兹制定《关于支给证人、参考人、鉴定人、通事及翻译人之酬劳费其他金额之件》如左。

第一条　证人及参考人之酬劳费一日为两圆以下,鉴定人、通事及翻译人之酬劳费一日为五圆以下。

第二条　证人、参考人、鉴定人、通事及翻译人之旅费按三等车船票价。但有特别情事时,得支给二等以上之舟车票价及急行料。

依前项之规定不能算出旅费时,每一千米支给五分。但未满一千米之零数则舍去之。

第三条　证人、参考人、鉴定人、通事及翻译人之膳宿泊费,每一夜为五圆以下。

第四条　为鉴定、通译或翻译需要特别技能或费用或长时间时,除酬劳费外,得支给相当之鉴定费、通译费或翻译费。

第五条　依前四条之规定应支给之金额,由为召唤之法院受命审判官、受托审判官,检察厅或司法警察官定之。

附则

本令自《刑事诉讼法》施行之日施行。

本令对于本令施行前为召唤，于本令施行后到场之证人、参考人、鉴定人、通事及翻译人亦适用之。

关于请求裁判书等之誊本、节本之发给及手续费之件

（康德四年五月十九日司法部令第十号）

兹制定《关于请求裁判书等之誊本、节本之发给及手续费之件》如左。

拟受裁判书记裁判之调书，记载检察厅或司法警察官所为准裁定之处分书类之誊本或节本之发给者，应向存有原本之法院、检察厅或司法警察官署提出声请书。

应纳之手续费就誊本或节本之纸数，每张为五分，以收入印纸交纳之。

附则

本令自《刑事诉讼法》施行之日施行。

刑事交涉法

（康德五年六月三日敕令第一二四号）

朕依《组织法》第三十六条，经咨询参议府，裁可《刑事交涉法》，著即公布。

（国务总理、司法部、治安部大臣副署）

第一条　属于法院裁判权之事件与属于军法会审裁判权之事件牵连时，检察厅及司法警察官就属于军法会审裁判权之事件、军事检察官及军事司法警察官就属于法院裁判权之事件得为搜查。数个事件于左列各款情形为牵连事件。

一、一人犯数罪时；

二、共犯或应用共犯之例时；

三、数人所犯之罪于其事实关系有关联时。

第二条　军事检察官及军事司法警察官就军部队内之犯罪事件属于法院裁判权者为搜查。

第三条　对于《军刑法》第六条第一款及第七条所规定之人，应执行检察厅或司法警察官所发之拘引票、拘禁票或留置票时，除关于现行犯者外，应求其所属之长或其代替人之承诺。所属之长或其代替人非有军事上不得已之事由，不得拒绝承诺。

对于前项所规定之人为现行犯，执行检察厅或司法警察官所发之拘引票、拘禁票或留置票时，应由发票之人从速通知其旨于受执行之人所属之长或其代替人。

第四条　属于法院及军法会审之裁判权之同一事件系属于法院及军法会审时，由最初受理公诉之官署审判之。

于前项情形，法院及军法会审均认为便宜时，得裁定应由后行受理公诉之官署为事件之审判之旨。

第五条　法院或检查厅与军法会审或军事检察官，得互相求关于牵连事件之书类或证据物之送交或阅览。

检察厅对于军事检察官或军事司法警察官，得求关于第二条所揭犯罪事件搜查之书类或证据物之送交或阅览。

第六条　检察厅就属于军法会审裁判权之事件已为搜查，或军事检察官就属于法院裁判权之事件已为搜查时，应速将其事件连同记录及证据物送致于军事检察官或检察厅。检察厅或军事检察官就属于法院及军法会审之裁判权之事件已为搜查，而认为以送致于军事检察官或检察厅为相当时亦同。

于前项情形，执行中之拘禁于送致后亦存续其效力。

送致事件之际拘禁被疑人时，应速为移监之手续。思料无继续拘禁之必要时，应释放之。

受送致拘禁被疑人事件之官署，自被疑人移监之日起五日以内不发新拘禁票时，应即释放被疑人。

第七条　法院或军法会审因撤回公诉为却下公诉之裁定时，军事检察官或检察厅不得就同一事件提起公诉。

第八条　依第四条之规定不应为审判时，法院或军法会审应以裁定却下公诉。

第九条　违反第七条之规定而提起公诉时，法院或军法会审应以判决却下公诉。

第十条　依《刑事诉讼法》之时效之中断就属于军法会审裁判权

之事件,依军审判法之时效之中断就属于法院裁判权之事件,有其效力。

扣押物处理规程

（康德三年十二月一日司法部令第一九号）

第一条　本规程所称扣押物者,即谓扣押或领置中之财物及其拍卖代价。所称没收物者,即谓没收裁判确定之扣押物。

第二条　扣押物除另有规定外,应由检察厅保管之。

第三条　法院或受命审判官关于审判中之事件为扣押时,应将扣押物与诉讼记录一并送交于对置检察厅。

第四条　检察厅置扣押物管理主任官。

扣押物管理主任官,以该检察厅在物品出纳官吏之职者充之。

第五条　关于扣押物之收受及发还、移送、废弃及其他处分之事务,应承检察官之命由事件课书记官办理之。

关于扣押物之保管及拍卖事务,应承检察官之命,由扣押物管理主任官办理之。

第六条　检察厅之事件课应备扣押票,会计课应备扣押物保管簿。

第七条　事件课书记官应将扣押物之收受及发还或其他之处分记载于扣押票。

扣押物管理主任官应将关于扣押物之保管及拍卖事项记载于扣押物保管簿。

第八条　检察厅接受事件记录或其关系文件时,事件课书记官应速检查有无扣押物之送交。如有其送交时,应将物件目录与现物对照详查之。

于前项情形发见有龃龉或遗漏时,应速报告检察官。

第九条　于扣押物应附号数票。

扣押物既存号数有重复或龃龉时,应按接受顺序整理后为前项之程序。

第十条　检察厅收受扣押物时,事件课书记官应作成扣押票。

于扣押票应记载被告事件并扣押物之号数、品目及数量,且附以进行号数。

第十一条 作成扣押票后,关于该事件更收受扣押物时,事件课书记官应随时于扣押票追记之。

第十二条 检察厅受理已为扣押或领置处分之事件时,事件课书记官应作成扣押物件总目录,编缀于诉讼记录中文件目录之次。检察厅或法院受理无扣押或领置处分之事件后,对于该案件始为扣押或领置之处分时,亦同前项。

第十三条 作成扣押物件总目录后,更有扣押或领置之处分时,事件课书记官应随时于总目录追记之。

第十四条 事件课书记官对于登载扣押票之扣押物中文件及其他易散逸者,应按每一事件整理,收装于封套。封套上应表示罪名、被告姓名、扣押票号数及物件号数。

第十五条 事件课书记官完结前条之程序时,应于扣押票受担任检察官之保管命令印后,与现物一并送交扣押物管理主任官。

第十六条 扣押物管理主任官由事件课接受扣押物之送交时,应对照检点扣押票与现物登载于扣押物保管簿后,盖收受印于扣押票,并交还于事件课书记官。

前项扣押物中,金钱、有价值券及其他贵重品,应经事件课书记官在场封缄,并于封皮记明其品名及数量,共同盖章。

第十七条 扣押物管理主任官应将扣押物收藏、整备于有设备关销之容器或处所,而常时防止盗难及其他事故之发生。对于金钱、有价证券及其他贵重品,应特别严重保管之。

第十八条 事件主任官拟暂取扣押物管理主任官保管中之扣押物时,应作成扣押物暂取票换领物件。

扣押物管理主任官接受暂取扣押物之交还时,应将暂取票交还于事件主任官。

第十九条 扣押物管理主任官发见其保管扣押物中有丧失或毁损者时,应速报告于事件主任官及该检察厅之长或分处之资深检察官。但系暂取中之物件时,应由暂取者报告之。

第二十条 扣押物管理主任官对于其保管中之扣押物认为有左列事由者,应速报告检察官而请其指挥。

一、有腐败或灭失之虞者;

二、有危险者;

三、保管上需要过大费用者；

四、其他保管上显有困难者。

第二十一条　检察官就扣押物管理主任官保管中之扣押物认有前条事由时，应对扣押物管理主任官命为拍卖，或保管之移转，或自行其他适当之措置。

于前项情形，事件系属于法院者，应由检察官通知审判长，经其裁定而处理之。

第二十二条　前条规定，于命他人保管扣押物时准用之。

第二十三条　对于扣押物权利人抛弃其权利时，应征取抛弃趣旨之书面。

第二十四条　检察官拟为扣押物管理主任官保管中之扣押物之移送、假发还、发还、废弃及其他之处分时，应作成扣押物收受票换取物件。

于前项收受票，应记载扣押物提取之事由。

扣押物管理主任官依第一项规定送交扣押物于检察官时，应于扣押物保管簿记载之。

第二十五条　当将扣押物与上诉记录一并送交上级检察厅，或与事件记录一并移送他厅时，事件课书记官应速为其程序。

第二十六条　事件课书记官依前条规定发送扣押物时，应记载现物之送否及物件之号数于上诉记录送交书或移送书。

第二十七条　检察官暂行发还扣押物时，应征取领状，并命记载于必要时可随时提出之趣旨。

诉讼程序终结前发还扣押物时，准用第二十九条至第三十一条之规定。

第二十八条　检察官因裁判确定及其他事由终结诉讼程序时，应依以下十条之规定，处理该事件之扣押物。

第二十九条　应发还之物招致应受发还者，或嘱托检察厅或警察署或以其他适当方法，速予发还之。

发还扣押物时应征取领状。

第三十条　应发还、假发还中之扣押物时，对于已受假发还人，应为发还之通知。

于前项情形应受发还人与受假发还人有差异时，应速收回该扣押物而为发还之程序。

第三十一条　应受扣押物发还人因所在不明或其他事由不能发还扣押物时，应速张贴告示书于检察厅牌示处而公告之。

于前项告示书，应记载左列事项，并自告示日起六月以内如无请求发还者，该物件即归属于国库之趣旨。

一、被告事件；

二、应受发还者之姓名；

三、应为发还物件之品目及数量；

四、应为发还物之检察厅名；

五、告示之年月日及厅名。

第三十二条　没收物中可为修史之资料或供他日参考之物品，应呈送司法部大臣。

依前项之规定呈送物品以外尚有可为参考之物品时，得送交认为适当之官署。

第三十三条　没收物中邮票、收入印纸、阿片及其他专卖物，应送交该专卖官署。

第三十四条　没收物中有害治安或风俗之虞之物品，除第三十二条情形外，应废弃或破毁之。无价值之物亦同。

第三十五条　前三条以外之没收物，应移交于该厅之会计官吏。

前项移交，应以对于会计官吏及该没收物保管人之通知为之。

第三十六条　前四条之规定，于经第三十一条之程序归属于国库之扣押物及有抛弃权利之扣押物处分，准用之。

第三十七条　没收物中暂行发还或命他人保管者，应于急速收回后依第三十二条至第三十五条之规定处分之。但不便输运者，得于现地为废弃拍卖及其他之处分。

前项拍卖，应使执行官行之，并将其代价送交于该厅之会计官吏。

第三十八条　依第三十五条及前条第二项之规定，经为移交或送交时，事件课书记官应受会计官吏之收受印于扣押票。

第三十九条　关于扣押物之左列事项，应记载于扣押物件总目录。

一、依第二十一条及第二十二条规定之处分；

二、权利之抛弃；

三、假发还及发还；

四、假发还中之扣押物之收回；

五、依第三十一条规定之公告；

六、没收。

第四十条 关于扣押物之左列事项，应记载于扣押票。

一、前条各款之事项；

二、对于他厅之送交或移送；

三、第三十二条至第三十七条之处分。

第四十一条 于扣押票前条之外，应记载左列事项。

一、上诉之年月日；

二、事件终结之年月日及其事由。

第四十二条 检察官依第三十五条或第三十七条第二项之规定为移交或送交后，由权利人觉有发还该财物之请求而认其请求为正当者，应添付关系文件，通知会计官吏，命为发还之程序。

第四十三条 关于扣押物处分之文件中，其诉讼程序终结前者，应编缀于诉讼记录，其他者一并作为类聚记录。

第四十四条 检察厅之长及分处之资深检察官，应每年一次以上检查关于扣押物之保管并处分之状况。

附则

本规程自康德四年一月一日施行。

执行犹豫处理规程

（康德四年十一月十三日司法部训令刑字第七六一号）

令检察厅长、检察署长

为令知事，兹将《执行犹豫处理规程》规定如另纸，合亟令仰遵照，并由各高等检察厅转饬所属县旗司法机关遵照。为要此令。

第一条 刑之执行犹豫之判决确定时，执行检察厅应即召唤受其判决之人而谕知执行犹豫期间之始期、终期、期间中应遵守之事项，并《刑法》第六十六条第一项、第二项及第六十七条之趣旨。受判决之人无一定住居者，应使其速定住居呈明之。

受判决之人不居住于执行检察厅之所在地时，得向其居住地管辖区检察厅添附判决之誉本或节本于必要之书类，而嘱托前项之手续。

第二条　于区法院确定执行犹豫之判决时,其对置检察厅应将受判决之人之姓名、年龄、性别、职业、住居、籍贯、罪名、刑名、刑期、金额、执行犹豫期间或其他认为必要之事项,依执行犹豫通知书通知所辖警察官署。

受判决之人居住在该检察厅管辖区域外时,应向所辖区检察厅嘱托前项之手续。

第三条　于最高法院、高等法院或地方法院确定执行犹豫之判决时,执行检察厅应向管辖受判决之人住居地之区检察厅,嘱托前条第一项之手续。

第四条　区检察厅向管辖受执行犹豫判决之人之住居地之警察官署,依执行犹豫通知书为通知时,同时有左列事由者,应命为其趣旨之报告。

一、于犹豫期间内更犯罪者;

二、察知执行犹豫宣告取消之原因者;

三、死亡者;

四、移转住居者;

五、为长期旅行者;

六、行踪不明者;

七、发见复归或所在者;

八、发生其他必要之事项者。

第五条　区检察厅由警察官署受执行犹豫中之人移转住居于其管辖区域外之趣旨之通知时,应即向所管辖警察官署为第二条第一项所定之通知。

住居之移转地在该检察厅之管辖区域外时,准用第二条第二项之规定。

于前项之情形,应由旧住居地之管辖区检察厅向为执行犹豫判决之法院之对置检察厅通知所住居地。

第六条　于检察厅所备之执行犹豫人名簿,应记载其对置法院所为执行犹豫之判决确定之人。

区检察厅所备之执行犹豫人名簿,于前项所揭之情形外,依第二条第二项、第三条及第四条第二项之规定。受他检察厅所嘱托之执行犹豫之人亦应记载之。

第七条　检察厅就受执行犹豫之判决之人察知执行犹豫取消之原因时,应通知须请求取消之区检察厅。

第八条　于取消执行犹豫之宣告时,应由该法院之对置检察厅向执行检察厅并住居地之管辖区检察厅及警察官署通知其趣旨。检察厅察知执行犹豫期间中之人死亡或执行犹豫宣告失其效力时,亦同前项。

第九条　对于执行犹豫之人有左列各款事由之一时,应记载于执行犹豫人名簿而朱涂其姓名。

一、执行犹豫期间中死亡者;

二、执行犹豫之宣告失其效力者;

三、执行犹豫之宣告被取消者;

四、执行犹豫之宣告未失其效力或未被取消而经过犹豫期间者。

恩赦令

（康德元年三月一日敕令第八号）

朕经咨询参议府,裁可《恩赦令》,著即公布。

第一条　大赦、特赦、减刑及复权,均依本令所定。

第二条　大赦以敕令定明犯罪种类行之。

第三条　大赦除另有规定者外,凡经大赦之犯罪均有左列之效力。

一、已受刑之谕知者,其谕知对于将来丧失其效力;

二、未受刑之谕知者,其公诉权及自诉权消灭。

第四条　特赦对于已受刑之谕知之特定人行之。

第五条　特赦免除刑之执行。但有特别情形者,得对于将来令丧失刑之谕知效力。

第六条　减刑对于已受刑之谕知者,以敕令定明犯罪或刑之种类行之,或对于已受刑之谕知之特定人行之。

第十条　依敕令之减刑,除另有规定者外,对于将来变更其刑。

对于特定人之减刑,减轻刑之执行。但有特别情形者得变更其刑。

第八条　对于已受缓刑之谕知者,得实行令丧失刑之谕知效力之特赦或变更刑之减刑,又得与其减刑同时缩短缓刑期间。

第九条　复权对于因受刑之谕知依法令所定丧失资格或被停止资格者,或已受褫夺公权之谕知者,以敕令定明其条件行之,又对于特定人行之。但刑之执行未经完毕者或未经免除执行者,不在此限。

第十条　复权对于将来回复资格。

复权得对于特定资格行之。

第十一条　根据刑之谕知之已成效果,不因大赦、特赦、减刑或复权而变更之。

第十二条　特赦或对于特定人之减刑或复权,依司法部大臣之呈请,由国务总理大臣上奏之。

第十三条　与为刑之谕知之法院同一管辖区域检察厅之长官,或受刑人所在之监狱之长官,得呈请司法部大臣,转请特赦或对于特定人之减刑。

监狱之长官为前项之呈请时,应经与为刑之谕知之法院同一管辖区域检察厅之长官。

第十四条　特赦或减刑之呈请书,应附具左列文件。

一、判决之誊本或节本;

二、刑期计算书;

三、关于犯罪情状、本人性行、受刑中之行状、将来之生计及其他可资参考事项之调查文件。

第十五条　与为刑之谕知之法院同一管辖区域检察厅之长官,得呈请司法部大臣,转请对于特定人之复权。

复权之呈请,非在刑之执行完毕或已经免除执行后不得为之。

第十六条　复权之呈请书应附具左列文件。

一、判决之誊本或节本;

二、证明刑之执行完毕或已经免除执行之文件;

三、刑之执行完毕或已经免除执行后,本人之行状、现在及将来之生计及其他可资参考事项之调查文件。

第十七条　特赦、减刑或复权经裁可时,国务总理大臣将特赦状、减刑状或复权状提交司法部大臣,转送与为刑之谕知之法院同一管辖区域检察厅之长官,发给本人。

第十八条　实行大赦、特赦、减刑或复权时,应由与为刑之谕知之法院同一管辖区域检察厅之长官于判决原本中载明其事由。

第十九条　本令中司法部大臣之职务关于在军法会审受刑之谕知者,由军政部大臣执行之;检察厅之长官之职务,由为刑之谕知之军法会审军法官执行之。

附则

第二十条 本令自康德元年三月一日施行。

第二十一条 未经编入地方法院或地方检察厅管辖区域之县及其他地方关于适用本令。其掌理司法事务官署视为法院，其掌理检察事务官吏中资深者视为检察厅之长官。

《恩赦令》施行规则

（康德元年三月一日司法部令第一号）

兹制定《〈恩赦令〉施行规则》如左。

第　条 依《恩赦令》第十三条监狱之长官为特赦或减刑之呈请时，收受该项呈请书之检察厅之长官应就必要之事项详为查核，附具意见，转向司法部大臣呈请之。

第二条 依《恩赦令》第十条第二项呈请复权之呈请书文，须明记其应恢复之资格种类。

第三条 司法部大臣认特赦、减刑或复权之呈请为无理由时，应将其趣旨令知检察厅之长官，或经由检察厅之长官转行令知监狱之长官。

第四条 检察厅之长官于恩赦状颁到时，应立即发给本人。但本人尚在监中时，应经由监狱之长官转给之。

曾经发给恩赦状于假释者之检察厅之长官，应将该项趣旨通知本人住居地之该管检察厅长官及监狱长官并该管警察官署。

本人若在其他检察厅管辖区域内时，得将颁发恩赦状及前项通知等事嘱托本人所在地检察厅长官办理。

第五条 收受恩赦状之检察厅之长官，依《恩赦令》第十八条而为记载时，其卷宗若在他检察厅存置者，应通知存置该卷宗之检察厅长官办理。

前项通知书应附入卷宗。

第六条 经手颁发恩赦状之检察厅之长官于交给本人后，应立即呈报司法部大臣。

附则

第七条 本令自《恩赦令》施行之日起施行。（自康德元年三月一

日施行）

大赦令

（康德元年三月一日敕令第九号）

朕经咨询参议府，裁可《大赦令》，著即公布。

（国务总理、司法部、军政部大臣副署）

第一条　凡在康德元年三月一日前所犯之罪，除左列各罪不准赦免外，均予大赦。

一、《刑法》第一百二十一条第一项之罪；

二、《刑法》第二百四十条第六项之罪；

三、《刑法》第二百八十二条第一项之罪；

四、《刑法》第二百八十三条第一项及第二项之罪；

五、《刑法》第二百八十四条第一项之罪；

六、《刑法》第二百八十五条第一项之罪；

七、《刑法》第二百九十六条之罪；

八、《刑法》第二百九十八条之罪；

九、《刑法》第三百四十五条之罪；

十、《刑法》第三百四十六条第一项、第二项及第三项之罪；

十一、《刑法》第三百四十八条第一项之罪；

十二、《刑法》第三百四十九条及第三百五十条之罪；

十三、《刑法》第三百五十二条及第三百五十三条之罪；

十四、《刑法》第三百七十二条之罪；

十五、《陆海空军刑法》第十六条第一款及第二款之罪；

十六、《陆海空军刑法》第十七条至第二十条之罪；

十七、《陆海空军刑法》第十六条第一款、第二款及第十七条至第二十条之未遂罪；

十八、《陆海空军刑法》第三十三条至第三十五条之罪；

十九、《陆海空军刑法》第五十九条之罪；

二十、《陆海空军刑法》第七十七条第一项之罪；

二十一、《陆海空军刑法》第八十三条及第八十四条之罪；

二十二、《陆海空军刑法》第九十五条至第九十七条之罪；

二十三、《陆海空军刑法》第一百零二条之罪；

二十四、《暂行惩治叛徒法》第一条至第九条之罪；

二十五、《暂行惩治盗匪法》第一条至第三条之罪；

二十六、与前各款所列之罪有同一性质之旧法之罪。

第二条　关于并合论罪，依《刑法》第七十条之规定，定其所应执行之刑时，其并合论罪中有前条所列之罪者，不予大赦。触犯前条所未列罪名之行为而同时触犯前条所列罪名，或系前条所列罪之方法或结果时，亦同前项。

第三条　依大同元年教令第十六号《大赦令》而经大赦者，其后犯罪时不予大赦。

附则

本令目康德元年三月一日施行。

减刑令

（康德元年三月一日敕令第一〇号）

朕经咨询参议府，裁可《减刑令》，著即公布。

（国务总理、司法部、军政部大臣副署）

第一条　凡在康德元年三月一日前已受刑之谕知而其刑在执行前、缓刑中、执行中、执行停止中或假释中者，依本令减轻其刑。但规避其执行者不在此限。

第二条　死刑减为二十年有期徒刑。

第三条　无期徒刑减为十二年有期徒刑。

第四条　有期徒刑减轻刑期二分之一。但刑之执行业经开始而其刑之执行已超过刑期二分之一者，以已执行期间为其刑期。

前项本文之计算一月为三十日，月之零数弃之。

第五条　旧法之刑比照《刑法》之刑之例减轻之。

第六条　行减刑之罪限于左列各罪。

一、《刑法》第二百八十二条第一项之罪；

二、《刑法》第二百八十四条第一项之罪；

三、《刑法》第二百八十五条第一项之罪；

四、《刑法》第二百九十六条之罪；

五、《刑法》第二百九十八条之罪；

六、《刑法》第三百四十六条第一项及第二项之罪；

七、《刑法》第三百四十八条第一项之罪；

八、《陆海空军刑法》第十六条第一款、第二款及第十七条至第二十条之未遂罪；

九、《陆海空军刑法》第三十四条之罪；

十、《陆海空军刑法》第七十七条第一项之罪；

十一、《陆海空军刑法》第八十三条之罪；

十二、《陆海空军刑法》第九十五条第二款及第三款之罪；

十三、《陆海空军刑法》第九十六条第二款后段及第三款之罪；

十四、《暂行惩治盗匪法》第一条第二项后段之罪；

十五、与前各款所列之罪有同一性质之旧法之罪。

第七条　关于并合论罪，依《刑法》第七十条定其所应执行之刑时，其并合论罪中有左列各款之罪者不予减刑。

一、《刑法》第一百二十一条第一项之罪；

二、《刑法》第二百四十条第六项之罪；

三、《刑法》第二百八十三条第一项及第二项之罪；

四、《刑法》第三百四十五条之罪；

五、《刑法》第三百四十六条第三项之罪；

六、《刑法》第三百四十九条之罪；

七、《刑法》第三百五十条之罪；

八、《刑法》第三百五十二条及第三百五十三条之罪；

九、《刑法》第三百七十二条之罪；

十、《陆海空军刑法》第十六条第一款及第二款之罪；

十一、《陆海空军刑法》第十七条至第二十条之罪；

十二、《陆海空军刑法》第三十三条之罪；

十三、《陆海空军刑法》第三十五条之罪；

十四、《陆海空军刑法》第五十九条之罪；

十五、《陆海空军刑法》第八十四条之罪；

十六、《陆海空军刑法》第九十七条之罪；

十七、《陆海空军刑法》第九十五条第一款之罪；

十八、《陆海空军刑法》第九十六条第一款及第二款前段之罪；

十九、《陆海空军刑法》第一百零二条之罪；

二十、《暂行惩治叛徒法》第一条至第九条之罪；

二十一、《暂行惩治盗匪法》第一条第二项、第三项前段，第二条及第三条之罪；

二十二、与前各款所列之罪有同一性质之旧法之罪。

触犯前项所未列罪名之行为而同时触犯前项所列罪名或系为前条所列罪之方法或结果时亦同前项。

第八条　依大同元年教令第十六号《大赦令》经大赦者，其后犯第六条所列之罪时不予减刑。

附则

本令自康德元年三月一日施行。

关于检察事务处理者之件

（康德三年六月二十六日敕令第一〇二号）

第一条　司法部大臣得令司法警察官处理检察厅以外司法机关之检察事务。

第二条　依前条奉命处理检察事务者，关于执行其职务应服从司法部大臣、所辖检察厅长及所属县长之监督。

附则

本法自公布日施行。

犯罪票处理规程

（康德三年十二月二十八日司法部令第二十号）

第一条　地方检察厅备置于其管辖区域内有本籍者之犯罪票。

最高检察厅备置外国人及本籍不明者之犯罪票。

第二条　犯罪票应对于罚金以上之确定裁判，每一犯罪人作成一份。

第三条　科罚金以上刑之裁判确定时，该法院之对置检察厅调查犯罪人之本籍及其他事项，于自厅应备置其犯罪票时，应即于犯罪票记载之。其他者应依犯罪通知票向应备置犯罪票之检察厅通知之。

第四条　依前条规定受通知之检察厅，应基于犯罪通知票即为犯罪票之记载。

第五条　犯罪票应记载左列事项。

一、犯罪人之姓名、别号、年龄、性别、本籍、出生地、住居、职业及国籍；

二、裁判及其确定之年月日并为裁判之法院；

三、罪名及刑；

四、犯罪人之指纹号数。

关于第二次以后之记载，应记入前项第二款及第三款之事项。第一款之事项中有变更时，应更正其记载。

第六条　犯罪通知票应记载前条第一项各款之事项。

第七条　经登载犯罪票之人变更本籍于他检察厅之管内时，保管犯罪票之检察厅应更正其记载，移送于管辖新本籍之地方检察厅。

本籍不明犯罪人之本籍经判明或外国人归化时，亦同前项。

第八条　经登载犯罪票之人丧失帝国国籍时，保管其犯罪票之检察厅应更正其记载，向最高检察厅移送之。

第九条　左列裁判确定时，该法院之对置检察厅调查犯罪人之本籍及其他事项于自厅备置犯罪票时，应即记入于犯罪票。其他者应依犯罪票变更通知书，向备置犯罪票之检察厅通知之。

一、因累犯发觉刑之更定；

二、因恩赦或其他事由并合罪行之更定；

三、缓刑之撤销；

四、因再审及非常上告原科刑判决之变更。

第十条　对于因被处罚金以上之刑在监所执行者，发生左列事项时，监所之长应速向保管其犯罪票之检察厅通知之。

一、假释及其撤销；

二、恩赦；

三、死亡；

四、期满放免。

第十一条　对于被处罚金以上刑之人发生左列事项时，该裁判之执行检察厅应速向保管其犯罪票之检察厅通知之。但于自厅保管犯罪票时，应记入其事项。

一、缓刑期间之满了；

二、恩赦；

三、死亡；

四、刑之时效之完成；

五、罚金刑之执行终了。

依第九条第二款、第十条第二款或第三款之规定应为通知时，依前项规定之通知，无须为之。

第十二条　依第九条至第十一条规定受通知之检察厅，应即记入于所保管之犯罪票。

第十三条　犯罪票应自其指纹分类号数上栏（左手）记载数量之少数起，顺次排列之。上栏记载之数量相同者，更自下栏（右手）记载数量之少数起，顺次排列整理保管之。

第十四条　备置犯罪票之检察厅，应备置犯罪人索引簿。

第十五条　犯罪人索引簿应分类记载，经登载于犯罪票之人并记入其指纹号数。

犯罪人之分类应从左列所定。

一、应搜集犯罪人之姓氏之首字相同者，自其字画之少数起顺次记载之；

二、姓氏之首字相同者有数人时，应更搜集姓名第二字相同者，自其字画之少数起顺次记载之；

三、姓名之首字及第二字相同者有数人时，应更搜集姓名第三字相同者，自字画之少数起顺次记载之。

因外国人及其他难依前项分类者，应适宜分类记载之。

第十六条　检察厅将保管之犯罪票移送他检察厅时，应于犯罪人索引簿朱书移送之年月日及移送处所。

第十七条　检察厅除对于官公署之询问外，对于前科之询问不得回答。

第十八条　左列情形应于犯罪票记入之，并朱涂关于该裁判之记号。

一、缓刑之期间满了者；

二、因再审或非常上告撤销原裁判有科刑以外之确定判决者；

三、因恩赦刑之谕知失其效力者。

第十九条　经登载犯罪票之人死亡时，应废弃其犯罪票。

满八十岁以上生死不明犯罪人之犯罪票得废弃之。但最后刑之执行终了或得执行之免除后未经过五年者，不在此限。

废弃犯罪票时,应于犯罪人索引簿朱书其年月日及事由。

第二十条　本规程于依据法令掌管检察事务检察厅以外之司法机关准用之。

附则

本规程自康德四年一月一日施行。

于本规程施行前受罚金以上确定裁判之人,应准用本规定处理犯罪票之作成及其他之事务。

满日司法事务共助法

(康德五年四月三十日敕令第七一号)

朕依《组织法》第三十六条,经咨询参议府,裁可《满日司法事务共助法》,著即公布。

第一条　法院或检察厅因日本国司法机关之嘱托,关于民事及刑事就左列事项为司法事务之共助。

一、诉讼书类之送达;

二、证据调查;

三、犯罪之搜查;

四、对于被疑人或被告人之拘引票之发付或执行;

五、捕票之发付或执行;

六、刑事判决之执行。

第二条　依本法规定之共助,由管辖应办理所要事务之地之地方法院或地方检察厅为之。

受托官署就受托事项无权限时,应转嘱于有受托权限之官署。

受嘱托或转嘱之官署,依嘱托事项之性质或其他情事认为相当时,得转嘱于管内之区法院或区检察厅。

依前二项之规定为转嘱时,应速通知于嘱托官署。

第三条　受托事项依帝国之法令实施之。

第四条　受托事项之实施为法律上所不许或有害公益之虞时,得不为之。

受托事项之实施为搜查、裁判或刑之执行之障碍时,至无其障碍止,得不为之。

第五条　因嘱托之拘引票之发付或执行之实施不相当时,得不为之。

第六条　因嘱托之自由刑执行之实施显有不相当或不便时,得不为之。

第七条　依前三条之规定不为受托事项之实施时,应速通知其旨于嘱托官署。

第八条　就刑事判决之执行,经由司法部大臣添附判决书或代此之调书誊本而有执行之嘱托时,除死刑及法律所不认之刑外,应为共助。

于前项情形,其刑名相同者视为同一之刑,日本国刑法之惩役视为徒刑。

第九条　对于因嘱托受刑之执行者之假释放或停止刑之执行之处分,依帝国之法令行之。

第十条　因嘱托为罚金、科料或没收之执行时,系于执行之金品,应引渡于嘱托官署。但没收物中之无价值或有生危险之虞者得废弃之,不便引渡者得公卖而引渡其代价。

第十一条　关于民事之受托事项之实施所需之费用不为当事人之负担者,由国库负担之。

关于刑事之受托事项之实施所需之费用,由国库负担。但他法令定有负担人者,由其人负担之。

第十二条　法院或检察厅对于日本国司法机关,得嘱托第一条所揭之事项。

第十三条　法院或检察厅对于日本国之区裁判所或区裁判所检事局或与之相当之司法机关,得直接嘱托第一条所揭之事项。但刑事判决执行之嘱托,应添附判决誊本,经由司法部大臣为之。

第十四条　日本国司法机关因嘱托所为之行为,关于帝国法令之适用有与依帝国之法令所为者同一效力。

第十五条　依日本国之有执行力之债务名义为强制执行时,须经法院之认可。

第十六条　前条认可之声明,须向管辖债务人之普通裁判籍,或为执行标的之财产所在地之区法院为之。

第十七条　对于前条声明之裁判,依非讼事件法为之。

《强制执行法》第五条之规定,于前项之裁判准用之。

第十八条　执行认可之裁判,得准于《强制执行法》第二条第五款之执行名义执行之。

第十九条　对于执行认可之裁判,得为即时抗告。

第二十条　前五条之规定,依日本国司法机关所为命停止强制执行之裁判而为强制执行之停止时,准用之。

于前项情形,法院就认可之声明于为裁判前,得以裁定命使供担保或不使供担保而停止强制执行,或使供担保而为强制执行。

附则

本法自康德五年五月一日施行。

关于满洲国与朝鲜及关东州之
司法事务共助之特例之件

(康德五年七月十五日敕令第二五二号)

朕依《织组法》第三十六条,经咨询参议府,裁可《关于满洲国与朝鲜及关东州之司法事务共助之特例之件》,著即公布。

依日本国法令之现行犯人,自朝鲜或关东州逃至满洲国而由朝鲜或关东州之司法警察官吏有共助之嘱托时,司法警察官吏视为现行犯人在其场所就犯罪之搜查为共助。

现行犯人逃走于朝鲜或关东州于需急速时,司法警察官吏得对朝鲜或关东州之司法警察官吏为犯罪搜查之嘱托。

附则

本法自康德五年七月十五日施行。

第六编　警察法

司法警察法

司法警察职务规范

(康德四年十二月十六日司法部令第三八号)

修正　康德五年七月部令第一一号

兹改正康德三年司法部令第七号《司法警察职务规范》如左。

第一章　总纲

第一条　司法警察官吏于恪守《刑事诉讼法》或其他法令所定外，应遵由本规范行其职务。

第二条　司法警察官吏行其职务应不惑私情，不被外议动摇，专以公明正大为旨。

第三条　司法警察官吏应慎居常言行，以清廉持己而注意不招世人之疑惑。

第四条　司法警察官吏为备其职务之遂行，应平时留意世态人心之动向，努力考究关于犯罪之诸般现象。

第五条　司法警察官吏应平素勿怠法令之研究，常留意其改废，且就其运用勿拘泥字句，以期适合其精神。

第六条　司法警察官吏行其职务，应期敏活而不失机宜，周到而无疏虞。

第七条　司法警察官吏行其职务，应常以稳健为旨，以期无趋于感情而失中正。

第八条　司法警察官吏行其职务，应常尊重人权及人情，以注意保持淳风良俗。

第九条　司法警察官吏为防搜查之障碍或犯罪之传播，并不毁损被疑人或其他之人之名誉，应严守秘密。

第十条　司法警察官吏应严遵上司之指挥命令，以上下一体之精神而膺事。

第十一条　司法警察官吏应保持互相连络协调，以共同一致之精神而从事。

第十二条　司法警察之职务应其必要不问执务时间之内外，虽系夜间休日仍应行之。

第十三条　司法警察官吏由他司法警察官吏就应于其管辖区域内办理之事项受共助之请求时，应从速处理之。

第十四条　司法警察之职务限于有紧急之必要或依共助不便于达成事实发见之目的时，得于管辖区域外行之。

第十五条　司法警察官吏于管辖区域外行其职务时,务应通知该地之司法警察官吏,以期无扞格龃龉。

前项地之司法警察官吏,应按共助之精神,应其必要而援助之。

第十六条　关于森林或其他特别事项,行司法警察官吏之职务之人搜查上有必要时,得求司法警察官吏之援助。但就其事件是否属于职务之范围,应为慎重之注意。

第十七条　司法警察官吏关于森林或其他特别之事项觉知被疑事件时,应于为须急速之处分后,从速将事件移交于就该事项行司法警察官吏之职务之人,并为必要之援助。但以由司法警察官吏继续搜查为便宜时不在此限。

第十八条　因司法警察官吏与被疑人或被害人有亲属或其他关系有招他疑惑之虞时,应回避职务之执行。

第十九条　司法警察官吏为调查或处分而作成书类时,虽非于法律所定者应自作成之,以期其记载之正确。

第二十条　作成书类应注意勿用文饰,以简明平易为旨而勿失真实。

第二十一条　录取被疑人或其他关系人之供述之书类,应朗读与供述人或使其阅览,并问其记载有无错误。

供述人声明增减变更时,应记载其供述。

书类应使供述人署名盖章。供述人不能署名时,应附记其旨;不能盖章时,应使为花押或指印。

第二十二条　书类应记载作成年月日,表示所属公务所及官职而署名盖章,并于每页盖用骑缝印。

文字不得篡改或挖补之。如为插入、削除或栏外记入时,应盖章于其处所,并于上部栏外记载字数。但削除之部分应为辨认存其字体。

第二十三条　司法警察官吏当执行职务之际,有被疑人或其他关系人之请求时,应示以表示官职姓名之证票。但着用制服时以告知官职姓名为已足。

第二十四条　本规范除另有规定外,于非司法警察官吏而依法令行司法警察官吏之职务之人准用之。

第二章　搜查之端绪

第二十五条　司法警察官于因告诉、告发或其他之原由思料有犯罪时着手搜查之外,虽系新闻纸或其他出版物之记事、匿名之申告或风说苟与犯罪有关系者,应勿忽视之而注意其出处。如认为有相当根据时,应着手搜查。

第二十六条　司法警察官思料有左列犯罪时,应速向检察厅报告之。

一、对于帝室之罪;

二、内乱之罪;

三、背叛之罪;

四、有及影响于国交之虞之犯罪;

五、公务员职务上之犯罪;

六、危害公安之罪;

七、关于危险物之重大犯罪;

八、关于交通妨害之重大犯罪;

九、伪造通货之罪;

十、伪造有价证券之罪;

十一、关于杀人或伤害致死之罪;

十二、违反暂行惩治叛徒法之罪;

十三、违反暂行惩治盗匪法之罪;

十四、违反《出版法》第四条第一款至第三款之罪;

十五、合于《军机保护法》之罪中徒刑以上之罪;

十六、《治安警察法》第十八条之罪;

十七、合于《防卫法》之罪中徒刑以上之罪;

十八、合于《国家总动员法》之罪中徒刑以上之罪;

十九、对于公务所或公务员之重大犯罪;

二十、有思想的背景之犯罪;

二十一、有及重大影响于经济界之虞之犯罪;

二十二、有及重大影响于治安之虞之犯罪;

二十三、简任官、同待遇者或勋四位以上者,或在现职之荐任官、同待遇者,或其他在枢要地位者之合于罚金以上刑之犯罪;

二十四、律师之犯罪;

二十五、法人、役员之重大业务上犯罪;

二十六、外国人之重大犯罪及对于外国人之重大犯罪;

二十七、耸动公众之耳目或刑事政策上特要注意之犯罪;

二十八、与各地方有连络之重大犯罪;

二十九、前各款之外,由检察厅特命报告之犯罪。

前项所揭之犯罪有告诉、告发或自首时,不拘思料有犯罪与否,应速报告检察厅。

第二十六条之二　司法警察官拟着手左开犯罪之搜查时,应请检察厅之指挥。

一、有及影响于国交之虞之犯罪;

二、有及重大影响于经济界之虞之犯罪;

三、有及重大影响于治安之虞之犯罪;

四、简任官、同待遇者或勋四位以上者,或在现职之荐任官、同待遇者,或其他在枢要地位者之合于罚金以上刑之犯罪。

第二十七条　第二十六条报告所必要之事项,概为如左。

一、被疑人及被害人之姓名、年龄、性别、身分、职业及住居如不明时其旨;

二、犯罪之日时、场所及事实之概要;

三、发觉之原因(告诉、告发、自首、认知等);

四、现行犯、非现行犯之区别;

五、有无被疑人之就捕或其希望;

六、有无共犯及有无事件扩大之虞;

七、证据之概要(有无自由、物证等);

八、临检之要否;

九、其他可为参考之事项。(康·五第一一号本条中修正)

第二十八条　依第二十六条及前条为报告后,生更正之必要或发见搜查上可为参考之事实时,应于每次速为追报之。(康·五第一一号本条中修正)

第二十九条　对于司法警察官有告诉、告发或自首时,于该事件不属于其职务范围之情形外,不拘管辖如何,受理之。

受理不属于管辖之事件时为认为必要之处分后,应速提出关系书类及证据物于检察厅。

第三十条　司法警察官受告诉、告发或自首而其要件有欠缺时,务应使补正之。

非被害人本人之告诉时,应调查有无代理或其他资格,而务使提出证明之书面。

第三十一条　司法警察官受依书面之告诉、告发或自首时,务应调查本人以明确其趣旨而作成调书。

第三十二条　司法警察官受口头之告诉、告发或自首时,应调查本人而使声明犯罪事实及其日时、场所、被害之程度、对于处罚之希望、被疑人及关系人之姓名、住居或其他搜查上可为参考之事项,作成调书以显明之。

第三十三条　司法警察吏受告诉、告发或其他关于犯罪申告之书面之提出时,应速向司法警察官提出之。

第三十四条　司法警察吏接受依口头之告诉、告发或自首时,应速将其旨报告司法警察官;对于申告人应谕示务向司法警察官为其手续,并应其缓急为必要之措置。

第三十五条　关于犯罪之申告,应不问其形式如何,从实而处理之。

第三十六条　关于犯罪之申告,应特为注意是否出于诬罔及有无过实之声明。

第三十七条　关于犯罪之申告,应调查申告人与被申告人之关系及申告之动机,明确是非之本末,并注意勿被奸诈所累。

第三十八条　就自首应注意是否为使他人免其罪而自诬,或以避免重罪之目的故为首出轻罪。

第三十九条　为关于犯罪申告之人有畏后难之情况时,除不得已之情形外,应避免向被疑人或其他关系人告以申告人之姓名。

第四十条　司法警察官就告诉、告发或自首增减变更之声明时,应使本人提出记载其趣旨之书面或作成其调书。

第四十一条　司法警察官受依口头之告诉或告发之撤回时,应作成其调书以明确撤回之原由。

受依书面之撤回而于其撤回书有不备之点时,应准于前项作成调书或使提出补充之书面。

第四十二条　对于司法警察吏有告诉、告发或其他犯罪申告之取消时,准用第三十三条及第三十四条之规定。

第四十三条　告诉状或告发状虽有撤回或其他何等事由,亦不得发还之。

第四十四条 司法警察官于送致事件后,受告诉或告发之撤回时,应速将关系书类送交检察厅。

第四十五条 虽有犯罪申告之取消时,除就亲告罪有告诉之撤回外,仍应进行必要之搜查。

第四十六条 司法警察官知有变死尸体时,应速告左列事项与检察厅,请其指挥。

一、发现尸体之日时及场所;

二、死人之姓名、年龄、性别、住居等;

三、死后之日数或其推定;

四、关于死因之所见;

五、使医师检案时其意见;

六、关于要否解剖之意见;

七、关于要否检察厅检视之意见。

司法警察吏知有变死尸体时,应速向司法警察官报告之。

第四十七条 于前条情形须急速时,司法警察官不待检察厅之指挥而为必要之处分。但除不得已之情形外,应注意不变更原状。

为依前项之处分时,应速向检察厅报告之。

第四十八条 司法警察官依检察厅之命令为变死尸体之检视时,应作成检视调书,从速报告其结果。

与检视继续为检证时,应作成检证调书,从速报告其结果。于此情形,得表明与检视继续为检证而省略检视调书之作成。

第三章 搜查之实行

第一节 通则

第四十九条 司法警察官思料有犯罪时,于由检察厅另有命令外,应速着手搜查。

第五十条 司法警察官得对于司法警察吏除强制之处分外,预定范围或条件命为搜查。

第五十一条 司法警察官吏应搜集保全公诉之提起与否及遂行之资料,并以防隐晦犯人之所在为目的而膺搜查之事。

第五十二条 司法警察吏思料有犯罪时,应即报告司法警察官,请其指挥。但预有命令时,于其范围内为必要之搜查后,应速报告其结果。

第五十三条　搜查应注意勿涉于苛察，并勿逸巨恶。

第五十四条　搜查应严重注意，勿不依法律而为涉于强制之处分。

第五十五条　搜查应于为达其目的必要之限度，依最稳健妥当之方法行之，并务注意使被疑人或其他关系人之烦累减少。

第五十六条　当为搜查之际，应注意勿滥使人心动摇。

第五十七条　就搜查应注意勿滥讦被疑人或其他关系人之隐秘。

第五十八条　当为搜查之际，应留意民族的情事，并务由通其情事之人当之。

第五十九条　当为搜查之际，应避免预断，勿偏于调查与被疑人不利益之情事，必就与其利益之情事，亦应显明之。

第六十条　当调查被疑人或其他关系人之际，以温情为旨，不得有粗暴之言动。

第六十一条　调查被疑人或其他关系人，应不滥用法律成语或其他难解之言辞，务以平易简明为旨，而注意使容易理解讯问之趣旨。

第六十二条　调查被疑人或其他关系人，应注意斟酌其年龄、境遇、性格、性别等而为适当处理，使尽其所欲言。

第六十三条　被疑人或其他关系人应以使之供述见闻或其他所实验之事实为主。

被疑人或其他关系人供述推测之事项时，应更使显明其根据。

第六十四条　共犯人务应各别调查以防其通谋，并注意勿使有互相附和而供述之弊。

第六十五条　使被疑人或其他关系人对质，应注意其时机，并努力顾虑两者间之关系，为适当之发问，使为真实之供述。

第六十六条　当为搜查之际，于关于被疑人详细调查其犯罪事实外，应明了左列事项，以期无遗漏。

一、姓名、年龄、职业、籍贯、住居、与家长之关系；

二、有无异名或别号；

三、是否公务员；

四、有无勋位，如有勋位时，其等级；

五、性格、经历、境遇、资产状态及素行；

六、有无前科，如有前科时，其罪名、刑名、刑期、金额、为裁判之厅名及其年月日；

七、有无曾受不起诉处分,如有受该处分时,其概要;

八、是否曾受因宣告犹豫、执行犹豫、刑之执行停止、假释放或恩赦之刑之减免之人;

九、犯罪之日时、场所、方法、原因、情状、被害之状况及犯罪后之情况;

十、就因与被害人或其他之人有亲属关系或其他特殊关系有影响于罪责之罪(窃盗罪、诈欺及恐吓罪、侵占及背信罪、赃物罪等),其关系。

有于外国之合于前项第六款至第八款之事项时,亦应准于前项而明了之。

第六十七条　被疑人虽自白犯罪事实时,仍应调查明确其真伪之证据。

第六十八条　对于被疑人有无与其利益之事实及证据,亦应使其声明,并应为明确其真否所必要之调查。

第六十九条　对于被疑人应于必要之限度,示以证据物,而与以辩解之机会。但应注意勿误其时机。

第七十条　被疑人有精神异状之疑义时,应调查其血统、烟酒量、既往症、妄想、有无幻觉或其他健康状态及学业之成绩等,并务征取医师之诊断书。

第七十一条　于被疑人之身体发觉有创伤时,应调查其原因,而认为与被疑事件有关系时,务应使医师为检诊,并征取其检诊书。

第七十二条　调查对于身体之犯罪时,为使明了创伤之部位、性状、伤后之情形并凶器之种类等,务应使提出医师之诊断书,或使医师为检诊而征取其检诊书。

第七十三条　对于财产之犯罪,应注意被害金品之发见,以努力使被害人满足。

第七十四条　对于财产或其他个人法益之犯罪事件,应就被害人讯问有无损害赔偿及处罚希望而录取之,或征取记载其旨之书面。

第七十五条　就未成年人之犯罪事件,关于将来之监督或其他,应征取保护人之意见以表明之。

第七十六条　关于思想之犯罪,应调查思想之推移、犯罪之动机、犯罪后之心境并有无背景,如被疑人属于团体时,其组织、系统及活动之状况,亦应显明之。

第七十七条　关于伪造通货或有价证券之犯罪,应精查授受伪造物之经路,以明了其根源而详事件之全貌。

第七十八条　就搜查中之事件思料有禁止揭载新闻记事之必要时,应速具其情事,申报检察厅。

第二节　依法定手续之搜查

第七十九条　被疑人之留置,应限于特有必要时为之。

虽留置被疑人,然其原由消灭时,应即取消之。

被留置之被疑人有亲属或其他确实之领受人时,务应责付之而停止留置。

第七十九条之二司法警察官拟留置左列之被疑人时,应报告检察厅请其指挥。

一、简任官、同侍遇者或勋四位以上者;

二、在现职之荐任官或同待遇者;

三、除前二款外,在枢要地位之内国人或外国人。(康·五第一一号本条追加)

第八十条　对于被留置之被疑人除有湮灭罪证、意图逃亡或紊乱留置场秩序之虞外,不得禁止与他人之接见或物之授受。

第八十一条　使被留置之被疑人与他人接见时,应由司法警察官吏莅场,为防止湮灭罪证为适当之注意。

莅场于接见之人,应将会话之要旨摘录于接见簿。

第八十二条　留置被疑人之事件,应特别努力,迅速完了搜查。

第八十三条　逮捕现行犯人时,应注意勿涉于苛虐。

现行犯人以凶器抵抗时,虽不得已使用剑铳等,然绝不得逾自卫之范围。

第八十四条　司法警察官吏逮捕现行犯人时,应作成逮捕颠末书,以表明其颠末。

第八十五条　常人逮捕现行犯人而拟引渡时,司法警察官吏应速接受之而作成逮捕调书,以表明逮捕人之姓名、住居及逮捕之事由。

第八十六条　司法警察官由司法警察吏接受现行犯人时,应于逮捕颠末书或逮捕调书记载其日时。

第八十七条　司法警察官逮捕现行犯人,或由司法警察吏或常人接收之,而其犯罪系亲告罪并无告诉时,应速就告诉权人讯明为否告诉。

第八十八条　司法警察官依检察厅之命令发拘引票时,应于拘引票记载发命令之检察厅及依命令而发之旨。

执行前项拘引票,应将被疑人引致于发票之司法警察官所属之官署。

依前项引致被疑人时,应于二十四时间以内调查其人有无错误。非错误之人时,应速送致于被指定之检察厅或其他之场所。

第八十九条　虽有持有证据物或应为没收或毁灭效用之物之嫌疑时,于有湮灭之虞外,务应不为搜索,使本人提出之。

第九十条　为扣押或搜索,务应注意勿扩大其范围。

第九十一条　在军事上须秘密之场所,思料有为扣押或搜索之必要时,应报告检察厅,请其指挥。

第九十二条　思料有扣押公务员或曾为公务员之人所保管或持有之物之必要,而由本人或该管公务所有陈述系关于职务上秘密之物时,应报告检察厅请其指挥。

第九十三条　在人之住居或经人看守之邸宅、建造物或舰船内为扣押或搜索之际,有住居主或看守人或其应代替人之请求时,应以无妨碍搜查为限,告以被疑事件。

第九十四条　扣押或搜索除不得已之情形外,应避免于妨碍受其处分之人之业务,毁损其信用,或其他过于损害其利益之时刻行之。

第九十五条　为扣押或搜索,应用稳当之方法而注意勿滥为毁损或纷乱建造物、器具、书类或其他之物,并终了其处分时,务应回复原状。

第九十六条　扣押调书或目录,应记载件名、番号、品目、数量、被扣押人及所有人之姓名、住居并扣押年月日、番号。虽涉于数次为扣押时,亦应按其事件之顺序附之。

第九十七条　扣押物应于各个附以小票记入件名、被扣押人之姓名及符合于扣押调书或目录之番号。

第九十八条　所扣押之书类不得编缀于记录中。如有散逸毁损之虞者,应另为封缄于其封皮,表示种类、数量等。

货币、纸币、有价证券等,应精算而另为封缄,并由办理人于封缄处所盖章于其封皮,记明精算额、种类及数量。

第九十九条　扣押物应于送致事件前,与扣押调书或目录对照而检点整理后,就之作成扣押物总目录。

第一百条　扣押物中有权利人不愿发还之物时,应以书面表明之,并于扣押物总目录记载其旨。

第一百零一条　扣押物应注意保存而为防止盗难、纷失、灭失、毁弃、损坏、变质等为相当之措置。

扣押物之状态可为证据时,应注意保全其状态。

第一百零二条　扣押物判明非证据物,或不得为没收或毁灭效用之物,或其他无留存之必要时,应发还于被扣押人。

扣押物中无留存之赃物,应得被扣押人依书面之承诺而发还于被害人。无其承诺时,应请检察厅之指挥。

扣押物有所有人、持有人或保管人之请求时,限于搜查无妨碍者,得暂行发还于请求人。依非被扣押人之请求为暂行发还时,应依前项手续。

为扣押物之发还或暂行发还时,应于扣押调书或目录及扣押物总目录记载之,并征取领收书。

第一百零三条　扣押物合于左列各款之一者,应不为送致之手续,于有检察厅之指挥前,为便宜保管,于扣押物总目录记载其旨。

一、动植物或于运搬不便之物;

二、爆发物或其他于运搬危险之物;

三、处理事件上思料无送致必要之物。

前项之物,得依时宜托于适当之人使保管之。于此情形,应征取记载随时提出之旨之保管请书而添附于记录。

第一百零四条　扣押物有腐败、灭尽或生危险之虞时,得受检察厅之指挥为左列处分。

一、得没收之物,应得权利人之承诺废弃或换价;

二、前款以外之物,应发还于权利人征取其请书。

为证据有必要之物,应于其处分前摄影或模写形体、模样等而添附于记录。仍有无腐败、灭尽之虞之部分时,务应分离而送交之。

为前二项之处分时,应于扣押调书或目录及扣押物总目录记载其旨。

第一百零五条　司法警察官依检察厅或他司法警察官之命令或嘱托为扣押时,应速送交扣押物于命令或嘱托之官署。

依《刑事诉讼法》第一百四十八条第二项为看守或保管之处分时，应速报告其旨于为命令或嘱托之官署。

依同条第三项拟为废弃或其他之处分时，应报告其旨于为命令或嘱托之官署而受其指挥或承诺。但须急速情形时，应于为其处分后从速报告于为命令或嘱托之官署。

依同法第一百四十九条，思料有为变卖处分之必要时，应速报告其旨于为命令或嘱托之官署而受指挥或承诺。

第一百零六条 为扣押或搜索之际，发见关于他犯罪之显著证据物而暂行扣押之时，应作成记载其事由之报告书，连同暂行扣押之调书及扣押物从速送交检察厅，并注意就其犯罪之搜查勿失机宜。

第一百零七条 因检证变更原状时，务应复于旧态。

以尸体之解剖、坟墓之发掘或贵重品之毁坏为必要时，应请检察厅之指挥。

解剖尸体或发掘坟墓时，虽无遗族然有近亲者，务应向之通知。

第一百零八条 当为检证之际，应就有无指纹、足迹或其他证凭为周到之注意，并努力采取、保存指纹或其他之痕迹。

第一百零九条 依检察厅或他司法警察官吏之命令或嘱托为检证时，应速送交检证调书于为命令或嘱托之官署。

第一百十条 关于检证，准用第九十一条至第九十五条之规定。

第一百十一条 思料有以公务员或曾为公务员之人为参考人，讯问其得知事项之必要，而由本人或该管公务所有系关于职务上秘密之旨之陈述时，应报告检察厅，请其指挥。

思料有以特任官或受其待遇之人为参考人讯问之必要时，亦同前项。

第一百十二条 就鉴定有解剖尸体、毁坏贵重品或其他变更物之原形或显著减损数量之必要，由鉴定人求其许可时，应请检察厅之指挥。

第一百十三条 使为鉴定时，务应于其现场莅场，努力发见足为搜查参考之资料。

第一百十四条 已使为鉴定时，应使提出记载鉴定之日时、场所、方法及结果之鉴定书。

鉴定书有不备或不明之点时，应征取说明书或作成讯问调书而补充之。

第一百十五条　关于鉴定,准用第一百零七条第三项及第一百十一条之规定。

第一百十六条　请求处参考人、鉴定人、通事或翻译人过料或命赔偿之处分时,应将记载应为处分之事由及关于过料或赔偿金之额之意见之请求书,提出于管辖其现在地之区检察厅。

第三节　依承诺之搜查

第一百十七条　为达搜查之目的有必要时,于依法定手续之情形外,得经被疑人或其他关系人之承诺,为调查或处分或向他司法警察官吏嘱托之。

第一百十八条　对于被疑人或其他关系人,得就其所在或经承诺使投到一定之场所或偕往调查之。

依前项之调查听取被疑人或其他关系人之供述时,应即录取之而作成听取书。但事实简单或有特别情事时,得不作成听取书而使任意提出书面。

第一百十九条　应为被疑事件证据之物或思料得为证据之物,得经所有人或保管人之承诺而领置之。就被疑人或其他之人所遗留之物,或由所有人、持有人或保管人任意提出之物亦同。

第一百二十条　为领置时,应作成领置书。

就领置物有提出人之请求时,应交付领收书。

第一百二十一条　关于领置,准用第九十六条至第一百零四条之规定。

第一百二十二条　就一事件为扣押及领置时,应将扣押调书及领置书顺序附以番号。

于前项情形,应合并扣押物及领置物而作成总目录。

第一百二十三条　就犯所或其他场所有显明实况之必要时,得经其场所之占有人、管理人或其应代替人之承诺为见分。

着手实况见分之后,思料以检察厅之临检为必要时,应速报告检察厅,不问是否自为终了见分,应保存原状。

第一百二十四条　为实况见分时,为使明确现状之状况应作成见分书,务添附相片或图面。

第一百二十五条　送致事件后认为有以鉴定为必要之事项时,应请检察厅之指挥。

第四章 令状之执行

第一百二十六条 被命为拘引票、拘禁票、留置票、捕票、扣押票或搜索票之执行时，应速执行之。如有迟延之虞时，应报告命为执行者，请其指挥。

第一百二十七条 拘引票、拘禁票、留置票、捕票、扣押票或搜索票之执行，于受命令者外，勤务于其官署之他司法警察官吏亦得执行之。

第一百二十八条 于拘引票、拘禁票、留置票或捕票被指定之人在管辖区域外时，得向管辖其他之司法警察官送交该令状而求执行。于此情形，应速报告其旨于为命令或嘱托之官署，或指挥执行之检察厅，或其他之官署。

第一百二十九条 司法警察官执行因命令或嘱托而发之拘引票或因命令而发之捕票时，应提出其原本于为命令或嘱托之官署。

不能执行前项拘引票或捕票时，应向为命令或嘱托之官署送交之。如有可为参考之事项时，应同时报告。

第一百三十条 送致受执行拘引票、拘禁票、留置票或捕票之人时，应注意左列事项。

一、共犯或其他之关系上系有通谋之虞之人时，各别办理之，以防止通谋；

二、闻知犯罪事实或关于共犯人之事实或其他可为参考之事项时，从速报告之。

第一百三十一条 执行拘引票、拘禁票、留置票或捕票时，应用稳当之方法，并注意勿使他人觉知系受执行之人。

第一百三十二条 于拘引票、拘禁票或留置票被指定之人在心神丧失之状态时，或因执行有显著害及健康或不能保持生命之虞时，应速报告命为执行者而请其指挥。就应受执行捕票之人有应停止刑之执行之事由时亦同。

第一百三十三条 因死亡、拘禁或其他之事由不能执行拘引票、拘禁票、留置票或捕票时，应速记入其事由，向命为执行者返还之。

第一百三十四条 执行扣押票或搜索票时，虽未得其结果，亦应从速将扣押票或搜索票经由检察厅返还发票之官署。

于前项情形，应于调书记载扣押或搜索之手续之颠末及可为参考之事项,连同扣押票或搜索票送交之。

第一百三十五条 关于扣押票或搜索票之执行,准用第九十条至第一百零六条之规定。

第五章 搜查事件之处理

第一百三十六条 司法警察官就被疑事件终了搜查时,应速送致于检察厅。但应即决之事件而不系于告诉、告发或自首者不在此限。

送致被疑事件于检察厅时,应附意见并报告搜查之经过。其他可为参考之事项记录及扣押或领置之物,应连同意见书向检察厅送交之。

第一百三十七条 意见书应记载左列事项。

一、被疑人之姓名、年龄、性别、身分、职业、籍带、住居;

二、犯罪发觉之原因;

三、有无前科及不起诉处分,如有时其概要;

四、犯罪事实;

五、犯罪之动机及情状;

六、适用法条;

七、关于处罚之意见。

前项之外,于第六十六条所揭之事项中仍有必要者时,应明了之,以期无遗漏。

第一百三十八条 记录应依左列顺序编缀之。

一、送致书;

二、扣押物及领置物总目录;

三、记录目录;

四、意见书。

其他之书类应依受理或作成之顺序编缀于意见书以下,附以篇数。

第一百三十九条 被疑事实极为轻微之事件而搜查之结果不为罪、不罚被疑人或无犯罪之嫌疑显明时,无须向检察厅送致之。

第一百四十条 犯罪事实极为轻微而无处罚之必要显明时,得不送致事件于检察厅而为微罪处分。

为微罪处分时,应作成处分书。

处分书应作成其缮本,至少每月一次一并提出于检察厅。

第一百四十一条 系告诉、告发或自首之事件,留置被疑人之事件,或由检察厅命为送致之事件,应不拘前二条之规定,向检察厅送致之。

第一百四十二条　被疑人不明之事件除重要者外,应不为送致之手续而继续搜查。但因检察厅之指挥所搜查之事件,应于适当之时期报告检察厅,请其指挥。

第一百四十三条　送致被疑人所在不明之事件时,应添附表明搜查其所在之颠末之报告书类,并附记有无发见所在之希望。

第一百四十四条　就前二条之事件于其送致前,亦应尽关系人之调查、物件之领置或其他必要之处分,以努力保全证据。

第一百四十五条　虽于送致事件后,如发见可为参考之事项时,亦应从速向检察厅报告之。

第六章　关于少年之特则

第一百四十六条　本章称少年者,谓未满十八岁之人。

第一百四十七条　对于少年犯应以留意于保护、教化为主,而膺搜查或其他之事。

第一百四十八条　关于少年被疑人,应特别明了左列事项。

一、家庭之情况;

二、父兄或其他保护人之监督情况;

三、教育之程度;

四、交友关系;

五、有无烟酒、女色或其他恶劣之嗜好;

六、有无放浪或其他不良之性癖。

第一百四十九条　当调查少年被疑人之际,应特别注意勿触及他人之耳目。

第一百五十条　少年被疑人务应与他被疑人分离,以注意勿使受其恶影响。

第一百五十一条　少年之被疑人,务不得拘束。

第一百五十二条　对于少年之事件不惟搜查中,虽起诉后亦应特别严守秘密。

第七章　涉外事项

第一百五十三条　当关于外国人行司法警察职务之际,应注意勿违背国际法及国际上之惯例。

第一百五十四条　对于有外交官之特权之人,应注意勿为有害其特权之处之处置。

就是否有外交官之特权之人有疑义时，应报告检察厅，请其指挥。

第一百五十五条 于大公使馆、大公使之居宅、别庄或其宿泊所，不应为搜查或其他处分。

第一百五十六条 犯重大罪之人逃亡入于前条所揭之场所而不应犹豫时，得受大使、公使或其应代替人之许诺为搜索。

第一百五十七条 犯重大罪之人现在于帝国领水之外国军舰而须急速时，得对于其舰长请求任意之引渡。

第一百五十八条 属于外国军舰之军人、军属，虽其军舰于帝国内现为犯罪而不应犹豫时，应为逮捕之处分后从速报告检察厅，请其指挥。

第一百五十九条 对于为任命国国民之驻在帝国之外国总领事、领事、副领事、领事事务官及代理领事之被疑事件，非有检察厅之指挥，虽须急速之处分亦不得为之。但犯重大之罪不应犹豫时不在此限。

第一百六十条 驻在帝国之外国领事官所有或持有之书类而与职务有关系者，不得检阅或扣押之。

思料有于前项领事官之事务所或居宅为搜查或其他处分之必要时，应报告检察厅，请其指挥。但须急速之处分不在此限。

第一百六十一条 就在帝国领水之外国船舶内之犯罪，应于左列情形行司法警察之职务。

一、害帝国之陆上或港内之安宁秩序者；

二、与乘组员以外之人或帝国臣民有关系者。

前项所揭之情形外思料特有搜查之必要时，应报告检察厅，请其指挥。

第一百六十二条 关于在帝国领水之外国船舶认为有停止其航行之必要时，应即报告检察厅，请其指挥。

第一百六十三条 外国人拟以口头为告诉、告发、请求或自首而有必要时，应使通事为通译。

于前项情形所作成之调书，应由通事向本人朗读，并使通事及本人署名或署名盖章。

第一百六十四条 提出以外国语记载之告诉状、告发状或其他书类时，应受理之。有必要时，应使提出译文。

前项译文,应使翻译人记入其住居及职业,并署名盖章。

第一百六十五条　被疑人系外国人时,亦应明了左列事项。

一、国籍;

二、来帝国之时期及目的;

三、离去本国之时期;

四、有无在外国之受刑;

五、有无家属及其住居。

第一百六十六条　使外国人为供述而有必要时,应用通事为调书,应由通事向本人朗读,并使通事及本人署名及署名盖章。

第一百六十七条　外国之公务员或曾为公务员之人,其所得知之事实而由本人或该管公务所声明系关于职务上之秘密时,不得使为供述。

于前项情形,应速报告检察厅。

第一百六十八条　对于外国人应呈示或交付之书类,务应添附译文。

第一百六十九条　对于外国人为拘引票、拘禁票、留置票、捕票、扣押票或搜索票之执行时,务应使通其国语之人当之。

附则

本规范自康德五年一月一日施行。

本规范中关于检察厅之规定,于依法令掌管检察事务之检察厅以外之机关准用之。

司法警察官吏基于本规范或其他法令而作成或使作成之书类,应准据附录格式。

附则(康德五年七月四日司法部令第一一号)

本令自康德五年七月十五日执行。

司法警察事务处理规程

(康德四年十二月一日治安部训令警第三〇号)

令各省长、警察总监、海上警察队长

为令遵事,兹将康德三年十二月二十四日民政部训令第三五六号之《司法警察事务处理规程》改正如另纸,拟于康德五年一月一日实施,仰即转令所属各机关一体知照为要。此令。

第一章　犯罪报告

第一条　警察署长发觉左列各款犯罪之发生时,须报告于县、旗警务科长或警察厅长(在首都警察厅管内则为警察总监)。其检举犯罪时亦同。

一、关于帝室之罪;

二、内乱罪;

三、背叛罪;

四、危害国交罪;

五、渎职罪;

六、妨害公务罪;

七、脱逃及藏匿罪;

八、危害公安罪;

九、关于危险物之罪;

十、放火及决水罪;

十一、妨害交通罪之重要者;

十二、通货伪造、变造行使罪;

十三、有价证券伪造、变造行使罪;

十四、伪造、变造公文书及行使罪;

十五、伪造公印文及行使罪;

十六、杀人罪;

十七、伤害罪之重要者;

十八、私捕及私禁罪;

十九、略取及诱拐罪;

二十、奸淫罪;

二十一、强盗及勒赎罪;

二十二、被害额在百圆以上或犯罪手段方法有特殊手法之财产罪;

二十三、《暂行惩治盗匪法》及《暂行惩治叛徒法》之罪;

二十四、关于枪炮火药类之罪;

二十五、关于通信之罪;

二十六、密输犯罪;

二十七、违反《出版法》之罪;

二十八、违反《鸦片法》之罪;

二十九、违反《麻药法》之罪；

三十、对公务所之犯罪；

三十一、有影响及于治安之虞之犯罪；

三十二、有思想背景之犯罪；

三十三、有影响及于经济界之虞之犯罪；

三十四、公务员及勋六位以上者之犯罪；

三十五、外国人之犯罪；

三十六、对外国人之犯罪；

三十七、律师之犯罪；

三十八、法人役员业务上之犯罪；

三十九、认与各地方有连络之犯罪；

四十、其他认有特别报告之必要者。

第二条　警察厅长，县、旗警务科长之接受前条所揭犯罪之发生、检举报告或认知发生并检举时，须报告于警务厅长。但对财产罪被害额须在五百圆以上。

第三条　警察总监、警务厅长、海上警察队长认知发生左列揭载之犯罪或接受其发生并检举之报告时，须报告于警务司长。

一、对于帝室之罪；

二、内乱罪；

三、背叛罪；

四、危害国交罪；

五、关于公务员职务之重大犯罪；

六、关于妨害公务之重大犯罪；

七、危害公安之罪；

八、逃走罪；

九、关于危险物之重大犯罪；

十、关于放火、决水之重大犯罪；

十一、通货、有价证券之伪造、变造或行使之罪；

十二、杀人及伤害致死之罪；

十三、强盗罪（除轻微事件）；

十四、被害额千圆以上之财产罪；

十五、《暂行惩治盗匪法》之罪、《暂行惩治叛徒法》之罪；

十六、关于枪炮火药类之重大犯罪；

十七、对于交通、通信机关之重大犯罪；

十八、重大之密输犯罪；

十九、违反《出版法》第四条第一款至第三款之罪；

二十、关于《鸦片法》及《麻药法》之重大犯罪；

二十一、关于公务所之重大犯罪；

二十二、有思想背景之重大犯罪；

二十三、有重大影响及于治安之虞之犯罪；

二十四、有重大影响及于经济界之虞之犯罪；

二十五、简任官、同待遇者或勋四位以上者，及现职荐任官、同待遇者，及其他在枢要地位者，该当有期徒刑以上之刑之犯罪；

二十六、律师之犯罪；

二十七、法人、役员业务上之重大犯罪；

二十八、外国人所犯之重大犯罪；

二十九、对外国人之重大犯罪；

三十、各地方有连络之犯罪；

三十一、前列各款外，耸动公共之耳目或犯罪之状况涉及奇异，于刑事政策上认为须要特别注意之犯罪。

第四条　依第一条乃至第三条应行报告之犯罪中，对于特别重要而紧急者，除将其概要以电信、电话及其他方法急速报告外，后应详细报告之。

第五条　犯罪发生之报告，概依左列事项记载之。

一、犯罪种别；

二、犯罪日时及场所；

三、被害者之籍贯、住址、职业、姓名、年龄（不明时须记载其意旨）；

四、被疑者之籍贯、住址、职业、人种、姓名、年龄、性别、前科、人相、特征、服装、所持品等；

五、犯罪发觉之原因；

六、犯罪事实（被害程度及犯罪手段方法等）；

七、搜查状况；

八、事件有无扩大之虞；

九、其他参考事项。

第六条 犯罪检举之报告,概依左列事项记载之。

一、犯罪发生报告之有无(○○○收发第 号);

二、被疑者之籍贯、住址、职业、人种、姓名、年龄、性别、前科;

三、被害者之籍贯、住址、职业、姓名、年龄、性别;

四、犯罪事实(犯罪日时、场所、手段方法等);

五、犯罪之原因动机;

六、逮捕之颠末(被疑者逮捕日时、场所)、搜查方法及其他如有可为将来搜查上之参考事项,须详细记载之;

七、逮捕者之官名、姓名;

八、扣押物品(扣押枪械弹药时记其入手经路);

九、事件之处置;

十、其他参考事项。

第七条 对于认为特别重要之事件,虽经报告,然其以后之搜查状况亦须报告于上级官厅。

第八条 发见赝币时,须彻底调查其授受系统,努力检举赝造并知情行使之犯人,同时添具赝币,依第一号格式报告于上级官厅。

依前项发见赝币之内,须将其一枚或照片一组呈送于警务司长。

第二章 临检及通缉

第九条 警察厅长、警察署长于管内认有杀人、放火、强盗及其他特别重要犯罪事件发生时,须即将其意旨报告于检察当局及上级官厅,同时亲至(在警察厅为司法科长)犯罪现场临检,为搜查上之诸般指挥。

前项以外之犯罪,对有临检必要之事件,须使担任司法事务警尉以上之警察官临检之。但交通不便时不在此限。

第十条 莅临犯罪现场时,须留意左列事项,以期于搜查上使无遗漏。

一、对于受伤者,须速请求应急之措置;

二、被害者或被疑者在濒死状态之时,须以成年人之第三者立会,先行审讯重要事项;

三、关系者以外之人,不准其入犯罪现场;

四、为期明了犯人之侵入或逃走处所起见,如门户之开关等一切不准变更;

五、关于犯人足迹及指纹之有无最宜深加注意,于其周围划以记号以防因接触有所灭失,于检证后采取其形迹保存之。

六、现场指纹于陶器、玻璃器、漆器、铁器等或不易吸收脂肪之木质品上印有印象时,以其可为有效之采取,故对此部分之指纹有无最宜严密检查,不得随意以手接触。

七、于武器、凶器等上以其多有指纹之存在,故处理上须特别注意,不准将已有印象之指纹抹灭之;

八、认为犯人之遗留品物件,因须使其不损原形有保存之必要,故应注意不使其灭失或有散逸;

九、犯人如有物色收纳金品衣柜其他抽屉形迹之时,以其于搜查上有莫大之关系,故须注意于检证未终以前,不得有恢复原形等事;

十、现场之足迹或血点等足能推定为犯人逃走之经路,为不使破关系者或通行人等有所灭失,须划明记号,迄至检证终了为止,宜严加监视之。

十一、认为犯人侵入处所之尘埃及蜘蛛网等,以其有明确侵入事实必要,故不准随意接触;

十二、对于强盗或杀人事件等,依现场之状况即可推知格斗之程度,故当此场合宜不准他人乱行出入,固属勿论,至散逸物品等亦不准随意将其所在变更;

十三、前列各款之外,为保全犯罪现场起见,须请求必要之措置。

第十一条　犯罪事件发生时,依事态之轻重缓急,须速为非常警戒,并对于紧要处所设卡堵截之。

第十二条　接受犯罪通缉、通报或照会时,须即准据管内发生事件搜查之。

第十三条　检举其管内之犯罪事件时,依第六条之例,须通报犯罪地所辖之警察官署。

第十四条　发见赝币或接受其报告之警察总监、警务厅长及海上警察队长,应即于警察总监、各省警务厅长及海上警察队长间互相通报之。

第三章　搜查及共助

第十五条　对于犯罪搜查,须依周密之注意与明敏之观察与一定之方针,且须接续,以期检举之遂行。

第十六条　警察署长,县、旗警务科长,警察厅司法科长,对于所辖内所发生之犯罪事件及接受由他处通报或照会之犯罪事件,不但应为搜查上之指挥,且须监督一般搜查员之搜查状况。

第十七条　刑事专务员须将每日之搜查状况载于日志,经搜查系主任者呈阅于科长、署长。

第十八条　搜查用具总宜整备,以期于紧急使用,勿生窒碍。

第十九条　发生重要或奇异之犯罪事件时,不拘其检举与否,须保存搜查方针并计画及其他关系记录,以供搜查之资料。

第二十条　依赖其他搜查机关援助搜查,或嘱托审讯被疑者并关系者时,须明示事件之概要,并请求援助及审讯之要件及其他参考事项。

第二十一条　依前条受依赖或嘱托之搜查机关,须为适切之援助与审讯。

第二十二条　搜查上有必要时,得嘱托出差地警察官署暂时留置或监视被疑者。

有前项之嘱托时,受托警察官署非有特别事由,不得拒绝之。

第二十三条　解交犯人,须依左列事项。

一、捕获指名犯人(人相、特征、服装、投奔地及其他能明了犯人之要点,须记载之,通缉者亦含在内)时,须解交通缉警察官署。但有左列情形时不在此限;

甲、于捕获警察官署管内犯罪之罪情较指名犯罪之法定刑重者;

乙、于捕获警察官署管内犯罪事件之被害额超过通缉事件之被害额之二倍者。

二、在二处以上之警察官署对同一犯人为指名通缉时,须解交情状较重之犯罪地或被害额较大之犯罪地之警察官署。其情状或被害额同等时,须解交最初通缉之警察官署;

三、在二处以上之警察官署对于同一情状之事件同时为同一犯人之指名通缉时,须解交于处理便利之警察官署;

四、捕获共犯中在附随地位者时,须解交捕获正犯之警察官署;

五、在数处警察官署捕获共同正犯时,须解交犯罪发生地该管警察官署。

依第一项第一款但书并第二款及第三款之规定,未受犯人解交之指名通缉官署,须将其指名通缉事件记录移送于捕获警察官署。

第四章 簿册及物件处置

第二十四条 警察署,县、旗警务科,警察厅及海上警察队,须依第二号格式之一至三备置犯罪统计。原属其署、科、厅或队,应将直接办理事件之处置,须日日登录整理之。

第二十五条 警察署,县、旗警务科,警察厅及海上警察队,须依第三号格式备置犯罪受理簿,将其受理之犯罪事件依其受理之顺序登录整理之。

第二十六条 警察署,县、旗警务科,警察厅,海上警察队及警务厅,须依第四号格式备置重要犯罪搜查继续簿。于管内发生《刑法》第一章至第四章之罪(对帝室罪,内乱、背叛、危害国交之罪)、强盗罪、杀人罪、放火罪、《暂行惩治叛徒法》之罪及《暂行惩治盗匪法》之罪其他特别认为重要之犯罪,在一个月以内未至检举之事件,均须登录以期明了搜查之经过。

第二十七条 警察署,县、旗警务科,警察厅及海上警察队,须依第五号格式备置犯罪事件簿,登录搜查终了解送检察当局之事件,以期明了犯罪事件之处置。

第二十八条 警察署,县、旗警务科,警察厅及海上警察队,须依第六号格式备置证据物件簿,其证据物件及遗留品等依扣押或领置之顺序登录之,以使明了其处置。

第二十九条 警察厅、海上警察队、首都警察厅,须备置第七号格式之赝币卡片,以资整理保存管内发见之赝币。

第三十条 警察署,县、旗警务科,警察厅及海上警察队,须将由其他警察官署接受犯人之指名通缉事件汇总,依受理年月日编缀于指名通缉事件书类簿册,附以目次,并须为通缉解除及其他必要事项之整理,以供搜查之便利。

第三十一条 未检举事件之现场指纹及照片,须添附于事案书类之内而保存之。

第三十二条 可为刑事警察上参考之物件,务须搜集保存之。

第五章 犯罪统计报告

第三十三条 警察署长,县、旗警务科长,警察厅长,海上警察队长,警务厅长及警察总监,对于管内所发生或检举之犯罪事件,须作制依第八号格式之一至二之犯罪统计月报及犯罪统计年报及三至八之犯罪统计年报,顺次报告于上级官厅。

第三十四条　警察署长,县、旗警务科长,警察厅长,海上警察队长及警察总监,对于管内所处理之即决处分状况,须依第九号格式作制即决处分月报及即决处分年报,顺次报告于上级官厅。

第三十五条　警察署长,县、旗警务科长,警察厅长,海上警察队长,警务厅长及警察总监,对于管内所发见之赝币,须依第十号格式作制赝币发见检举月报及赝币发见检举年报,顺次报告于上级官厅。

第三十六条　从事取缔密输之警察机关,须作制依第十一号格式之密输犯罪月报,并依第十二号格式之密输犯罪年报,及依第十三号格式之密输品调查月报及密输品调查年报,报告于上级官厅。

第三十七条　警察署长,县、旗警务科长,警察厅长,海上警察队长,警务厅长及警察总监,须依第十四号格式作制拘禁检束人员月报及拘禁检束人员年报,顺次报告于上级官厅。

第三十八条　前列五条之报告,如为月报在警察署长至翌月五日;在县、旗警务科长或警察厅长至翌月十五日;在警务厅长、海上警察队长及警察总监至翌月二十五日。如为年报,在警察署长至翌年一月二十日;在县、旗警务科长,警察厅长至翌年二月十日;在警务厅长、海上警察队长、警察总监至翌年二月末日以前须提出之。

附则

第三十九条　本规程中所谓警务厅长者在兴安东省则为民政厅长,在黑河省则为警务科长。

第四十条　各省长、警察总监、海上警察队长除依据本规程外,对于报告及其他必要事项,准予另定内规。

违警罪即决法

（康德四年六月三十日敕令第二〇九号）

修正　康德四年十二月敕令第四七九号,康德五年十二月敕令第二九五号

朕依《组织法》(第四十一条),经咨询参议府,裁可《违警罪即决法》,著即公布。

（国务总理、民政部、蒙政部、司法部大臣副署）

第一条 为警察总监、警察厅长、掌县警察事务之科长、旗警务科长、警察署长、海上警察队长、国境警察队长及铁道警护队长之警察官，得对于其所属官署管辖区域内犯违警罪者，以即决处分科刑。

前项所列者有支障时，得由代理其职务之警察官代行前项之处分。（康四・第四七九号、五・第二九五号本条中修正）

第二条 为即决处分，应审讯被疑人，调查证凭。

被疑人不遵传唤时，得不审讯之。

第三条 依被疑人之审讯及证凭之调查有犯罪之证明时，应即为科刑之处分。但不得为即决处分，或思料为即决处分不相当时不在此限。

第四条 为即决处分时，应作成处分书。

处分书应记载左列事项，由为处分者署名盖章。

一、受处分者之姓名、年龄、性别、职业及住居；

二、刑及换刑处分；

三、犯罪事实；

四、适用法条；

五、正式裁判请求之期间及方式。

第五条 即决处分对于到场者应依宣告，对于不到场者应依处分书誊本之送达告知之。

处分书誊本之送达，准用《刑事诉讼法》关于送达之规定。

第六条 公诉之时效因即决处分之告知而中断。

第七条 受即决处分者得向管辖为处分之官署所在地之区法院请求正式裁判。

第八条 正式裁判之请求，应于宣告之日起三日以内，或于送达处分书誊本之日起五日以内，向为处分之官署提出请求书为之。

请求书应表示即决处分，并记载对此声明不服之旨。

第九条 受即决处分者因不应归责于自己之事由，于期间内未能为正式裁判之请求时，得为回复原状之请求。

关于回复原状，准用《刑事诉讼法》关于回复上诉权之规定。但关于拘禁被告人之规定不在此限。

第十条 受即决处分者在拘禁中时，其正式裁判之请求准用《刑事诉讼法》关于在监狱被告人上诉声明之规定。

第十一条 正式裁判之请求，得抛弃或撤回之。

正式裁判请求之抛弃或撤回,准用《刑事诉讼法》关于抛弃或撤回上诉之规定。

第十二条　为即决处分之官署,收受正式裁判之请求书时,应速将记录及证据物送交于所辖区法院之对置检察厅。

检察厅依前项规定受记录之送交时,应速送交于对置法院。

第十三条　正式裁判之请求于其方式有重大之瑕疵时或系于请求权消灭后所为者时,法院应咨询检察厅之意见,以裁定却下之。

对于前项裁定,得为即时抗告。

第十四条　于左列各款情形,法院应咨询检察厅之意见,以裁定取消即决处分。

一、就无权限之事件为即决处分时;

二、于正式裁判之请求前就同一事件有提起公诉时;

三、受即决处分者死亡时。

第十五条　法院除前二条情形外,应从通常手续为审判。

对于依前项规定之判决,允许通常上告,不许控诉。

第十六条　于第十三条第一项情形,原法院未却下正式裁判之请求时,上告法院应以判决破毁原判决而却下正式裁判之请求。

第十七条　于左列各款情形,上告法院应以判决破毁原判决而取消即决处分。

一、于第十四条各款情形,原法院未取消即决处分时;

二、已有原判决后,受即决处分者死亡时。

第十八条　即决处分于左列各款情形确定。

一、正式裁判请求之期间内未有其请求时;

二、抛弃或撤回正式裁判之请求时;

三、却下正式裁判请求之裁判确定时。

第十九条　就即决处分确定之事件,不得更提起公诉。

第二十条　即决处分之执行,由为处分者指挥之。

依第十二条第一项之规定发送记录后即决处分确定时,得由所辖检察厅指挥其执行。

第二十一条　即决处分之执行,得向管辖受处分者现在地之警察官署嘱托之。

第二十二条　即决处分之执行,准用《刑事诉讼法》关于裁判执行之规定。

第二十三条　为即决处分而为保全其执行有必要时，得使受处分者纳付保证金，或责付于其亲属或其他之人。

前项之处分，得合并行之。

保证金之纳付、没取及发还并责付，准用《刑事诉讼法》关于拘禁停止之规定。

第二十四条　受即决处分者不遵保证金纳付之命令时，得留置至即决处分之确定。但留置期间不得超过拘留之刑期或即决处分所定之劳役场留置之期间。

有正式裁判之请求而请求后经过七日时，应不拘前项规定解除留置。

第二十五条　即决处分确定时，前条之留置日数依左列之例算入于本刑。

一、本刑为拘留时，以留置日数一日折抵刑期一日；

二、本刑为科料时，从即决处分所定换刑处分之比率；依正式裁判科刑时，前条之留置视为未决拘禁。

第二十六条　即决事件应作成记录，以明手续之要旨。

于即决手续为作成调书或其他书类，得使警察官吏莅场。

第二十七条　书类之作成及期间之计算，准用《刑事诉讼法》之规定。

附则

本法自康德四年九月一日施行。

附则（康德四年十二月七日敕令第四七九号）

本法令自康德五年一月一日施行。

附则（康德五年十二月二十三日敕令第二九五号）

本法自公布日施行。

《违警罪即决法》细则

（康德四年八月三十一日治安部、司法部训令，警第一〇号，刑字第五八〇号）

令各省长、警察总监、海上警察队长

关于《〈违警罪即决法〉细则》之件。

为令遵事，兹制定《〈违警罪即决法〉细则》如别纸，仰即遵照并转令所属一体遵办，勿稍遗憾为要。此令。

第一条　警察官吏知有违警罪时，须速作成违警罪事件报告书，报告于即决官署。

第二条　即决官署收受前条报告时，思料事件属于其管辖并予以即决处分为相当时，应即传唤被疑人审讯之。

第三条　被疑人之传唤，得以传唤票之送交及其他之适宜方法为之。

第四条　审讯被疑人时，须作成审讯调书。

第五条　为即决处分之宣告时，于处分书栏外记载宣告年月日，并由宣告者捺印。

第六条　受理正式裁判之请求时，须于请求书空白记载受理之日时后作成送交书，连同记录及证据物送交于管辖检察厅。

第七条　保证金于科拘留时，就刑期一日为五角以上五圆以下。于科科料时，须以其相当额为标准而定之。

命纳付保证金时，须以保证金纳付命令书为之。

第八条　将受即决处分者责付于亲族或其他之人时，须使提出责付请书。

第九条　嘱托刑之执行时，须于执行嘱托书添付即决处分书之誊本为之。

受托官署须于即决事件受托簿记载所要事项。刑之执行终了时，须以执行完毕通知书，将该意旨通知于嘱托官署。

第十条　使纳付科料时，须令以收入印纸粘贴于纳付书提出之。

第十一条　将留置受即决处分者时，须以留置命令书为之。

第十二条　即决官署须备置即决事件簿。

第十三条　即决官署依据《违警罪即决法》及本细则，应作成或使作成之书类，须准据附录格式。

关于应行司法警察官吏职务之人
及其职务范围之件

（康德四年七月十五日敕令第二一四号）

修正　康德四年十月敕令第三〇六号

朕经咨询参议府，裁可《关于应行司法警察官吏职务之人及其职务范围之件》，著即公布。

（国务总理、司法部、产业部、交通部大臣副署）

第一条　高等检察厅、地方检察厅及区检察厅之书记官或雇员而由所辖高等检察厅长所指命之人，就其所属检察厅应处理之事件，在书记官得行司法警察官、吏之职务、在雇员得行司法警察吏之职务。

第二条　监狱之长就监狱内之犯罪，营林署之长就关于林野、林野产物或林野之鸟兽保护之罪，得行司法警察官之职务。（康四·第三〇六号本条中修正）

第三条　左列者而由其所属官署之长与管辖其官署所在地之高等检察厅长协议指命之人，在第一款至第五款所列者，得行司法警察官之职务；在第六款至第十款所列者，得行司法警察吏之职务。

一、非监狱之长之典狱佐及看守长；

二、林野局之理事官、技正、事务官、技佐、属官及技士；

三、营林署之技佐、属官及技士；

四、担任林野事务之省公署之理事官、技正、事务官、技佐、属官及技士；

五、担任林野事务之县旗公署之属官及技士；

六、主任看守及看守；

七、林野局之雇员；

八、营林署之雇员；

九、担任林野事务之省公署之雇员；

十、担任林野事务之县旗公署之雇员。

第四条　依前条之规定行司法警察官、吏职务之人之职务范围，以关于左列之罪者为限。

一、在前条第一款及第六款所列者监狱内之犯罪；

二、在前条第二款至第五款及第七款至第十款所列者关于林野、林野产物或林野之鸟兽保护之罪。

第五条　总吨数二十吨以上而不以橹权为其主要运转方法之船舶之船长，得于其船内行司法警察官之职务。

前项船舶内之司法警察吏之职务，得由甲板部、机关部或事务部之船员中，于其各部职掌在上位者行之。

第六条　高等检察厅长应依主管部大臣之所定,对于行司法警察官、吏职务之人交付证票。

行司法警察官、吏职务之人当行其职务之际,有被疑人或其他关系人之请求时,应示前项之证票。

附则

本令自公布日施行。

附则(康德四年十月二十八日敕令第三○六号)

本令自公布日施行。

关于应交付执行司法警察官吏职务之人之证票之件

(康德四年七月十五日司法部令第一三号)

兹制定《关于应交付执行司法警察官吏职务之人之证票之件》如左。

第一条　应交付执行司法警察官吏职务之人之证票,依另记格式。

第二条　前条证票对于依康德四年敕令第二百十四号第一条及第三条之规定被指命之人,应由指命或协议之高等检察厅长交付之;对于同第二条及第五条所规定之人,依其请求,应由所辖高等检察厅长交付之。

第三条　受证票交付之人退官转职及其他身分发生变更时,应速返还该证票。

第四条　高等检察厅应备置证票交付簿,并记载证票之号数、交付之年月日、受交付之人之身分及姓名、证票返还之年月日及其事由。

附则

本令自公布日施行。

警察指纹事务处理规程

(康德六年十二月十七日治安部训令第一四号、司法部训令第八二号)

令省长、警察厅长、海上警察队长、营林警察队长、国境警察队长、中央警察学校长、最高检察厅长、高等检察厅长、地方检察厅长、区检察厅长、兴安各省公署检察长、监狱长

伴于指纹管理局并指纹管理室设置,将《指纹事务处理规定〔程〕》

就如左之改正速向所属各机关转令,对此于运用上,期其万无遗憾。

第一条　警察指纹事务,须依本规程处理之。

第二条　本规程所称之警察指纹事务,系指警察上必要之指纹原纸之作成、分类、排列,前科之对照、现场指纹之采取、显出对照,姓名、小票、处分结果通知书之作成整理及其他关于指纹技术一切事务而言。

第三条　警察官署对合于左列各款之一者,须作成别表第一号样式之指纹原纸。

一、有犯罪之嫌疑者;

二、依《行政执行法》受检束者;

三、其他认为特别必要者。

第四条　依前条之规定有采取指纹之必要者,因疾病及其他障碍不能采取指纹时,除于指纹原纸上记载所要事项外,并应将其事由于备考栏内朱书之。

第五条　检察厅对于尚未作成指纹原纸之被疑者提起公诉及认有其他必要时,须即通知管辖被告人或被疑者现在地之警察官署,使即刻作成指纹原纸。

第六条　指纹原纸须依另定之指纹原纸作成须知,每一人作成二份。

第七条　警察官署将已作成指纹原纸之事件向检察厅或相当官署送案时,须于事件送案书之初页左肩栏外加盖"指纹采取讫○○警察官署"之印,并须添付别表第二号样式之处分结果通知书二份。

依第五条之规定作成指纹原纸时,须向检察厅送呈二份处分结果通知书。

第八条　处分结果通知书须将姓名、年龄、原纸作成官署及作成年月日记入,并须将被捺取者之左手食指(左手有障碍则用右手食指)捺取之。

第九条　警察官署须备置指纹原纸作成簿。

于前项之账簿,须记载被捺取者之姓名、出生年月日、罪名及指纹原纸之作成年月日。

第十条　警察官署将指纹原纸作成时,应添具送付表,即刻向该管指纹管理室送付之。

第十一条　依前条之规定接受指纹原纸之指纹管理室，须依另定之指纹分类法分类之，将其一份保管于该管理室，其他一份须每一旬汇总，依别表第三号样式之指纹原纸送付表所记载之顺序整理，向指纹管理局送呈之。

第十二条　指纹原纸须依左手为基准，排列保管之。

第十三条　检察厅对已作成指纹原纸之被疑者或被告人，如发生左列各款情形之一时，即刻于处分结果通知书上记载该当事项，向指纹管理局及其所在地管辖之指纹管理室送付之。

一、为不起诉处分时；

二、有确定裁判时；

三、其他认为特有必要时。

依前项之规定，于内指纹管理室送付之处分结果通知书，依别表第四号样式将处分结果通知书作成姓名表添付之。接受处分结果通知书之指纹管理室，须将其处分结果向指纹原纸作成官署通知之。

第十四条　执行犹豫之宣告被取消时，须由取消之法院对置之检察厅将其要旨向指纹管理局通知之。

第十五条　监狱对于受刑者如发生左列各款情形之一时，须作成别表第五号样式之异动通知书二份，向指纹管理局送付之。

一、因恩赦或刑之更定等刑期发生变更时；

二、因假释放或刑之执行停止于期满前出狱时；

三、因假释放或刑之执行停止之取消而复监时；

四、变更姓名时；

五、受移监时；

六、死亡时；

七、其他特认有必要时。

劳役场留置中者死亡时，亦同前项。

第十六条　警察官署对已作成指纹原纸者认知有死亡之事实时，须作成别表第六号样式之死亡通知书，向指纹管理局及管辖指纹管理室送呈之。

第十七条　于检察厅、监狱或警察官署发见前科时，须依别表第七号样式作成前科发见通知书二份，向指纹管理局送呈之。

第十八条　指纹管理局或指纹管理室发见前科时，须依第七号样式,即刻向保管该当者之指纹原纸之指纹管理室或指纹管理局通知之。

第十九条 依第十三条至前条之规定接受通知之官署,应即时将指纹原纸加以整理。在指纹管理局时,须将异动通知书、前科发见通知书及其他之必要事项,向保管该当者之指纹原纸之指纹管理室通知之。

第二十条 指纹管理局或指纹管理室对于受科刑之裁判者认知有左列事实时,须向执行最终确定判决之法院对置之检察厅通知之。

一、发见罚金以上之新前科时;

二、于监狱外死亡时。

第二十一条 警察官署检举犯罪嫌疑者时及其他认为有必要时,须作成别表第八号样式之照会原纸,向指纹管理局及管辖指纹管理室照会之。依第五条之规定指纹原纸作成时亦同。

于前项之场合不能采取指纹时,须于照会用纸将所要事项记载之,且于备考栏内将身体及其他之特征准照指纹原纸作成须知详记之。

第二十二条 警察官署关于犯罪嫌疑者接到依前条规定之回答时,须将此添附事件记录。如在送案后时,须即向检察厅追送之。

第二十三条 有现场指纹鉴定照会之必要时,须将记载其事由及可供参考之事项,向指纹管理局及管辖指纹管理室照会之。

第二十四条 合于左列各款情形之一者,其指纹原纸废弃之。

一、年龄已达八十岁者;

二、已死亡者;

三、因其他之事由已无保管之必要者。

第二十五条 指纹管理室关于指纹事务,须依别表第九号样式作成指纹事务处理月表及年表。月表于翌月十日以前,年表于翌年一月二十日以前,向指纹管理局呈报之。

第二十六条 省长及警察总监除本规程所定者之外,得另定内规。

第二十七条 本规程于依法令管掌检察事务之检察厅以外之司法机关准用之。

附则

本规程自公布日起施行。

(康德四年十一月三十日,司法部训令刑字第八五二号、治安部训令警第三三号）关于《指纹事务处理规程》及《指纹原纸取扱规程》并《指纹分类方式之件》废止之。

指纹原纸作成须知

（康德六年三月十七日治安部训令警第一五号）

令省长、警察总监、海上警察队长、森林警察队长、国境警察队长、中央警察学校长

伴于指纹管理局并指纹管理室设置，将指纹原纸处理须就如左之改正速向所属各机关转令，对此于运用上，期万无遗憾。

第一条　指纹原纸乃以供诸般重要之基础资料者也，故宜使捺押鲜明，以楷书明确记载之，并须迅速慎重处理之。

第二条　捺押指纹时，须依左列顺序。

一、捺押时从原纸表面由左手回转印象起，经右手回转印象、左手平面印象、右手平面印象后，终于背面左手食指回转印象者也；

二、回转印象乃由食指起，经中指、环指、小指终于拇指者也。

第三条　当捺押指纹时，须特别留意左记事项，以期捺押之鲜明。

一、捺押前以温水使被捺押者将其指头洗涤后十分拂擦之；

二、回转印象时，将指头关节之屈节部放于原纸上有（折）之记号之黑线正上，将指甲之一侧置于与原纸略垂直后，向反对侧回转之，与原纸略垂直为止；

三、如有印象不鲜明或回转不十分时，再于上部余白处捺押之；

四、平面印象者，除拇指外，以自然体同时捺押之。

第四条　指纹之捺押终了时，即使被捺押者于背面署名栏内自署之。

本人自署不能时，不得代署于名栏内，将其事由简明记载之。例如"因右手负伤不能自署"等。

第五条　有不能捺押或捺押不鲜明之指纹时，于表面备考栏内，将其事由记载之。

第六条　原纸各栏，依左例记载之。

一、原纸表面

1. 姓名栏内记其本名；

2. 别名、绰名栏内将次章、通称、绰名及其他本名以外表示本人之一切称呼记入之;

3. 国籍、人种栏内将本人及人种别记载之。例如"满洲国籍汉人、日本国籍内地人"等;

4. 性别栏内依性别,将不要之文字以"×"印抹消之;

5. 分类番号栏内无须记入;

6. 本籍、出生地、住所各栏须详记之,以期记载之正确;

7. 同居家族交友栏内将同居家族或交友之姓名、年龄、职业及住所记入,并将同居家族或交友与本人之关系记入之;

8. 身体特征栏内将身长、体格、容貌记于所定栏内,并将盲、聋、刺墨火伤痕、痣及其他于身体各部一见明了之特征记入之;

9. 精神特征栏内将白痴、残忍性格、瘠哑、聋、吃音等署名之精神上之特征记入之;

10. 教育栏内将其既往之学历或现在学力程度简明记入之;

11. 养育栏内将本人之生育状态记入之。例如"依父母养育成人"等;

12. 宗教栏内将本人所信奉之宗教种类及其宗派记入之;

13. 资产栏内将本人之资产及收入记入之;

14. 嗜好栏内将本人日常最嗜好者记入之。

二、原纸背面

原纸作成官署,除于警察官署处分栏外,不准记入。

1. 前科栏。

(一)前科栏内单将于监狱执行过之前科记入之;

(二)前科记入时依其执行之次序,由远而近,如无余白时添附别纸记入之;

(三)前科中有受接续刑之执行时,于右眉栏外附以(1)(2)之记号,于出狱事由及年月日栏之左旁"接续执行"以朱记之;

(四)判决姓名、罪名及刑名、刑期栏内均依判决之姓名、罪名、刑名及刑期记入之。

未决日数算入时,于所定栏内朱记之。

(五)判决年月日、判决法院栏内将确定判决之年月日及确定判决宣告之法院名记入之;

（六）执行监狱栏内将执行过刑之监狱名记入之，同一刑于数个监狱执行时，将最后执行之监狱名记入之；

（七）其他前科栏内依重复发见等转记之场合，将必要之最近前科于本栏内记入后，将其剩余之前科简明记入之。

2. 厅法院处分栏内，将于厅法院处分而未于监狱执行者记入之。

3. 警察官署栏内，不问其处分之最终与否，将凡于警察官署所行之处分记入之。

4. 登录年月日乃至入国年月日栏内，将重复之劳动者登录指纹原纸之记载事项，均于所定栏内转记之。

5. 再发给年月日及事故栏内，将劳动票再登录之事由及年月日记入之。

6. 异动栏内，将劳动者异动通知书记载之事项，于所定栏内一一转记之。

刑事照片事务处理规程

（康德四年六月十八日民政部训令第一○九号、
蒙政部训令民警第三八一号）

令各省长、哈尔滨警察厅长、警察总监、营口海边警察队长

为令遵事，兹制定《刑事照片事务处理规程》随令附发。仰该省长、总监、厅长、队长转饬所属，一体遵照为要。指令。

第一条　本规程所称照片事务者，系指刑事照片之摄影及关于其一切之事务而言。

第二条　照片事务于民政部警务司（以下简称警务司）统辖之。

第三条　各省公署警务厅长（民政厅长）、警察总监、哈尔滨警察厅长应管理其管内之照片事务。

第四条　警察官署如遇适于左列各项情形之一时须摄影。

一、刑事被告人；

二、犯罪被疑者；

三、其他认为警察上有必要者。

第五条　关于犯罪有现场摄影之必要时，须速为其原状之摄影。

第六条　变死者有基于犯罪之疑者，或有身份不明者情形时，须为

必要之摄影。

第七条　刑事警察上认为有必要时,须为左列之摄影。

一、指纹摄影;

二、依显微镜之放大摄影;

三、依光线分解伪造文书、货纸币及其他之鉴别摄影;

四、依快照像机之临机摄影;

五、其他警察参考品之摄影。

第八条　关于警察官署相互间照片事务之照会事项,须速处理之。

第九条　第四条之照片摄影,每一人须照四寸正面及侧面之全身三分之一照片,并须将摄影号数同年月日同官署名记载一并摄影。

第十条　依前条之照片须贴附别纸第一号式样之"卡片",并须将所定事项记载之。

前项之"卡片"须作制二枚,以一枚呈报所管警务厅、首都、哈尔滨警察厅。

第十一条　依第五条、第六条规程之照片摄影,须于事件管理官署为之。

第十二条　依第九条所摄影之照片,须依别纸式样第二号被疑者照片摄影栏记载整理之。

第十三条　警察官署保管之原板及依第九条规程之"卡片",如因本人死亡及其他之理由无保存之必要时,应废弃之。

第十四条　各省公署警务厅(民政厅)及首都、哈尔滨警察厅关于其管内之照片事务,须作制别纸式样第三号之照片事务成绩年(月)表。月表于翌月二十日以前,年表于翌年二月末日以前呈报警务司。

第十五条　各省公署警务厅长(民政厅长)、首都警察总监、哈尔滨警察厅长为施行本规程得规定必要之细则。

附则

本规程自康德四年六月二十五日施行。

违警罪处罚令

（康德五年三月三十日治安部令第一七号）

兹制定《违警罪处罚令》如左。

第一条　合于左列各款之一者，处拘留。

一、无一定之住居生业而徘徊于各方者；

二、无故潜伏于人之居住或无看守之邸宅、建造物、船车或房屋内者；

三、无故强请会面或强谈或为威迫之行为者。

第二条　合于左列各款之一者，处拘留或科料。

一、违背官公署之榜示，或依官署之指挥所榜示之禁条，或污损或撤去其设置之榜标者；

二、对于官公署为不实之申述、通译、翻译、投书，或有申述之义务无故拒绝申述者；

三、于水火其他之灾害事变之际，不听官署之制止而进入警戒场所或由其场所不退出，或由该管官吏要求援助无故不应此要求者；

四、诈称官公职、勋位、学位、称号等，或僭用法令所定之服饰、徽章或使用类似此等物件者；

五、为足使人诳惑之流言、浮说或虚报者；

六、妄说吉凶祸福，或妄为行巫、祈祷、符咒等，或妄授与守札类而迷惑人者；

七、对于病者为行巫、祈祷、符咒等或与神符、神水等之行为，以此足妨害医疗者；

八、滥施催眠术者；

九、于剧场其他多众会同场所，为足以妨害会众之行为者；

十、污秽供人饮用之净水，或行妨害其使用或行障碍其用水路者；

十一、贩卖不熟之果实、腐败之肉类其他足害健康之饮食物，或以贩卖之目的而陈列或携行者；

十二、污渍神社、坛庙、寺观、墓所、礼拜所、碑牌、形像其他类此之物者；

十三、对于葬祭、祝仪其他之仪式或行列为恶戏者；

十四、于公众之目足以触见之场所陈列足害公安风俗之物品，或贩卖、颁布或以其目的所持者；

十五、为乞丐或使为之者；

十六、无故干涉人之钱款事项交易争议等，或滥行足使惹起诉讼其他之争议之行为者；

十七、无故对于劳务者或从属者不给付劳金其他之物资，或妨害其自由或行苛酷处遇者；

十八、妨害投标或强请共同投标，或对于中标人强请其事业或利益之分配或金品者；

十九、强请资助、施舍、捐助或物品之购买者；

二十、对于他人之业务为恶戏或妨害者。

第三条　合于左列各款之一者，处三十日以下之拘留或三十圆以下之科料。

一、于杂沓之场所不听官署之制止，为足增混杂之行为者；

二、于人家稠密或多众之集合场所，滥行发射枪炮或玩弄火药其他之剧发物者；

三、于家屋其他建造物之近傍山野或有引火之虞之物件之附近，滥行焚火或投弃有火气之物件，或疏忽处理石灰其他有自然发火之虞之物件者；

四、受官署之指示，对于有崩坏之虞之建造物其他之工作物或有颠倒之虞之物件，不为改造、修理、改砌其他之必要措置者；

五、懈怠系锁有危险之虞之动物，使之逸走者；

六、指唆犬其他之兽类或使之惊逸者；

七、对于他人之身体物件或足以害及人之身体物件之场所抛浇物件或放射者；

八、为足妨害河渠或下水道之疏通之行为者；

九、于道路、堤防、田圃、园圃或社寺、坛庙之境内采折菜果、花卉或树枝者；

十、未经验视而葬埋变死体者；

十一、无官署之许可，解剖人之尸体或行保存者；

十二、使人之尸体混淆如他物而拟装者；

十三、于自己之占有场所内，知有老幼残废或因伤病需要扶助者或人之尸体，而不迅速报告警察官吏者；

关于前项之尸体，不受警察官吏之指挥而变更其原状者；

十四、卖淫或为其媒合，或知其情而供给其场所者；

十五、滥行立堵他人之身边或追随者；

十六、配送未经订阅之新闻纸、杂志其他之出版物，或登载未经订登之广告而请求其价金者；

十七、以收利之目的强行配送物品入场券等者；

十八、以收利之目的强演技艺或强行供给劳力要求其代价者。

第四条 合于左列各款之一者，处科料。

一、无故不应官公署之呼出者；

二、诈称姓名、年龄、身分、职业、本籍或住居而投宿、游兴或乘船搭乘者；

三、懈怠防止足以妨害公众之骚音之义务者；

四、懈怠监视需要监护之精神病人，使之徘徊于屋外者；

五、于公众得以自由交通之场所有危险之虞时，而懈怠为点灯其他预防之装置之义务者；

六、滥行消灭他人之标灯或社寺、道路、公园其他公众用之常灯者；

七、滥行牵引车辆于轨道内或使家畜类侵入者；

八、于有损坏桥梁或堤防之虞之场所，系留舟筏者；

九、无需炮煮、洗涤、剥皮等即可供食用之饮食物，不施以覆盖而以贩卖之目的陈列或携行者；

十、关于自己或他人之业务诈称有官许者；

十一、滥行解放他人所系锁之动物或舟筏者；

十二、滥行放入家畜类或牵入诸车于他人所耕作之地内者。

第五条 合于左列各款之一者，处二十圆以下之科料。

一、夜间十二时后日出前为歌舞、音曲其他涉及喧噪之行为，妨害他人之安眠者；

二、于道路或公共之场所为口角纷争而不听制止者；

三、滥行通行轨道内者；

四、滥行于道路或堤防之树木、电杆、告示板、围栅或桥梁系栓兽类者；

五、于街路或公园为便溺或使为之者；

六、于公众之目足以触见之场所为丑恶之姿态者；

七、于公众之目足以触见之场所虐待牛马其他之动物者；

八、于公众之目足以触见场所屠杀兽类或剥其皮者；

九、滥行投弃禽兽之死尸或污秽物或懈怠取除之义务者；

十、滥行污渍或粘贴于他人之家屋、墙壁等之工作物，或污损或撤去他人之标牌、门牌、牌匾其他之榜标之类者。

第六条　共犯中在附随之地位者及为影响轻微之行为者,得免除其刑。

附则

本令自康德五年四月一日施行。

囚人护送规则

（康德五年一月十三日敕令第二号）

朕经咨询参议府,裁可《囚人护送规则》,著即公布。

第一条　本令称护送,谓将于监狱或警察官署拘禁中之已决、未决之囚人移送于他监狱或警察官署。

第二条　已决囚人之护送,使监狱官吏行之;未决囚人之护送,使司法警察官吏行之。但有特别事由时,得使司法警察官吏行已决囚人之护送,或使监狱官吏行未决囚人之护送。

第三条　监狱官吏所行之护送为直送。

司法警察官吏所行之护送付之警察官署之递传。但因交通机关之关系或其他情事得直送。

第四条　被护送人使其宿于监狱警察官署。但有特别之事由时,得使宿于其他场所。

第五条　护送未决囚人时,得许购求护送中所必要之饮食或其他物品。

第六条　因被护送人有企图逃走、为暴行或被夺取之虞,认为不能全其护送时,护送官吏得向警察官吏或宪兵求其援助。对于逮捕逃走或被夺取之被护送人亦同。

第七条　因被护送人之疾病或其他事故,认为不应继续护送者,应将被护送人送交于就近之监狱或警察官署。

依前项之规定,受送交被护送人之官署于事故终止后,应速行继续护送。

第八条　被护送人于护送中死亡时,应将其尸体送交于就近之监狱或警察官署。

死亡后二十四时间以内无请领尸体者时,得付之土葬或火葬。

第九条　关于护送之费用为国库之负担,应于担任其事务之官署支出之。

第十条　本令对于已受拘禁之执行者及依《监狱法》第二十二条之规定所逮捕囚人之护送,准用之。

第十一条　本令中关于司法警察官吏或警察官署之规定,于依法令执行司法警察官吏之职务者或其所属公务所准用之。

附则

本令自公布日施行。

囚人护送细则

(康德五年一月十三日司法部令第一号)

兹制定《囚人护送细则》如左。

第一条　护送囚人时,发送官署应依另载格式,将护送票及关系书类与被护送人一同交付于护送官吏而送交于应受交付之官署。但护送票得以身分簿代替之。

第二条　护送囚人时,发送官署须预向应受交付之官署通知其姓名、年龄、罪名、刑期、发送并到达预定之日时,及有无逃走或为暴行之虞并其他可为参考之事项。

第三条　因疾病或其他事由不能开始护送时,发送官署应将其旨通知于命令移送之官署。其事由消灭时亦同。

第四条　护送除依火车、轮船或有特别事由者外,不得于日出前或日没后为之。

第五条　护送有火车或轮船之便时应利用之。于其他情形,务须使用车马。

第六条　于护送共犯或其他关系上有通谋之虞者,并少年与成年或男女时,务须努力防止证凭之湮灭及其他情弊。

第七条　护送时务须避免有逃走或被夺取之虞之地点。

第八条　被护送人逃走或被夺取时,护送官吏应速向其所属官署报告之。

因被护送人之疾病、死亡或其他事故而中断护送之时,亦同前项。

第九条　受到前条报告之官署,应速将其旨通知发送官署及应受交付之官署。其发送官署更须报告命为移送之官署。

第十条　护送囚人时，应依左列所定，向受交付之官署送交其金品。

一、金钱应径送之且金额不满五圆者，或即日可能终了护送者，或为属于未决人之金钱，遇有本人之请求时，得托送于护送官吏；

二、物品应托送于护送官吏，但有危险之虞者或不便于携带者，得由发送官署径送之。

第十一条　护送官吏于移交护送时，应向受移交者移交前条之金品。

第十二条　护送官署于送交金品时，应以文书明确其授受。

第十三条　托送中之金品属于护送官署之保管，径送中之金品属于发送官署之保管。

第十四条　于被护送人逃走或被夺取时，致无逮捕或夺还之望者，应将护送票及其他关系书类并属于被护送人之金品送还于发送官署。

第十五条　依《囚人护送规则》第七条或第八条之规定而交付被护送人或其尸体于监狱或警察官署时，应将前条之书类及金品一同交付之。

被护送人于监狱或警察官署死亡时，应将前项书类及金品送还于发送官署。其与被护送人之尸体同时受到之书类及金品亦同。

第十六条　使被护送人于监狱或警察官署以外之场所宿泊或饮食时，其宿泊费用每夜不得逾五角，饮食费用每次不得逾两角。

第十七条　护送中被护送人购求之饮食物或其他物品之代价，应由于护送官吏保管之金钱开销而向本人征其认证书。

第十八条　因上诉、提审、复审或其他原由移送未决囚人时，其受到囚人移送之监狱应速将其旨向上诉法院及其他通知之。

　　　　　附则

本令自《囚人护送规则》施行之日施行。

囚人护送须知

（康德五年三月十日治安部训令第一八号）

　　　　令各省长、警察总监、海上警察队长

为令遵事，关于《囚人护送须知》制定如另纸，仰即转饬所属机关一体遵照办理，以期职务之遂行上勿稍遗憾为要。此令。

第一条　警察官吏所为之护送，除依《囚人护送规则》及《囚人护送细则》外，须依本须知。

第二条　首都警察厅、海上警察队、各省间相互为护送时，须依左列之例。

一、在有火车、轮船之便利地方护送，担任官署为首都警察厅、海上警察队、各省公署所在地上级警察官署，须依护送担任官署之递传而护送之。

二、在其他地方须依警察官署之递传而护送之。

急于护送或依前项认为有颇著之不便时得直送之。

第三条　各省内之护送，在有火车、轮船之便利地方务须直送，在其他地方则付与警察官署之递传而护送之。

第四条　于递传护送时，发送官署须先对于护送移交之官署通知被护送者之姓名、年龄、罪名、应行移交之日时及地址。

于护送移交时，须将护送票及关系书类交付于应受移交之官吏，且须告知被护送者有无为逃走或暴行之虞及其他可为参考之事项。

第五条　为护送之警察官署，须备置另纸样式之护送簿，记载关于护送之必要事项。

第六条　当为护送时，护送主任官吏对于护送官吏，须训示护送上必要之注意及须知。

第七条　护送官吏须始终紧张严正，忠实执行其职务，当对被护送者加以周到之注意与绵密之观察。其处理应戒涉于苛酷，然亦不可过宽，更不得有或因自己之不注意而发生如逃走及其他之事故。

当护送时，应注意之事项概列如左。

一、护送前须留意检查被护送者之身体、衣服有无隐匿危险可虞之物件；

二、护送在通过市街地时须避免众人杂沓之地，在溪谷山间时须选大路，其小路或有易于逃走之虞之地方不可通行；

三、通过街角、桥梁、渡船场、河川、溪谷等地时，须留意其暴行或逃走；

四、对被护送者须施以手铐或捕绳必要之戒具；

五、护送官吏须于被护送者之左侧后方适宜之间隔保持其位置，且捕绳之末端不可离手；

六、护送官吏对所携带之武器特须留意，如携带手枪时，其子弹须抽出另外收藏，其佩刀须有不得一拔即出之装置，为防止其被护送者之夺取起见，须讲求必要之措置；

七、戒具须随时检点，有无异状；

八、护送途中拟休息或登厕时，须为防止暴行、逃走必要之措置；

九、护送老人、妇女或身体虚弱者时，其处理上更须留意；

十、不可允许吸烟或滥行休息，及与他人谈话或受其物品之赠与；

十一、依车船而为护送，如有警乘员之乘车或乘船时，须与其保持紧密之连络；

十二、与被护送者同车时，护送官吏须于左侧乘车；

十三、拟乘火车时，须将其事由告知铁道系员，于公众乘车以前乘车，务须选择乘客稀少之处所；

十四、拟乘船时，须将其事由告知船长，务须避免乘客杂沓之处所；

十五、乘降火车、轮船及其他车马之际，特须注意于车船内务须将被护送者位置于中央部，不可使其接近门窗或滥行行动；

十六、关于被护送者之书类物件等须善为处理，不可毁损、散逸，且证据物件等应保存原体者，更当多加注意。

第八条　护送多数囚人及重大犯人时，特于护送途中须讲求防止暴行、逃走、夺还或通谋之必要手段。

第九条　当护送时，须留意被护送者之健康状态。其病者、妊妇或分娩后未经过三十日者，务使医师诊断。其认为不堪护送者，不得为护送。

依前项中止护送时，须将其意旨通知关系官署。

被护送者于护送途中发病时，须即为应急措置，与就近之警察官署（含分驻所、派出所）连络，求其援助，请求医疗之方法。

无警察官署时，得求一般就近公所之援助。

第十条　护送途中被护送者请求购求物品时，护送官吏除必要不得已情形外，须拒绝之。

第十一条　当护送时，对被护送者一人以护送官吏一人为比例。但重大犯人和特有逃走、暴行之虞时，得为二人以上。

第十二条　在同时护送多数囚人时,对被护送者二人以上以护送官吏一人为比例。但前条但书之情形不在此限。

第十三条　使被护送者宿泊于警察官署时,其食费须依留置人之例。

第十四条　各省长、警察总监、海上警察队长于其管辖内,关于护送得定必要之内规。

附则

本须知自公布之日施行。(样式省略)

治安警察法

治安警察法

(大同元年九月十二日教令第八六号)

修正 大同二年十一月教令第八七号,康德元年三月敕令第十一号

兹经咨询参议府,制定《治安警察法》,著即公布此令。

(国务总理副署)

第一条　关于政治之结社,须由主干人出名,按照左列事项,经由事务所所在地之该管警察官署呈请民政部大臣之许可。其许可事项有变更时亦同。

一、名称;

二、目的;

三、规约;

四、事务所之所在地;

五、主干人之住所、姓名、年龄、职业及经历;

六、社员之住所、姓名及年龄。

第二条　民政部大臣因维持安宁秩序认为有必要时,得命前条之结社将该社员除名或解散之。

第三条　关于公共事务之结社,须于组织结社日起十四日以内由主干人出名,按照左列事项,经由事务所所在地之该管警察官署呈报民政部大臣。呈报之事项有变更时亦同。

一、名称;

二、目的；

三、规约；

四、事务所之所在地；

五、主干人之住所、姓名、年龄、职业及经历；

六、社员之住所、姓名及年龄。

第四条　民政部大臣对关于公共事务之结社，因维持公共安宁秩序认为有必要时，得依照第一条之规定命其应经许可。

依照前项之规定，已奉命令应经许可之结社，准用本法中关于政治结社之规定。

第五条　秘密结社严加禁止。

第六条　关于政治之公众集会，须于开会十二时间以前由发起人出名，按照左列事项呈报该管警察官署。

一、目的；

二、场所；

三、日时。

自呈报之时刻起，经过三时间而不开会或三时间以上中断者，其呈报即为无效。

第七条　关于公共事务之公众集会，虽与政治无涉，民政部大臣因维持安宁秩序认为有必要时，得以命令令其遵照前条规定办理。

第八条　以依法令组织之议会议员为限之集会为预备议事者，不适用前二条之规定。

第九条　屋外集合或公众运动，须于集合前十二时间以前，由发起人出名，按照左列事项呈报该管警察官署。但婚丧庆祭、学生生徒之体操运动及其他惯例所许者，不在此限。

一、目的；

二、场所或须经过之路线；

三、日时。

第十条　警察官因维持安宁秩序和善良风俗认为有必要时，得制限、禁止或解散屋外集合公众运动或众人之群集，并得解散集会。

第十一条　警察官认为集会或屋外集合之讲演论议，有紊乱安宁秩序或妨害善良风俗之虞者，得命其中止。

第十二条　关于结社、集会、屋外集合或多众运动，警察官有所询问时,应由主干人、发起人或警察官所认之主要社员、主要集会人或主要集合人据实答复。

关于政治集会、屋外集合和多众运动,警察官署得派遣警察官监临。虽与政治无涉,警察官署认为有紊乱安宁秩序之虞时亦同。

前项情形,警察官得向发起人或警察官所认之主要集合人或主要集合人请求设指定之监临席。

第十三条　集会、屋外集合或多众运动时,不得携带军器、爆裂物及其他凶器,并一切物件有军器、爆裂物或凶器之装置设备者。但依法令得携带军器者不在此限。

第十四条　警察官署因维持安宁秩序认为有必要时,得禁止携带军器、爆裂物及其他凶器,并一切物件有军器、爆裂物及凶器之装置设备者。

第十五条　警察官对于通衢大道及其他公众聚集来往场所粘贴文书、图画或散布朗读,又或言语形容并一切作为,认为有紊乱安宁秩序和妨害善良风俗之虞者,得禁止并扣留其印写物件。

第十六条　违反第一条或以虚伪呈请而得第一条之许可及不遵第二条之命者,处百圆以上五百圆以下之罚金。

第十七条　违反第三条者处四十圆以上二百圆以下之罚金,呈报不实者处二十圆以上百圆以下之罚金。

第十八条　违反第五条组织或加入秘密结社者,处三年以下有期徒刑或二百圆以上千圆以下之罚金。

第十九条　违反第六条和第九条者及不遵第十条限制禁止或解散之命者,处四十圆以上二百圆以下之罚金。

呈报第六条和第九条不实者,处二十圆以上百圆以下之罚金。

第二十条　不遵第十一条中止之命者,处十圆以上五十圆以下之罚金。

第二十一条　不答复第十二条第一项之询问或不据实答复,及拒绝第二项之监临或不提供第三项之监临席者,处三十圆以上百五十圆以下之罚金。

第二十二条　违反第十三条或不遵第十四条禁止之命者,处二十圆以上百圆以下之罚金。

第二十三条　不遵第十五条禁止或扣留之命者,处十圆以上五十圆以下之罚金。

第二十四条　本法自公布之日施行。

行政执行法

（康德四年十月二十一日敕令第二九六号）

朕依《组织法》第三十六条,经咨询参议府,裁可《行政执行法》,著即公布。

（国务总理、各部大臣副署）

第一条　该管行政官署为强制依法令或根据法令所为处分所命之行为或不行为,得为左列处分。

一、自为义务人应为之行为或使第三人为之而向义务人征收其费用;

二、应强制他人不能代为之行为或不行为时,依敕令之所定,处三十圆以下之过料;

前项之处分非预先戒告,义务人不得为之。但有急迫之情事时,为第一款之处分不在此限。

行政官署非认为不能依第一项之处分强制行为或不行为时,或有急迫之情事时,不得为直接强制。

第二条　该管行政官署有左列各款情形之一时,得为检束。

一、对于泥醉人、精神病人、企图自杀人其他之人认为非为检束不能保护本人或他人之生命、身体时;

二、对于有为暴行、斗争、煽动、骚扰其他之行为之虞者,认为非为检束不能保护他人之生命、身体其他维持公安时。

检束不得超过五日。

第三条　该管行政官署对于有左列各款情形之一者,诊断其健康或使其受指定医师之健康诊断。

一、从事于卫生上必须取缔之业而以命令所定者;

二、卖淫犯人或其前科人而有卖淫之常习者。

对于依前项规定之健康诊断认为罹有传染性疾患者,有必要时得使其入诊疗所或受指定医师之治疗,或得于治愈以前限制居住、外出之自由或禁止从业。

关于依前二项规定之健康诊断及治疗所需施设并费用之事项,由主管部大臣定之。

第四条　从事于风俗上必须取缔之业者之居住其他之自由之限制,以命令定之。

第五条　该管行政官署为执行职务认为有必要时,得进入家宅或为寻问。

于日出前、日没后非有左列各款情形之一时,不得进入家宅。但在旅店、饭店其他虽夜间而公众出入之场所,于其公开时间内不在此限。

一、认为对于生命、身体或财产有危害切迫时;

二、为防遏犯罪其他维持公安认为紧急不得已时。

第六条　该管行政官署对于为预防危害或卫生必须取缔之土地或物件,认为因违背法令之规定而有发生危害或波及害毒之虞时,得处分之或限制其使用。

第七条　该管行政官署有左列各款情形之一时,为预防危害或卫生,得使用或处分土地、物件或限制其使用。

一、有天灾事变时;

二、认为对于生命、身体或财产有危害或害毒切迫时。

对于交通其他公共生活发生重大障害或有发生之虞,而为除去或预防其障害认为有必要时,亦与前项同。

第八条　该管行政官署对于武器、凶器其他之物件,依所持人其他之状况认为有危险之虞时,得为其物件之假领置。

假领置不得超过三十日。

对于为假领置之物件,自假领置期间满了之翌日起一年以内无交付之请求时,其所有权归属国库。

第九条　该管行政官署得对于为预防危害或卫生认为有必要之物件,为试验或使为之。

第十条　关于依第一条规定之费用及过料之征收,除以敕令规定外,准用《国税征收法》之规定。

前项之征收金在国税之次有优先权。

附则

本法自康德四年十一月一日施行。

《行政执行法》施行令

（康德四年十月二十一日敕令第二九七号）
修正　康德四年十二月敕令第四八〇号

朕经咨询参议府，裁可《〈行政执行法〉施行令》，著即公布。

（国务总理、各部大臣副署）

第一条　依《行政执行法》第一条规定之过料，从为其处分之行政官署之区分不得超过左列金额。

一、国务总理大臣及各部大臣　三十圆；

二、省长、特别市长及警察总监　二十圆；

三、县长、旗长、市长及警察厅长　十圆；

四、其他之行政官署　五圆。

第二条　依《行政执行法》第一条规定之戒告，应作制明示。可根据义务人违背之条项，并如于指定期间内未履行义务时，根据《行政执行法》第一条而由行政官署亲自或使第三人为义务人应为之行为，向义务人征收其费用或处过料之戒告书，将其正本交付义务人为之。

第三条　依《行政执行法》第一条规定之费用之征收，应决定现实所需之费用及其缴纳期日，作制明示。根据《行政执行法》第一条征收其费用之决定书，将其正本交付义务人为之。

第四条　依《行政执行法》第一条规定之过料之处分，应决定其金额及缴纳期日，作制明示。根据《行政执行法》第一条处过料之决定书，将其正本交付义务人为之。

第五条　过料之决定书交付后，于未缴纳过料以前，义务人自为其义务之履行时，得依情状取消过料之决定。

第六条　戒告书或决定书之交付，除该管官吏自为之外，得依差役或邮便。

戒告书或决定书不能交付本人或其代理人时，得交付其人之家属、事务员、雇人或同居人而足以辨识事理者，本人、代理人或前项所列者无正当之事由拒绝戒告书或决定书之受领时，得放置于其人之住居。

因住居不明其他之事由，不能交付戒告书或决定书时，得公示五日间，以代其交付。

第七条 依《行政执行法》第一条规定之费用,应从事务费之所属,由国库或地方费内支出之;其征收金及过料,应从事务费之所属,收入于国库或地方费内。

缴纳前项之征收金或过料时,应对本人交付领收证。

第八条 依《行政执行法》第二条之规定为检束时,应于警察厅、警察署或适当之场所附看守人留置之。

已为检束时,应速讲究适当之处置。其事由消灭时立即释放之。

第九条 为依《行政执行法》第八条规定之假领置时,应先定期间,且将记载必要事项之假领置证交付本人。

第十条 《行政执行法》第二条及第八条之规定所称该管行政官署者,系指警察总监、警察厅长、县长、旗长、海上警察队长、警察署长及铁道警护队长而言。

《行政执行法》第三条之规定所称该管行政官署者,系指除铁道警护队长外之前项官署长而言。(康四·第四八○号本条修正)

第十一条 该管官吏当执行依《行政执行法》规定之权能,虽着用制服时亦应携带证明其身分之证书,如有请求时即提示之。

附则

本令自《行政执行法》施行日施行。

附则(康德四年十二月二十七日敕令第四八○号)

本令自康德五年一月一日施行。

《行政执行法》施行手续

(康德四年十一月十日治安部训令警第一七号)

令各省长、警察总监

为令遵事,兹经本部制定《〈行政执行法〉施行手续》如另纸,仰该省长、总监,即便转饬所属,遵照办理。为要此令。

第一条 依《行政执行法》第二条之规定为检束时,须于另纸第一号样式之检束人名簿内记载必要事项,所持品不可使其纷乱,应讲求适当之处理。

第二条 依《行政执行法》第八条之规定为假领置时,须于另纸第二号样式甲号之假领置簿内记载必要事项,发给乙号之假领置证。假领置之物件须附以与假领置簿同一号码之坚质牌，藏置于一定之场所。

第三条　假领置之物件，其所有权归属国库者，警察署长每年须为一回以上依另纸第三号样式之调书，报请县长，得其认可后卖却或烧弃之。

第四条　卖却前条之物件时，须依另纸第四号样式报告县长。

第五条　卖却之价金，依《暂行岁入金管理规则》按杂收入呈缴之。

第六条　依《行政执行法》第九条以物件供试验用时，须于另纸第五号样式之账簿内记载必要之事项。

第七条　本令称警察署长者，适用于未设置警察署之警察厅长或旗长及海上警察队长；称县长者，适用于警察总监、警察厅长及旗长。（格式省略）

募捐取缔规则

（康德四年一月二十九日民政部令第八号、蒙政部令第五号）

兹制定《募捐取缔规则》如左。

第一条　凡按各户欲为募集捐助金品时，须开具左列事项，呈请该管县旗长。募集价额如在一千圆以上或募集区域跨二县以上时，须呈请该管省长；募集区域跨二省以上时，须呈请主募集事务所所在地之管辖省长之许可。拟变更第三款乃至第九款事项时亦同。

一、募集者籍贯、住所、职业、姓名、生年月日及略历（如系法人、公会其他团体时其名称、事务所所在地、代表者之住所、姓名及章程或规约）；

二、募集事务所所在地；

三、募集之目的及事业之计画；

四、募集金额（如系物品时其种类、数量及估计价额）；

五、募集之区域；

六、募集之期间；

七、募集之方法；

八、募集金品之保管及处分之方法；

九、募集费用及其支出方法。

第二条　请得前条之许可者，拟使他人从事募捐时，须开具左列事项,呈请许可官署许可。

一、从事募集者之籍贯、住所、职业、姓名、生年月日及略历;

二、从事募集之地域及期间;

三、报酬并其支出方法;

四、从事募集者之承诺书。

第三条　有左列各款情形之一时,不为第一条或第二条之许可。

一、犯侵占、诈欺、背任、恐吓罪而被处罚者时;

二、募集之目的非公益上之必要时;

三、募集之金额、区域及期间不适当时;

四、募集金品之保管及支出方法不适当时;

五、报酬其他募集费用不正时;

六、其他认为不适当时。

第四条　于第一条时募集区域跨二省以上时,主募集事务所所在地之管辖省长须与关系省长协议。

为第一条之许可时,发给别记第一号样式之募捐许可证。

为第二条之许可时,发给第二号样式之募捐从事者证。

第五条　募集者须于募集事务所备置别记第三号乃至第五号样式之账簿,记载所定事项。

前项之账簿使用前,须受募集事务所所在地之该管警察署之检印。

第六条　募集者及从事募集者欲着手募集时,在着手前须将其情由呈报于募集地之该管县旗长。

第七条　募集者或募集从事者须遵守左记事项。

一、不准违反许可之区域、期间、方法;

二、关于募集之目的,不准作虚伪或夸大之广告或说明;

三、不准为强请或执拗之行为;

四、从事募集中,应携带募捐许可证或募捐从事者证,应募者有索阅时须提示之;

五、募捐许可证或募捐从事者证不准借与他人;

六、从事募集中,应携带捐助人名簿,受金品之捐助时记载其必要事项,并须发给募集者或募集从事者记名盖章之领收证;

七、捐助金品之保管及其收支应使其明确;

八、捐助金品不准违反募集之目的而使用或处分之。

第八条　募集者及募集从事者不得拒绝警察官吏之关于募捐之讯问及账簿、书类、募捐许可证、募捐从事者证之检查。

第九条　募集者有左列各款情形之一时，五日以内须将其情由呈报于许可官署。在第二款之募集者时，由其家族在募集从事者；及第三款之时，由募集者须附以募捐许可证或募捐从事者证办理其手续。

一、第一条第一款及第二款或第二条记载事项有变更时；

二、募集者或募集从事者死亡或行踪不明时；

三、解任募集从事者时；

四、遗失或毁损募捐许可证或募捐从事者证时；

五、关于募集之账簿、书类遗失时。

第十条　募集者有左列各款情形之一，应作制关于募集之收支明细书，于五日以内呈报许可官署。但在第一款、第三款及第四款时，须附呈募捐许可证及募捐从事者证。

一、募捐之期间满了时；

二、募捐之目的之事业完成时；

三、废止募捐时；

四、募捐许可被取消时。

前项第三款及第四款时，对于已经募集之金品之返还，须受许可官署之指示。

第十一条　募集者有前条第一项第二款乃至第四款之情形时，应速将收支明细书及募捐概要或事业经过概要，对捐助者公布或通知之。

第十二条　关于募集之账簿、书类自适合第十条第一项第二款乃至第四款之日起算，应于募集者保管三年。

第十三条　许可官署对于有左列各款情形之一时，得取消其第一条或第二条之许可或命令其他取缔上必要之事项。

一、有第三条各款情形之一时；

二、募集之目的之事业无完成之希望时；

三、违反本规则或基于本规则之命令或处分时；

四、其他妨害公安或有害公安之虞时。

第十四条　不受许可而为募捐者，处以拘役或百圆以下之罚金。

第十五条　有左列各款情形之一者，处以拘役或五十圆以下之罚金。

一、违反本规则或基于本规则之命令或处分者；

二、于本规则所规定之账簿、书类为虚伪之记载或为虚伪之呈报者。

第十六条　募集者对于从事募集者关于其募捐之行为，虽非出于自己之指挥，亦应任其责。

第十七条　法人、公会或其他之团体为募集者时，适用于募集者之罚则，对于其代表者适用之。

附则

第十八条　本规则自公布日施行。

第十九条　本规则施行前，已受许可从事募捐者，视为依本规则而请得许可者。

第二十条　依本规则应提出之呈请呈报书类，须经由募集事务所所在地之该管警察署。

第二十一条　本规则所称省长者，在首都警察厅管内为警察总监，在哈尔滨警察厅管内为哈尔滨警察厅长；所称县旗长者，在首都警察厅管内为警察总监，在哈尔滨警察厅管内为哈尔滨警察厅长，在其他各警察厅管内为各警察厅长。

暂行户口报告规则

（康德四年十二月二十八日治安部令第六〇号）

修正　康德五年十二月部令第六〇号

兹将《暂行户口报告规则》制定如左。

第一条　依本规则之报告，须由户主或世带主或其代理者，以书面报告于居住地该管警察官署长。但有特别之事由时得以口头报告。

如无报告义务者时或报告义务者有难为报告事由时，前项之报告须由该管牌长为之。

第二条　于本国内以居住为目的而构成户或世带时（船舶居住者以船舶滞留场所视为居住），须依别纸式样将左之事项，于十四日以内报告之。

一、户主或世带主之现住所、籍贯、职业、血族关系、姓名、次章、生年月日、出生地、前住地、现住所来住之年月日及兵役关系之有无；

二、家族之职业、与户主或世带主之关系、血族关系、姓名、次章、生年月日及兵役关系之有无；

三、同居者之籍贯、职业、血族关系、姓名、次章、生年月日、出生地、前住地、现住所来住之年月日及兵役关系之有无；

四、佣人之籍贯、职业、血族关系、姓名、次章、生年月日、出生地、前住所、现住所来住之年月日及兵役关系之有无。

前项之报告事项有异动时，须将左之事项于十四日以内报告之。

一、异动年月日；

二、异动事项；

三、异动事由。

第三条　居住欲行迁移时，须将左之事项于迁移前报告之。

一、迁移年月日；

二、迁住地；

三、迁移者之姓名；

四、迁移事由。

第四条　遇有行方不明者时，须急速将左之事项报告之。

一、行方不明者之性别、姓名、年龄；

二、行方不明之日时。

前项行方不明者之所在判明时，须急速将其情由报告之。

第五条　牌长对于牌内住民依本规则之报告有懈怠者时，须对于报告义务者加以告诫。

牌长虽行前项之告诫而仍然不报告时，须将其意旨即时报告该管警察官署长。

第六条　报告义务者如有左列各款情形之一时，处十圆以下之科料。

一、无故而不为报告时；

二、为虚伪之报告时。

附则

本规则由康德四年十二月一日施行之。

本规则施行之际，现在居住有第一条之报告义务者，于本规则施行之日起视为户或世带之构成。

附则（康德五年十二月二十三日治安部令第六〇号）

本令自公布日施行。

卫生警察法

行旅死亡者办理规则

（康德三年九月二日民政部令第三三号）

兹制定《行旅死亡者办理规则》如左。

第一条　本规则所称之行旅死亡者，系指于行旅中死亡无承领人者而言。住所、居所或姓名不明而无承领人之死亡者，亦视为行旅死亡者。

第二条　如有行旅死亡者时，其所在地之县市长或市政管理处长应记录其状况、相貌、遗留物件及其他本人认识上必要事项，然后将其尸体假埋葬之。但法令另有规定时，不妨施以火葬。

第三条　行旅死亡者之住所、居所或姓名如不能明悉时，其所在地之县市长或市政管理处长应将其状况、相貌、遗留物件及其他本人认识上必要事项，公示于公署之揭示场，且认有必要时，须于新闻纸上公示之。

第四条　行旅死亡者之住所、居所或姓名如能明悉时，县市长或市政管理处长应将前条所规定之本人认识上必要事项，迅速通知其家长或家属。

第五条　行旅死亡者之办理费用应先以其遗留金钱充之。如不敷时，得使其家长或家属补偿之。

第六条　行旅死亡者之遗留物件，须由县市长或市政管理处长保管之。但认为不适于保管者，得妥为处分而充作办理费用。

第七条　县市长或市政管理处长对于第三条之告示，经过四十日后尚不得行旅死亡者办理费用之补偿时，得将行旅死亡者之遗留物件变卖而充之。如不敷时，即由县市费支出之。

第八条　县市长或市政管理处长由行旅死亡者之家长或家属得到办理费用之补偿时，应向其继承人或认为正当之请求者，将保管之遗留物件发交具领。

附则

本规则自康德三年十月一日施行之。

本规则施行之地区另行规定之。

关于《行旅死亡者办理规则》施行地区

（康德三年九月二日民政部令第三四号）

兹依康德三年民政部令第三十三号决定,《行旅死亡者办理规则》施行地区如左。

新京特别市、哈尔滨特别市、奉天市、齐齐哈尔市、吉林市、营口及安东。

附则

本令自康德三年十月一日施行之。

传染病预防法

（康德四年十二月一日敕令第三六五号）

朕依《组织法》第三十六条,经咨询参议府,裁可《传染病预防法》,著即公布。

（国务总理、民生部大臣副署）

第一条　本法所称传染病,系指左列疾病而言。

一、百斯笃；

二、虎列拉；

三、赤痢；

四、疫痢；

五、肠窒扶斯；

六、把拉窒扶斯；

七、痘疮；

八、发诊窒扶斯；

九、猩红热；

十、民生部大臣认本法所定预防方法之施行为必要而指定之疾病。

就本法之适用百斯笃之疑似症视为百斯笃,虎列拉之疑似症视为虎列拉。

第二条　民生部大臣对于前条第一项第十款之传染病,得以命令适用本法之一部,或限定地域适用本法之全部或一部。

第三条　百斯笃及虎列拉以外之传染病流行或有流行之虞时,省长对其传染病之疑似症,得以命令适用本法之一部,或限定地域适用本法之全部或一部。

第四条　传染病之病原体保有人,就本法之适用视为传染病患者。

就虎列拉以外传染病之病原体保有人有难以适用关于本法传染病患者规定之事项时,民生部大臣得另设规定。

第五条　医师诊疗传染病患者或验案其尸体时,应指示其同居人消毒方法其他之预防方法,并于十二小时以内向患者或尸体所在地警察官署、检疫委员或预防委员呈报之。

传染病患者转归时,医师准于前项之规定,应速呈报其旨。

第六条　传染病或有其疑之患者发生时,或其患者死亡时,在一般民众则由其家长或可代此者;在社寺、庙宇、教会、教育施设、诊疗所、工场、事务所、游乐场、船舶及其他多数人之集合场所,则由其所有人、经营者、管理人或代理人或可代此者,应速求医师诊疗或检案,或向其所在地之警察官署、检疫委员或预防委员呈报之。

第七条　有前条所定义务者,应对于传染病或有其疑之患者发生或其患者死亡之房屋其他之场所,及污染于传染病毒或有污染之疑之房屋其他之场所或物施行消毒方法、清洁方法其他病毒传染之预防方法。

在前项情形,医师或该管官吏或吏员指示其消毒方法、清洁方法其他之预防方法时,义务者应遵从其指示。

第八条　该管官吏或吏员认为有必要时,得将传染病患者收容于传染病院、隔离病舍、隔离所其他适当之地址。

第九条　该管官吏或吏员认为有必要时,得将有传染病感染之疑者在一定之期间隔离于适当之场所。

第十条　该管官吏或吏员认为有必要时,得将与传染病患者发生之房屋其他之场所或污染于传染病毒或有污染之疑之房屋其他之场所之交通在一定之期间遮断。

第十一条　传染病患者不得从事于有传播其病毒之虞之业务。

前项业务之范围,由民生部大臣定之。

第十二条　该管官吏或吏员为预防传染病认为有必要时，得进入房屋其他之场所为检查或寻问关系人。

在前项情形，该管官吏或吏员应依制服、徽章或证票证明其身分。

第十三条　污染于传染病毒或有污染之疑之物，非受该管官吏或吏员之指示，不得使用、授予、移转、遗弃或洗涤之。

第十四条　对于污染于传染病毒之建筑物，认为消毒方法之施行不适当时，省长得经民生部大臣之认可施行特别之处分，且使用其处分所需之土地。

对于因前项之处分或使用受损害建筑物或土地之所有人或其他之权利人，得交付补偿金。

关于补偿金之交付及补偿金额之决定必要之事项，由民生部大臣定之。

第十五条　传染病患者或其尸体，非受该管官吏或吏员之指示，不得移至他处。但在为依第五条规定之呈报前，为传染病预防上紧急之处置移至适当之场所时，不在此限。

第十六条　传染病患者之尸体应遵从该管官吏或吏员之指示火葬之。但受所辖警察官署之许可时不在此限。

传染病患者之尸体非施行该管官吏或吏员所指示之消毒方法后不得成殓。

对于有传染病之疑者尸体之成殓或埋葬，该管官吏或吏员得命为预防上必要之处置。

第十七条　未成年人之保护者应令未成年人受定期种痘。

前项之保护者由民生部大臣定之。

第十八条　省长认为痘疮预防上有必要时，得指定应受种痘者之范围，施行临时种痘。

第十九条　丁前二条之外，关于种痘之施行有必要事项，由民生部大臣定之。

第二十条　关于应依本法规定施行之消毒方法事项，由民生部大臣定之。

第二十一条　传染病预防上认为有必要时，省长得施行左列事项之全部或一部。

一、命省官吏或其他之职员或其他者为检疫委员，使其从事关于检疫其他预防之事务；

　　二、施行健康诊察或尸体检案采取病原检索必要之材料；

　　三、遮断市街村落之全部或一部之交通或隔离人民；

　　四、限制或禁止因祭葬礼、游艺、集会等之人民集合；

　　五、限制或停止估衣、褴褛、旧绵、兽皮其他有传播病毒之虞之物之出入，或为其废弃其他必要之处分或命为之；

　　六、禁止能为传染病毒媒介之饮食物之贩卖或授受，或为其废弃其他必要之处分或命为之；

　　七、对于火车、摩电车、船舶、工场其他多数人集合场所，命其延聘医师及为其他预防上必要之设备；

　　八、命清洁方法、消毒方法之施行或命井户、上水道、下水道、沟渠、渣滓堆积场、厕所之新设、改筑、变更、废止或停止其使用；

　　九、于认为必要之期间限制或停止于一定之场所之渔捞、游泳或水之使用；

　　十、令为鼠族、昆虫等之驱除或其施设。

　　第二十二条　市、县、旗应遵从省长之指示。新京特别市遵从民生部大臣指示为左列事项。

　　一、命职员或其他者为预防委员，使从事关于检疫其他预防事务；

　　二、施行清洁方法或消毒方法；

　　三、施行种痘；

　　四、设置传染病院、隔离病舍、隔离所或消毒所及为其管理；

　　五、于前各款之外，省长（在新京特别市则为民生部大臣）所指定之事项。

　　第二十三条　县、旗长得遵从省长之指示，使街、村或准此之团体施行前条各款之全部或一部。

　　第二十四条　传染病流行或有流行之虞时，省长得使检疫委员就船舶、航空机、火车、摩电车等之运输机关施行检疫。

　　在前项情形，检疫委员不需支付运费。但检疫委员应携带其证票。

　　第二十五条　使施行检疫之船舶、航空机、火车、摩电车等之运输机关或其乘客、乘务员有病毒感染之疑时，省长得命其于必要之期间停留于一定之场所，或使其经营者施行预防上必要之处置。

　　第二十六条　检疫委员得将在前条检疫发见之传染病患者，收容于就近之传染病院、隔离病舍其他适当之场所,使其治疗,或将有病毒感染之疑者收容于就近之隔离所其他适当之场所。

在前项情形,受收容或治疗之要求者,无正当理由不得拒绝之。

第二十七条　前条之规定于船舶、航空机、火车、摩电车等之运输机关之管理人,于其运输机关之乘客或乘务员中发见传染病患者或有病毒感染之疑者时,准用之。

第二十八条　属于政府管理之厅舍、校舍、诊疗所、工场或其他多数人集合之场所发生传染病或有发生之虞时,担任管理其场所之官吏或其他之职员应与省长协议,准于本法之规定施行预防方法。

军事用之厅舍、舰船或其他之场所发生传染病或有发生之虞时,担任管理其场所之官吏或其他之职员,除他法令另有规定者外,应准于本法之规定,且如有必要时,与省长协议施行预防方法。

第二十九条　省长为预防传染病,得令市、县、旗设立卫生组合施行清洁方法、消毒方法,其他关于预防救治事项。

民生部大臣得令新京特别市施行前项之事项。

第三十条　医师不为第五条第一项所规定之呈报或为虚伪之呈报时,处三百圆以下之罚金或科料。但证明因有不得已事由不能为其呈报时,不罚之。

第三十一条　有左列各款情形之一者,处二百圆以下之罚金或科料。

一、违反第六条、第七条、第十一条第一项、第十三条、第十五条、第十六条第一项、第二项或第十七条第一项规定者;

二、不为依第十六条第三项规定被命之处置者;

三、犯背第十条所规定之交通遮断者;

四、请托医师不使为第五条第一项所规定之呈报或妨碍其呈报者;

五、对基于第十二条第一项规定之该管官吏或吏员之寻问,不为答辩或为虚伪之答辩或阻障其职务之执行者。

第三十二条　本法中关于医师之规定,于汉医适用之。

第三十三条　本法中所称省长,在首都警察厅管辖区域内谓警察总监。

第三十四条　为预防百斯笃,民生部大臣认为有必要时,定地域派所部之官吏,限于该地域内百斯笃之检疫预防,得使其施行本法中属于省长权限之事项。

第三十五条　有前条官吏之派遣时,依第五条或第六条之规定,对于警察官署应为之呈报,限于百斯笃,得对于其官吏为之。

第三十六条　对于由外国而来之运输机关之检疫事项另定之。但依陆路经由朝鲜或关东州而来者,适用本法之规定。

附则

本法自康德四年十二月一日施行。

对于本法之规定中甚难以适合于地方事情之事项,暂时省长受民生部大臣之认可,以命令得不适用本法之一部。

《传染病预防法》施行规则

(康德五年三月五日民生部令第三三号)

兹制定《〈传染病预防法〉施行规则》如左。

第一章　传染病发生之通报及呈报

第一条　省长在传染病流行或认为有流行之虞时,报告民生部大臣,且须通知交通密接地之省长其他特认为有必要者。

第二条　省长在《传染病预防法》第一条第一项第一款乃至第九款所载疾病之外,依同法而认为必要施行预防方法之传染病发生时,须记其性状,且将关于同法中应适用之规定及应适用同法之地域附加意见,报告民生部大臣。

第三条　省长依《传染病预防法》第三条之规定适用同法之全部或一部时,须报告民生部大臣。停止其适用时亦同。

第四条　依《传染病预防法》第五条及第六条规定之报告,得以书面或口头为之。

第五条　医师在诊断传染病患者或检案其死体时,关于该患者或死体知已依《传染病预防法》第五条之规定呈报时,关于同一事项无须再依同条之规定呈报。其转归时亦同。

第六条　警察官吏、检疫委员或预防委员接受依《传染病预防法》第五条规定之呈报,或知传染病患者、死者其他污染传染病毒或有污染之疑之事实时,须互相通知之。

于前项情形,所辖警察官署须报告市、县、旗长。

接受前项之报告时，市、县、旗长（在有警察厅之地方为警察厅长）须报告省长。

在新京特别市时，依第二项所规定之报告，应对警察总监及新京特别市长为之。

第七条　警察官吏、检疫委员或预防委员接受《传染病预防法》第六条所规定之呈报时，须互相通知且应即使医师诊断或检案。

第二章　病原体保有者

第八条　对于虎列拉以外之传染病之病原体保有者，于省长除认为特有必要者外，不适用《传染病预防法》第八条乃至第十条、第十五条、第二十四条乃至第二十七条之规定。但第十五条中关于死体之规定不在此限。

第九条　在病原体保有者以二十四小时以上之间隔采取含有病毒之排泄物及分泌物而行细菌学的检查，继续三回以上未能证明病原体之存在时，视为病原体已经消失者。

第十条　病原体保有者须遵守警察官吏、检疫委员或预防委员所指示之消毒方法其他之预防方法。

病原体保有者为未成年者或禁治产者时，其保护者须令病原体保有者遵守前项之事项。

第十一条　虎列拉以外之传染病之病原体保有者拟将其住址迁移时，病原体保有者或其保护者须以书面或口头呈报所辖警察官署。此时该管警察官署须通知检疫委员或预防委员，且须通知病原体保有者迁移地之警察官署。

第三章　隔离、交通遮断及处置

第十二条　警察官吏、检疫委员或预防委员已知传染病患者、死体其他污染传染病毒或有污染之疑之事实时，须速令《传染病预防法》第七条之义务者，对其房屋其他处所或物件施行消毒方法及清洁方法其他预防方法。

第十三条　警察官吏、检疫委员或预防委员在有百斯笃、虎列拉或痘疫之患者时，除有特别事由者外，须使之入传染病院、隔离病舍、隔离所其他适当之处所。在有其他传染病患者认为于传染病预防上有必要时亦同。

第十四条　警察官吏、检疫委员或预防委员得依《传染病预防法》

第九条或第十条之规定,施行左列事项。

一、有患者之期间及使患者入传染病院、隔离病舍、隔离所其他适当处所后或患者转归后至消毒方法施行终了止,应遮断其房屋之交通;

二、前款之外,污染传染病毒或有污染之疑之房屋至消毒方法施行终了止,应遮断其交通;

三、限于有百斯笃或虎列拉之发生或关于其他传染病特认为必要时,将前二款之房屋之居住者其他有感染传染病毒之疑者认为必要之期间,应隔离于隔离所或消毒方法施行终了之房屋其他适当之处所;

四、交通遮断或隔离中新有患者发生其他污染传染病毒或有污染之疑之事实时,应更依前各款之规定处置之。

依《传染病预防法》第二十一条第三款之规定,关于省长施行之交通遮断或隔离,应准前项行之。

第十五条 警察官吏、检疫委员或预防委员依《传染病预防法》第十五条之规定而为指示时,应互相通知,且须由所辖警察官署通知患者或死体移转地之警察官署。

第十六条 依《传染病预防法》第十六条第二项之规定,拟将传染病患者之死体纳棺时,须受警察官吏、检疫委员或预防委员之指示施行消毒方法。

第十七条 传染病患者之死体经医师之检案以书面或口头受警察官吏、检疫委员或预防委员之许可,得于二十四小时以内埋葬之。

第十八条 依《传染病预防法》第十六条第一项但书之规定,应受所辖警察官署之许可时,应以书面为之。

拟将传染病患者之死体土葬时,须于地下二米突以上之深处为之。

将传染病患者之死体土葬时,非经过三年不得改葬他处。但因有特别之事由以书面已受所辖警察官署之许可时,不在此限。

传染病患者之死体,不得停枢。

第十九条 应施行第十二条或第十六条所规定之事项之义务者,而不施行时或难施行而认为不十分时或认为于必要之时限内不能施行时其他认为有必要时,应由新京特别市长,市、县、旗长施行之。

第二十条 警察官吏、检疫委员或预防委员拟施行第十三条或第十四条所规定之事项时,应预先将其意旨报告新京特别市长,市、县、旗长。但紧急时不在此限。

第二十一条　依《传染病预防法》第十一条第二项之规定之业务范围如左。

一、茶食、水果、肉、乳、鱼介、野菜其他得即供饮食之物之制造、贩卖、调制或办理直接从事之业务；

二、旅馆、公寓、寄宿舍其他众多宿泊处所及与行榻、料理店、饮食店、理发店、浴场其他以客之来集为目的之处所直接接客之业务；

三、助产士、看护妇、针灸按摩术营业者、艺妓、酌妇其他直接接客之业务。

所辖警察官署虎列拉以外之患者而因特别之事由限于认为并无传染病毒传播之虞时，得附以条件，许可从事前项之业务。

第四章　种痘之施行

第二十二条　依《传染病预防法》第十七条第一项之规定之定期种痘，于左列时期施行之。但关于已经过痘疫者不在此限。

第一期　出生一年；

第二期　岁数五岁；

第三期　岁数十二岁。

在定期前二年以内之种痘，视为定期种痘。

第二十三条　新京特别市长，市、县、旗长拟施行定期种痘时，须指定种痘日期及处所布告之。

于前项时，市、县、旗长应与警察官署协议施行。在新京特别市长，应与警察总监协议施行之。

第二十四条　保护者须令在种痘定期之未成年者，于新京特别市长，市、县、旗长所指定之日期承受种痘。

第二十五条　因疾病其他之事故，于新京特别市长，市、县、旗长所指定之日期未能承受种痘时，保护者得向种痘所开陈其事由，请其犹豫。

前项之种痘已受犹豫者之保护者，其事故消灭或自犹豫期间经过之日起于三十日以内，须令承受种痘。

第二十六条　已受定期种痘者，得请求种痘证之交付。

前项种痘证依据第一号样式，其交付须于所辖警察官署为之。

第二十七条　关于新京特别市长，市、县、旗长指定之日期不受种痘其他怠于种痘或已受种痘之证迹不明之未成年者，新京特别市长，市、县、旗长须再指定日期使之承受种痘。

前项之种痘视为定期种痘。

第二十八条　医师施行定期种痘时,须交付第二号样式之种痘证。

领受前项种痘证者之保护者,须于十日以内将种痘证提出于所辖警察官署。

第二十九条　依《传染病预防法》第十八条之规定,省长欲施行临时种痘时,须指定应受种痘者之范围、日期及地点而布告之。

关于前项之临时种痘,准用本规则中关于种痘之规定。

第五章　传染病预防官吏及吏员

第三十条　检疫委员就省之官吏或其他职员或管内医师、药剂师等,由省长命之或委派之。

第三十一条　预防委员就新京特别市、市、县、旗之职员或管内医师、药剂师等,由新京特别市长,市、县、旗长命之或委派之。

警察总监得共新京特别市长协议,命新京特别市之官吏为检疫委员。

第三十二条　在第十二条乃至第十四条、第十六条或第十七条规定之情形,由警察官吏或检疫委员另有指示时,预防委员须遵从之从事事务。

第三十三条　警察官吏、检疫委员或预防委员因检疫预防进入房屋其他处所时,务须于日出后日没前为之。

在前项时,应携带之证票,须依第三号样式。但依制服或徽章证明其身分时不在此限。

第六章　运输机关之检疫

第三十四条　省长欲施行船舶、火车、电车等之检疫时,须将应行检疫之传染病检疫之目的地、施行检疫之处所及检疫开始之日期决定之后,受民生部大臣之指示。

省长欲开始检疫时,须将前项之事项布告之,且须向交通密接地之省长及其他认有必要者通知之。其废止时亦同。

省长将前项之检疫施行竣后,应报告民生部大臣。

受第二项通知之省长,应将其事项布告之。

第三十五条　由检疫之目的地出发或经过其地面航至施行检疫处所之船舶,经检疫后非受检疫委员之许可,不得航往他处与陆地或其他船舶交通或使船客、乘务员上陆或将物件卸陆。

第三十六条　发生传染病患者之船舶及被命停留之船舶,须在前樯其他易睹之处所揭扬黄旗,非受检疫委员之许可,不得将其降下。

第三十七条　对于发生传染病患者之船舶其他污染传染病毒或有污染之疑之船舶,检疫委员得施行消毒方法或鼠族、昆虫等之驱除,且认有必要时,并得命其船舶停留于适当之处所,船客、乘务员则命其停留于隔离所、船中或其他适当之处所。

关于第十四条第一项第三款及第四款之隔离规定,关于前项之停留准用之。

检疫委员得命船舶施行消毒方法或鼠族、昆虫等之驱除。

检疫委员施行消毒方法或鼠族、昆虫等之驱除时,得命船长其他乘务员协助之,或命其供给器具、药品等。

第三十八条　被命停留之船客及乘务员,非受检疫委员之许可,不得与他处交通或将物件搬出。

被命停留之船舶,非受检疫委员之许可,不得移转他处。

第三十九条　因实行第三十七条第一项之处分有必要时,检疫委员得命船舶回航于其他处所。

第四十条　船舶之检疫施行中,对于由检疫之目的地以外之地航至施行检疫之处所之船舶,应行检疫之传染病患者、死者其他污染传染病毒或有污染之疑之事实时,准用前五条之规定。

第四十一条　依《传染病预防法》第二十四条第二项之规定之证票,依第四号之样式。

第四十二条　关于船舶之检疫规定,对于航空机、火车、电车等之检疫准用之。

第七章　杂则

第四十三条　本规则所称之保护者,系指适于左列各款之一者而言。

一、未成年者或禁治产者之法定代理人;

二、学校、育儿院其他准此之施设管理者;

三、以教育、养护或佣使之目的使未成年者寄寓者。

第四十四条　依《传染病预防法》第二十三条之规定,命街、村或准此之团体施行同法第二十二条规定之事项时，第十九条、第二十三条乃至第二十五条、第二十七条及第三十一条之规定，对于街、村或准此之团体之长准用之。

依第六条第二项或第二十条之规定之报告，应向前项之街、村或准此之团体之长为之。

第四十五条　依《传染病预防法》第三十四条之规定，民生部大臣欲行百斯笃之检疫预防时，须将其施行之地域及开始之日期规定而布告之，并须通知其地之省长。其废止时亦同。

受前项之通知时，省长须通知其地之市、县、旗长其他认有必要者。其废止时亦同。

第四十六条　在前条之情形，对于由民生部大臣所派遣之官吏，限于关于百斯笃准用第一条及第三十四条之规定。

依第六条第二项之规定，警察官署应行之报告，限于关于百斯笃对于前项之官吏亦应为之。

第四十七条　关于消毒方法及种痘细则另定之。

第四十八条　关于本规则之施行必要之事项，由省长定之。

第四十九条　本规则中之省长，在新京特别市时为警察总监。

第八章　罚则

第五十条　合于左列各款之一者，处以科料。

一、违反第十条、第十一条、第十八条第二项乃至第四项之规定者；

二、未受第十七条之许可，将传染病患者之死体于二十四小时以内埋葬者；

三、违反第二十五条第二项、第二十八条之规定者，或依第二十九条之规定于施行临时种痘时，无正当之事由不受种痘或抗拒者。

附则

本规则自公布之日施行之。

接客业者其他卫生上须取缔者之
健康诊断规则

（康德五年九月二十一日民生部令第九二号、治安部令第四六号）

兹将《接客业者其他卫生上须取缔者之健康诊断规则》制定如左。

第一条　依《行政执行法》第三条之规定,应受健康诊断者如左。

第一类

一、料理屋、饮食店及特殊饮食店营业从业者;

二、旅店、公寓营业从业者;

三、与行场、跳舞场及游技场营业从业者;

四、澡塘及理发业从业者;

五、兽乳榨取及乳制品制造、贩卖业从业者;

六、除前各款所揭者外,于省长或警察总监认为必要者。

第二类

一、艺妓;

二、酌妇。

第二条　该管警察官署应指定期日及场所,对于前条所揭者施行健康诊断。

对于第二类业者,除前项之健康诊断外,特于花柳病之有无得行检诊。

第三条　第一条所揭者,明知已罹于业态上有传播他人之虞之传染性疾患时,应呈报该管警察官署而受健康诊断。

第四条　因疾病或其他事故不能受健康诊断者,应将其旨呈报该管警察官署受其许可。

第五条　该管警察官署认为有必要时,应使已罹于业态上有传播他人之虞之疾病者受医师之治疗。但对于罹花柳病之第二类业者,须使其于新京特别市、市、县、旗立诊疗所或其指定诊疗所受疗或使入所。

第六条　该管警察官署认为有必要时,对于依前条之规定被命治疗者,得为从业之限制或停止之处分。

受前项之处分者,治疗疾病而拟声请解除其处分时,应添附医师之诊断书,将其旨呈报该管警察官署,受其许可。

第七条　新京特别市应从民生部大臣之指示,市、县、旗应从省长之指示而为依本令之健康诊断及治疗所需之施设。

第八条　健康诊断及治疗第二类业者之花柳病所需之费用,为新京特别市、市、县、旗之负担。但市、县、旗长得经省长之认可,将治疗第二类业者花柳病所需费用之一部分使窑主或准此者负担,或使窑主或准此者或第二类业者负担之。

新京特别市长于前项但书之情形,应与警察总监协议行之。

第九条　县、旗长依省长之指示,得使街、村或准此之团体施行第七条之事项。于此情形,前条之规定于街、村或准此之团体准用之。

第十条　对于系卖淫犯人或其前科犯人而有卖淫之常习者,准用第二条之规定。

对于前项之人使其治疗花柳病所需之费用,为本人或媒合者之负担。

第十一条　关于依本令施行之健康诊断所必要之事项,由省长另定之。

在新京特别市警察总监,应与新京特别市长协议规定前项之事项。

第十二条　违反本令或根据本令所发之命令者,处拘留或科料。

附则

本令自公布日施行。

本令之规定如因地方之情形有难适用者时,省长或警察总监得经民生部大臣之认可,限于本令之一部暂不适用。

家畜传染病预防法

(康德四年十二月二十三日敕令第四六二号)

朕依《组织法》第三十六条,经咨询参议府,裁可《家畜传染病预防法》,著即公布。

(国务总理、产业部、治安部大臣副署)

第一条　本法所称家畜者,系指马(包含骡及驴,以下同)、牛、绵羊、山羊、豚及犬而言。所称传染病者,系指鼻疽、炭疽、牛疫、牛肺疫、口蹄疫、羊痘、豚疫、豚虎列拉、牛结核、狂犬病并马及绵羊之疥癣而言。

主管部大臣认为于预防上有必要时,得以命令对家畜之传染性疾病,或人所饲养或管理家畜以外畜禽类之传染病或传染性疾病,适用本法之全部或一部。

第二条　家畜罹传染病或有罹其病之疑时,或有感染于牛疫、牛肺疫、口蹄疫或狂犬病之虞时,所有人、管理人或诊断或检案之兽医师,应即向家畜所在地之家畜防疫委员或警察官署呈报其旨。

于前项情形,家畜如系搭载于船、车时,船长或铁道当务员应呈报于最初寄港或停留之地之家畜防疫委员或警察官署。

第三条　对于前条之家畜,其所有人、管理人或搭载其家畜之船、车其船长或铁道当务员,应从家畜防疫委员或警察官吏之指示,速为家畜之隔离及其他传染病预防上必要之处置。

前项之家畜,非经家畜防疫委员或警察官署之许可,不得宰杀之。

第四条　关于家畜防疫委员之事项,以命令定之。

家畜防疫委员当执行业务,应携带其证票。

第五条　主管部大臣认为于传染病预防上有必要时,得指定家畜之种类及地域,对所有人或管理人命令于其地域内家畜因疾病毙死时,应即呈报于家畜所在地之家畜防疫委员或警察官署。

第二条第二项之规定,于前项情形准用之。

第六条　马及乳用牛除特有规定者外,为预防鼻疽或牛结核,得由行政官署施行检疫。对于乳用牛以外之牛,罹牛结核或有罹其病之疑者亦同。

前项检疫之期日及场所,从主管部大臣之所定,由地方行政官署指定之。

乳用牛之范围,以命令定之。

第七条　对于入赛马场、家畜交易市场、家畜共进会或其他集合家畜之施设之家畜,应由开设人施行检疫。

罹传染病或有罹其病之疑之家畜,开设人不得使其入场。但罹鼻疽或有罹其病之疑之马系留于家畜交易市场内特定之场所不在此限。

第八条　主管部大臣认为于传染病预防上有必要时,对于国内输送或输出入之家畜、畜产物及其他有传播病毒之虞之物品,得施行检疫或停止其国内输送或输出入。

第九条　船舶或铁道之所有人或管理人,非系于输送前经家畜防疫委员之鼻疽检疫之马,不得输送之。

于前项情形,罹鼻疽或有罹其病之疑之马,在船舶应隔离于另外之场所,在火车应隔离于另外之货车输送之。

第十条　行政官署认为于传染病预防上有鉴定病性之必要时,为剖检得使家畜防疫委员宰杀家畜。

第十一条　家畜防疫委员或经主管部大臣之许可者,于传染病预防上为鉴定病性,得剖检家畜之尸体。

第十二条　行政官署认为于传染病预防上有必要时,得使家畜防疫委员对家畜为检诊、免疫血清或预防液之注射或药浴其他之医疗处置。

于前项情形,家畜防疫委员要求援助时,所有人、管理人或搭载家畜之船、车其船长或铁道当务员无正当事由,不得拒绝之。

第十三条　家畜防疫委员或警察官吏认为于传染病预防上有必要时,得临检畜舍或其他家畜所在之场所或寻问关系人。

第十四条　地方行政官署认为于传染病预防上有必要时,得限定区域,命令停止一定种类家畜之出入往来或其家畜尸体、有传播传染病病毒之虞之物品之运搬,或命令其他必要之事项。

家畜防疫委员或警察官吏认为于传染病预防上有紧急必要时,对于罹传染病、有罹其病之疑或有感染于牛疫、牛肺疫或口蹄疫之虞之家畜所在之场所及邻接区域,得于一定期间遮断交通。

第十五条　主管部大臣得征求关系地方行政官署之意见,指定关于鼻疽预防之特别地区,而关于在其地区所使役或出入往来之马之隔离及饲养,设必要之规定。

前项之特别地区,分为第一号地区及第二号地区二种。

第十六条　罹鼻疽或罹其病之疑之马,不得于第一号地区饲养之。但经地方行政官署之许可者,得于检疫后以三月为限饲养之。

第十七条　在第二号地区所饲养之马,罹鼻疽或有罹其病之疑者,不得使移住于其地区以外之地。但经主管部大臣之许可时不在此限。

第十八条　左列家畜应由所有人或管理人从家畜防疫委员或警察官吏之指示,立即宰杀之。

一、罹牛疫之家畜。但于罹病前依第十二条之规定已为免疫血清或预防液之注射者除外;

二、罹重症牛结核之牛;

三、罹明显性鼻疽之马及主管部大臣特所指定地区之马罹鼻疽者;

四、罹狂犬病之家畜。

对于罹狂犬病之犬,其所有人或管理人认为有紧急必要时,得不待第一项之指示而宰杀之。

第十九条　地方行政官署认为于传染病预防上有必要时,对于左列家畜得命其所有人或管理人宰杀之。

一、罹炭疽、牛肺疫、口蹄疫、羊痘、豚疫、豚虎列拉或马及绵羊之疥癣之家畜；

　　二、有感染于牛疫、牛肺疫或口蹄疫之虞之家畜；

　　三、罹牛疫之家畜，于罹病前依第十二条之规定已为免疫血清或预防液之注射者。

　　依前项之命令宰杀家畜时，所有人或管理人应经家畜防疫委员或警察官吏之指示。

　　第二十条　地方行政官署认为于狂犬病预防上有必要时，得使家畜防疫委员或警察官吏抑留徘徊于道路及其他场所之犬。

　　家畜防疫委员或警察官吏依前项之规定抑留犬时，应将其旨通知于其所有人或管理人。如其所有人或管理人不明时，则公示拘禁之旨。

　　依前项规定之通知或公示后，于命令所定之期间内如无请求返还其犬时，地方行政官署得处分其犬。

　　第二十一条　罹传染病，有罹其病之疑惑，有感染于牛疫、牛肺疫或口蹄疫之虞之家畜，其尸体及乳汁应由所有人或管理人从家畜防疫委员或警察官吏之指示，烧弃或埋却之。但对于罹轻症牛结核或有罹其病之疑之牛，其尸体之处分以命令定之。

　　前项之规定，于左列者不适用之。

　　一、罹马及绵羊之疥癣或有罹其病之疑之马及绵羊之宰杀尸体；

　　二、前款所列之马及绵羊之毙死尸体，从家畜防疫委员或警察官吏之指示而化制者；

　　三、为鉴定病性或研究学术，经地方行政官署许可之家畜尸体之全部或一部；

　　四、罹牛结核之牛之皮、角、蹄及罹轻症牛结核之牛乳汁，从家畜防疫委员或警察官吏之指示而消毒者；

　　五、除前各款所列者外，有罹传染病之疑之家畜，其宰杀尸体及乳汁并有感染于牛疫、牛肺疫或口蹄疫之虞之家畜，其宰杀尸体依命令之所定，地方行政官署认为无传播病毒之虞者。

　　第二十二条　污染于传染病病毒或有污染之疑之物品，应由所有人或管理人从家畜防疫委员或警察官吏之指示，消毒、烧弃或埋却之。

　　第二十三条　依前二条之规定埋却尸体或物品之土地，不得发掘之。但经地方行政官署之许可时不在此限。

　　第二十四条　罹传染病，有罹其病之疑，或有感染于牛疫、牛肺疫或口蹄疫之虞之家畜所在之畜舍、船、车及其他之场所,应由其所有人、管理人、船长或铁道当务员从家畜防疫委员或警察官吏之指示消毒之。

依船、车输送家畜,主管部大臣认为有必要时,得对船舶或铁道之所有人或管理人,命令消毒该船车。

第二十五条　家畜防疫委员或警察官吏认为有必要时,得对接触于传染病病毒或有接触之疑者命令消毒。

第二十六条　依第三条、第十八条、第十九条、第二十一条、第二十二条或第二十四条第一项规定之义务人,不履行属其义务之事项或不能履行时,家畜防疫委员或警察官吏得代行之。因所有人或管理人不明等理由不能为依第十八条规定之处分或不能为依第十九条规定之命令时亦同。

第二十七条　地方团体或主管部大臣所指定之关于畜产团体拟行传染病预防事业时,应拟定预防计书,经行政官署之认可。拟废止或变更其经认可之预防计书时亦同。

主管部大臣对于前项之团体,得使其报告关于传染病预防事项,或对此为监督上必要之命令或处分。

第二十八条　行政官署认为于传染病预防上有必要时,得命令停止赛马场、屠宰场、化制场或家畜交易市场之事业或家畜共进会其他集合家畜之施设或集会,或命令其他传染病预防上必要之事项。

第二十九条　依根据第十五条所发命令规定之关于隔离之施设,应从监督官署之指示,由新京特别市、市、县或旗设置之。但新京特别市、市、县或旗得经监督官署之许可,使他人设置之。

前项之监督官署在市、县或旗为省长;在新京特别市为主管部大臣。

第三十条　地方团体或关于畜产之团体购买免疫血清、预防液或药浴剂其他之药品时,政府得对于该团体交付补助金。

第三十一条　主管部大臣依第十五条第一项之规定,指定关于鼻疽预防之特别地区时,政府对于该地方团体为充关于鼻疽预防之费用,得交付补助金。

第三十二条　地方行政官署对于因第三条第一项之处置或第十四条第一项之命令致不能自活者,为充其生活费,得交付扶助金。

前项之扶助金应以地方团体之费用支付之。

第三十三条　主管部大臣按左列区分,对于家畜或物品之所有人交付补偿金,但不得超过敕令所定之最高金额。

一、有感染于牛疫、牛肺疫或口蹄疫之虞而依第十九条或第二十六条之规定所宰杀之家畜,因依第十二条之规定为预防液之注射致罹传染病而依第十八条、第十九条或第二十六条之规定所宰杀之家畜,及因依第十二条之规定为免疫血清或预防液之注射或药浴其他之医疗处置致毙死之家畜,

估价额之五分之四;

二、依第十条之规定所宰杀之家畜,

估价额之五分之三;

三、罹重症牛结核而依第十八条之规定所宰杀之牛,

估价额之二分之一;

四、罹传染病而依第十八条、第十九条或第二十六条之规定所宰杀之家畜,但犬除外,

估价额之三分之一;

五、依第二十二条或第二十六条之规定烧弃或埋却之物品,

估价额之二分之一。

当输入施行检疫时,对于前项第三款或第四款所规定之家畜不交付补偿金;对于前项第一款、第二款或第五款所规定之家畜或物品,其补偿金之额数为前项第一款、第二款或第五款所列者之二分之一。

前二项之估价额,如有因所有人或管理人利用尸体之全部或一部可得利益时,扣除其估价额而算定之。

第一项之估价额及前项尸体之估价额,由地方行政官署选定估价人三人,使其定之。地方行政官署认为其估价额不当时,再得选定他估价人三人,使其定之。

第一项之估价额,应依发病前或病毒污染前之价额定之。但在罹鼻疽之马,应依现时价额定之。

第三十四条　前条之补偿金,其所有人或管理人合于左列各款之一时,不交付之。

一、违反第三条第一项、第十六条、第十七条、第十八条第一项或第二十二条之规定时;

二、妨碍依第六条第一项、第七条或第八条规定之检疫时;

三、违反依第八条、第十四条或第十九条规定之命令或处分时;

四、妨碍依第十条至第十二条第一项、第十三条或第二十六条规定之职务执行时。

第三十五条　合于左列各款之一者，处五百圆以下之罚金。

一、违反依第八条规定，停止国内输送或输出入之处分者；

二、违反依第十七条之规定者；

三、违反依第二十八条规定之命令者。

第三十六条　不受依第六条第一项、第七条第一项或第八条规定之检疫者，处三百圆以下罚金或科料。

第三十七条　违反第二条第一项之规定不为呈报之兽医师，处三百圆以下之罚金或科料。

第三十八条　合于左列各款之一者，处二百圆以下之罚金或科料。

一、违反第三条、第七条、第九条、第十六条、第十八条第一项或第二十一条至第二十四条第一项规定者；

二、阻障依第六条第一项、第七条第一项、第八条或第十条至第十二条第一项规定之家畜防疫委员或警察官吏之职务执行者；

三、拒绝或忌避依第十三条规定之家畜防疫委员或警察官吏之临检，或对其寻问不为答辩或为虚伪之答辩者；

四、违反依第十四条或第十九条规定之命令或处分者；

五、违反依第二十四条第二项规定之命令者。

第三十九条　违反第二条之规定不为呈报之所有人、管理人、船长或铁道当务员，处一百圆以下之罚金或科料。

第四十条　合于左列各款之一者，处科料。

一、违反依第五条或第二十五条规定之命令者；

二、违反第十二条第二项之规定者。

第四十一条　使用人及其他之从业员关于本人之业务，有抵触本法或根据本法所发命令罚则之行为时，除罚该行为人外并处罚本人。但本人如系心神丧失人或关于营业未具有与成年人同一能力之未成年人时，处罚其法定代理人。

第四十二条　法人之使用人及其他之从业员关于法人之业务，有抵触本法或根据本法所发命令罚则之行为时，除罚该行为人外，并处罚执行法人业务之职员或社员。

执行法人业务之职员或社员有前项之行为时，处罚其职员或社员。

第四十三条　于第四十一条及前条第一项情形,其应受处罚之本人、法定代理人、职员或社员证明无法防止该违反行为时,不罚之。

第四十四条　主管部大臣得将本法所定职权之一部,委任于地方行政官署。

第四十五条　本法中所称主管部大臣者,对于马为治安部大臣及产业部大臣,对于其他之家畜为产业部大臣。

第四十六条　本法于军用之家畜,不适用之。

第四十七条　应适用本法中关于鼻疽及牛结核规定之地域,以命令定之。

第四十八条　应适用第二条及第三条规定之传染病之种类及地域,以命令定之。

附则

本法自公布日施行。

《家畜传染病预防法》施行规则

(康德四年十二月二十三日产业部令第三〇号、治安部令第五二号)

兹制定《〈家畜传染病预防法〉施行规则》如左。

第一章　通则

第一条　家畜防疫委员或警察官吏知有发生传染病或有发生其病之疑时,应即将其旨向地方行政官署报告之。

第二条　传染病发生或已终灭时,地方行政官署应将其旨告示管内,并向主管部大臣及关系地方行政官署报告或通报之。

发生牛疫、牛肺疫、口蹄疫或羊痘时,或认为传染病有蔓延之兆时,地方行政官署应速向主管部大臣,并与发生地邻壤及于家畜集散上有密切关系之地域之地方行政官署报告或通报之。

遇有传染病发生,认为有适用《家畜传染病预防法》之全部或一部之必要时,地方行政官署应将其旨速向主管部大臣报告之。

第三条　依《家畜传染病预防法》第十二条之规定,欲使对其家畜施以检诊、注射免疫血清或预防液或药浴及其他医疗处置时,应由地方行政官署将家畜之种类、区域及其日期告示之。但有紧急之必要时不在此限。

第四条　欲搬运左列尸体或物品时,在炭疽之情形,不得用马或牛;在牛疫、牛肺疫或口蹄疫之情形,不得用牛。

一、罹传染病或有罹其病之疑之家畜尸体;

二、有感染于牛疫、牛肺疫或口蹄疫之虞之家畜尸体;

三、污染于病毒或有污染于病毒之疑之物品。

第五条　于航海中家畜或罹传染病或有罹其病之疑或有感染于牛疫、牛肺疫、口蹄疫之虞时,船长应隔离其家畜。已污染于病毒或有污染病毒之疑之场所及物品应行消毒。

前项之家畜毙死时,其尸体应以浸有消毒液之席或草席包裹其全体,以防病毒散蔓。但于领海外得投弃之。

第六条　应行烧弃或埋却之尸体,非经家畜防疫委员或警察官署之许可,不得剖割之。

第七条　埋却尸体或物品之土坑,虽将尸体或物品投入,犹须离地面有一·五米以上之余地,并应在投入尸体或物品之后,厚撒石灰,再填塞以上。

第八条　尸体或物品之烧弃或埋却,应于不接近人家、饮料水、河流或道路之场所或非属湿地之场所为之。

前项之掩埋场所,应标示之。

第九条　依《家畜传染病预防法》第二十一条第二项第五款之规定,已据认定之呈请时,地方行政官署应预使家畜防疫委员剖检其尸体,以不明了其家畜是否感染传染病之情形为限,使呈请者从家畜防疫委员或警察官吏之指示,将皮毛、角或蹄由尸体分离,施以消毒,而将其他部分烧弃或埋却之。

第十条　欲请许可发掘已掩埋其尸体或物品之场所者,应具掩埋之年月日并发掘之事由,向地方行政官署呈请之。

第十一条　行政官署依《家畜传染病预防法》第十四条第一项或第二十八条之规定,命令其停止及解除其停止时,应将其旨告示管内,且向主管部大臣与发生地邻壤及于家畜集散上有密切关系之地域之地方行政官署报告或通报之。

第十二条　依《家畜传染病预防法》所规定之消毒方法另定之。

第十三条　依《家畜传染病预防法》第六条第二项所规定之检疫日期及场所,应由地方行政官署至少在检疫日期三十日以前告示之。

　　地方行政官署认为有必要时,得经主管部大臣之认可,指定前项告示以外之日期或地址。

　　第十四条　马或牛之所有人或管理人应迄至依前条之规定所告示之检疫日期前十日,将左列事项经由所辖警察官署,向地方行政官署呈报之。

　　一、所有人或管理人之住所、姓名;

　　二、马或牛之种类、性、年龄、毛色及用途。

　　在前项之呈报期限后,有从新归其所有或管理之马者,应准前项之规定即行呈报。

　　依前二项之规定已呈报之事项有变更时,应由马之所有人或管理人迄至检疫日期之前日呈报之。

　　第十五条　因正当事由不能依第十三条之规定在所告示之检疫日期或场所受检疫时,应由所有人或管理人预先向地方行政官署呈报之。

　　已据前项呈报之该管地方行政官署,得使其人另行指定检疫日期或场所。

　　第十六条　马或牛之所有人或管理人,得向行政官署请求鼻疽或牛结核之检疫。但对已为"慈彼尔苦霖"(ツペルクリン)①之皮下注射之牛,在皮下注射后非经四十五日不得请求检疫。

　　行政官署认为有前项之检疫之必要时,指定其日期及场所。

　　第十七条　家畜防疫委员依《家畜传染病预防法》第六条、第九条或前条第一项之规定,应在鼻疽或牛结核检疫竣事时,为左列手续。

　　一、对已检疫之马交付第一号甲样式之鼻疽检疫证,但于依船、车输送马之情形交付第二号样式之输送许可证;

　　二、对已检疫之牛交付第一号乙样式之牛结核检疫证;

　　三、罹重症牛结核之牛,在右耳穿以直径一·五厘米之圆形孔;

　　四、对罹轻症牛结核之牛及在第二号地区罹鼻疽之马,将第三号样式之耳标附于左耳外侧;

　　五、对有罹牛结核之疑之牛及在第二号地区有罹鼻疽之疑之马,将第四号样式之耳标附于左耳外侧。

　　前项第一款、第二款之检疫证书,在下次检疫时使其缴还之。在应附以第三号或第四号之耳标之事由消灭时,应除去之。

---

　　①　即结核菌素。——整理者注

　　既经交付第一项第二号之检疫证之牛，如在"慈彼尔苦霖"（ツペル
クリン）皮下注射后，发见未经过前条第一项但书或第四十一条所规定
之期间者时，应即使其缴还检疫证。如系已将耳标除去者时，则更附以
同一之耳标。

　　第十八条　损坏或遗失依前条所规定之耳标时，所有人或管理人
应经由所辖警察官署，速向地方行政官署报告，不得迁延。

　　已据前项之报告及经家畜防疫委员或警察官吏发见耳标已损坏或
消失时，须准前条更附以同一耳标。

　　第十九条　家畜防疫委员依《家畜传染病预防法》第七条或第八条
之规定，已为传染病之检疫时，在赛马场之鼻疽检疫之情形应依第一号
甲样式，在其他之情形则依第五号甲或乙样式交付检疫证。

　　领到前项检疫证之家畜所有人或管理人，应将其检疫证在《家畜传
染病预防法》第七条之情形，〈向〉开设者或当务员缴检；在同法第八条
之情形，则向船长、铁道当务员或税关吏缴检之。

第二章　鼻疽

　　第二十条　鼻疽之检疫，依临床诊察"马泪因"检查或血清学的检
查行之。

　　第二十一条　依《家畜传染病预防法》第十五条或第十八条第一项
第三款之规定，已经主管部大臣指定区域时，该地方行政官署应将其旨
告示之。

　　第二十二条　依《家畜传染病预防法》第十六条但书之规定已经许
可饲养之马，除使役之情形外，应从地方行政官署之所定，在一定系留
所系养之。

　　第二十三条　在第一号地区将罹鼻疽或有罹其病之疑之马使移往
其地区外时，应经由所辖警察官署向地方行政官署报告之。

　　第二十四条　在第二号地区罹鼻疽或有罹其病之疑之马，除使役
之情形外，应从地方行政官署之所定，在一定系养所系养之。

　　第二十五条　在第二号地区特经指定之市街地，其马之饲槽及水
槽，每马各应分别使用。

　　第二十六条　在依第二十二条及第二十四条所规定之系养所罹鼻
疽之马或有罹其病之疑之马，应系留于另一场所。

　　第二十七条　拟变更依第二十二条或第二十四条之规定所指定之

系养处所时,应由马之所有人或管理人经由所辖警察官署呈报地方行政官署,受其许可。

第二十八条 出入往来于第一号地区或第二号地区内之该地区外之马,应从地方行政官署之所定,在一定系留所系留之。

第二十九条 依第二十一条、第二十四条或前条所规定之系养所、系留所及其他附属物品,应由设置者每月消毒一次。

第三十条 将马移往第一号地区或第二号地区者,应于三日以内经由所辖警察官署向地方行政官署呈报之。

第三十一条 在第一号地区或第二号地区罹鼻疽或有罹其病之疑之马已毙死时,应由其所有人或管理人即时经由所辖警察官署呈报地方行政官署,受其指示。

第三十二条 在依船、车输送马之情形时,依第十七条之规定所发行之输送许可证,其有效期间自发行之日起算为二十五日。

第三十三条 依《家畜传染病预防法》第三十一条之规定欲请交付补助金者,应于呈请书附以左开书类向主管部大臣呈出之。

一、事业计画书;

二、经费预算书。

第三十四条 依《家畜传染病预防法》第三十一条之规定欲请交付补助金者,应迄至十二月末日将左开书类向主管部大臣呈出之。

一、以领到之补助金所施行之事业成绩报告书;

二、补助金之用途明细书。

第三章 牛结核

第三十五条 所称乳用牛者,系指供诸榨乳用或欲供榨乳用之牛及其种牡牛而言。

第三十六条 牛结核之检疫,依临床诊察或临床诊察及"慈彼尔苦霖"(ツペルクリン)检查行之。

"慈彼尔苦霖"(ツペルクリン)检查为皮下注射、皮肤注射或点眼法。

第三十七条 依"慈彼尔苦霖"(ツペルクリン)检查呈有牛结核之反应而合于左列各款之一之牛,以为罹重症牛结核。其反应虽不甚显著其牛结核之临床症状重大者亦同。

一、乳房结核;

二、重症肺结核；

三、泛发结核；

四、前各款之外损害营养显著之结核诸证。

依"慈彼尔苦霖"（ツペルクリン）检查呈有牛结核之反应而其临床症状轻微之牛，以为已罹轻症牛结核之牛。

依"慈彼尔苦霖"（ツペルクリン）检查其牛结核之反应并不显著而临床症状可疑之牛，以为有罹牛结核之疑之牛。

第三十八条　地方行政官署为检疫牛结核认为有必要时，得规定期间及区域禁止或限制乳用牛之移转。但期间不得超过三十日，区域不得超过一市、县、旗。

前项之命令至少应由移转之禁止或限制之期间之初日起，在十五日以前告示之。

第三十九条　欲屠宰罹轻症牛结核或有罹牛结核之疑之牛时，应受家畜防疫委员之指示，在屠宰场内经指定之场所行之。

第四十条　在屠宰轻症牛结核或有罹牛结核之疑之牛之情形，其结核之病的变状局限于内脏之一及其淋巴腺，或其结核之病的变状虽发生于二三内脏及其淋巴腺而各部之变状局限于小部分并未呈急性症状时，所有人或管理人应从家畜防疫委员之指示，剖去患部及接近之组织，将其烧弃或消毒之后而埋却之。但已经许可之装置而化制者不在此限。

在前项之情形，如在二个以上之内脏及其淋巴腺已蔓延结核之病的变状时，或呈急性之变状时，应准罹重症牛结核之牛处分之。

第四十一条　经地方行政官署所发告示或其所指定之检疫日期，自四十五日以前迄至检疫确定之间，不得对乳用牛为"慈彼尔苦霖"（ツペルクリン）之皮下注射。但依正当事由经地方行政官署许可之情形不在此限。

第四十二条　依前条但书之规定对乳用牛为"慈彼尔苦霖"（ツペルクリン）之检疫者，应即经由所辖警察官署向地方行政官署呈报之。

第四章　狂犬病

第四十三条　在依《家畜传染病预防法》第二十条第二项所规定之公示，应记载犬之种类、性、年龄、毛色、特征及捕捉之日时，并其拘禁之场所。

《家畜传染病预防法》第二十条第三项之期间为三日。

第四十四条　地方行政官署在狂犬病流行之际，于认为有危险之区域，应使所有人或管理人系留其犬。

第五章　杂则

第四十五条　主管部大臣所指定之关于畜产之团体于其共同拟定预防计养之情形，其区域互于市、县或旗之二处以上时，应受省长之认可；如互于新京特别市及县或二省以上时，则受主管部大臣之认可。

第四十六条　家畜防疫委员应经行政官署，由其所属官公吏或兽医师中任命之。

前项之家畜防疫委员之证票，依第六号样式为之。

第四十七条　估价人应由关系家畜防疫委员、地方行政官署所属官公吏及对畜产业富有经验者中选定之。

第四十八条　依《家畜传染病预防法》第十一条之规定，经地方行政官署与以许可时，交付依第七号样式之许可证。

第四十九条　本规则中所称地方行政官署者，在第三条、第十条、第十三条、第十四条、第十五条、第十八条、第二十一条、第二十二条、第二十三条、第二十四条、第二十七条、第二十八条、第三十条、第三十八条、第四十一条、第四十二条及第四十四条，不含省长。

第六章　罚则

第五十条　违反第二十二条、第二十四条或第二十八条之规定者，处以百圆以下之罚金或科料。

第五十一条　合于左列各款之一者处以科料。

一、不为第十四条之呈报或为虚伪之呈报者；

二、违反第十五条第一项、第十八条第一项、第二十三条、第二十五条、第二十六条、第三十条、第三十九条、第四十条或第四十二条之规定者；

三、违反第十六条第一项但书之规定而受检疫者，或违反第三十八条第一项之命令者；

四、故意损毁第十七条之耳标或遗失之者。

附则

本规则自《家畜传染病预防法》施行之日施行。